U0486691

工业化进程中的产业结构研究

刘　伟 - 主笔

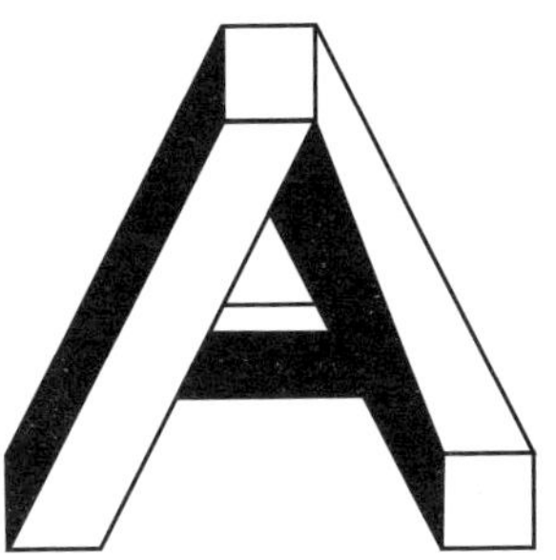

RESEARCH ON INDUSTRIAL STRUCTURE IN THE PROCESS OF INDUSTRIALIZATION

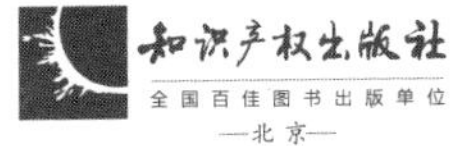

图书在版编目（CIP）数据

工业化进程中的产业结构研究 / 刘伟主笔 . — 北京：知识产权出版社，2020.1

ISBN 978-7-5130-6586-3

Ⅰ. ①工… Ⅱ. ①刘… Ⅲ. ①产业结构—研究—中国 Ⅳ . ① F269.24

中国版本图书馆 CIP 数据核字（2019）第 272810 号

内容提要

本书把产业结构纳入市场经济的背景下进行考察，用理论比较和实证分析的方法，阐述了在人类经济发展史上，解决结构转换所面临的共同矛盾，发达国家为完成结构转换所采取的规律性措施，从而得出中国产业结构的政策倾向。本书理论分析透彻，论据充分，是作者历时四年完成的一部力作。

总 策 划：王润贵　　**项目负责**：蔡　虹
套书责编：蔡　虹　石红华　　**责任校对**：谷　洋
本书责编：蔡　虹　　**责任印制**：刘译文

工业化进程中的产业结构研究

刘　伟　主笔

出版发行：知识产权出版社有限责任公司　网　址：http：//www.ipph.cn
社　址：北京市海淀区气象路 50 号院　邮　编：100081
责编电话：010-82000860 转 8324　责编邮箱：caihongbj@163.com
发行电话：010-82000860 转 8101/8102　发行传真：010-82000893/82005070/82000270
印　刷：三河市国英印务有限公司　经　销：各大网上书店、新华书店及相关专业书店
开　本：880mm × 1230mm　1/32　印　张：8.5
版　次：2020 年 1 月第 1 版　印　次：2020 年 1 月第 1 次印刷
字　数：220 千字　定　价：48.00 元

ISBN 978-7-5130-6586-3

出版说明

知识产权出版社自1980年成立以来，一直坚持以传播优秀文化、服务国家发展为己任，不断发展壮大，影响力和竞争力不断提升。近年来，我们大力支持经济类图书尤其是经济学名家大家的著作出版，先后编辑出版了《孙冶方文集》《于光远经济论著全集》《刘国光经济论著全集》和《苏星经济论著全集》等一批经济学精品力作，产生了广泛的社会影响。受此激励和鼓舞，我们和孙冶方基金会携手于2018年1月出版《孙冶方文集》之后，又精选再版孙冶方经济科学奖获奖作品。

“孙冶方经济科学奖”是中国经济学界的最高奖，每两年评选一次，每届评选的著作奖和论文奖都有若干个，评选的对象是1979年以来的所有公开发表的经济学论著。其获奖成果基本反映了中国经济科学发展前沿的最新成果，代表了中国经济学研究各领域的最高水平。这次再版的孙冶方经济科学奖获奖作品，是我们从孙冶方经济科学奖于1984年首次评选到2017年第十七届共评选出的获奖著作中精选的20多部作品。这次再版，一方面是为了缅怀和纪念中国卓越的马克思主义经济学家和中国经济改革的理论先驱孙冶方同志；另一方面有助于系统回顾和梳理我国经济理论创新发展历程，对经济学同人深入研究当代中国经济学思想史，在继承基础上继续推动我国经济学理论创新、更好构建中国特色社会主义政治经济学都具有重要意义。

在编辑整理“孙冶方经济科学奖获奖作品选”时，有几点说明如下。

第一，由于这20多部作品第一版时是由不同出版社出版的，所以开本、版式、封面和体例不太一致，这次再版都进行了统一。

第二，再版的这20多部作品中，有一部分作品这次再版时作者进行了修订和校订，因此与第一版内容不完全一致。

第三，大部分作品由于第一版时出现很多类似“近几年”“目前”等时间词，再版时已不适用了。但为了保持原貌，我们没有进行修改。

在这20多部作品编辑出版过程中，孙冶方经济科学基金会的领导和同事对本套图书的出版提供了大力支持和帮助；86岁高龄的著名经济学家张卓元老师亲自为本套图书作了思想深刻、内涵丰富的序言；这20多部作品的作者也在百忙之中给予了积极的配合和帮助。可以说，正是他们的无私奉献和鼎力相助，才使本套图书的出版工作得以顺利进行。在此，一并表示衷心感谢！

知识产权出版社

2019年6月

总　序

张卓元

知识产权出版社领导和编辑提出要统一装帧再版从1984年起荣获孙冶方经济科学奖著作奖的几十本著作，他们最终精选了20多部作品再版。他们要我为这套再版著作写序，我答应了。

趁此机会，我想首先简要介绍一下孙冶方经济科学基金会。孙冶方经济科学基金会是为纪念卓越的马克思主义经济学家孙冶方等老一辈经济学家的杰出贡献而于1983年设立的，是中国在改革开放初期最早设立的基金会。基金会成立36年来，紧跟时代步伐，遵循孙冶方等老一辈经济学家毕生追求真理、严谨治学的精神，在经济学学术研究、政策研究、学术新人发掘培养等方面不断探索，为繁荣我国经济科学事业做出了积极贡献。

由孙冶方经济科学基金会主办的“孙冶方经济科学奖”（著作奖、论文奖）是我国经济学界的最高荣誉，是经济学界最具权威地位、最受关注的奖项。评奖对象是改革开放以来经济理论工作者和实际工作者在国内外公开发表的论文和出版的专著。评选范围包括：经济学的基础理论研究、国民经济现实问题的理论研究，特别是改革开放与经济发展实践中热点问题的理论研究。强调注重发现中青年的优秀作品，为全面深化改革和经济建设，为繁荣和发展中国的经济学做出贡献。自1984年评奖活动启动以来，每两年评选一次，累计已评奖17届，共评出获奖著作55部，获奖论文175篇。由于孙冶方经济科学奖的评奖过程一直是开放、公开、公平、公正的，在作者申报和专家推荐的基础上，由全国著名综合性与财经类大学经济院系和中国社会科学院经济学科领域研究所各推荐一名教授组成的初评小组，进行独立评审，提出建议入围的论著。然后由基金会评奖委员会以公开讨论和无记名投票方式，以简单多数选定获奖作品。最近几届的票决结果还要进行公示后报基金会理事会最终批准。因此，所有获奖论著，都是经过权威专家几轮认真的公平公正的评审筛选后确定的，因此这些论著可以说代表着当时中国经济学研究成果的最高水平。

作为17届评奖活动的参与者和具体操作者，我不敢说我们评出的获奖作品百分之百代表着当时经济学研究的最高水平，但我们的确是尽力而为，只是限于我们的水平，肯定有疏漏和不足之处。总体来说，从各方面反映来看，获奖作品还是当时最具代表性和最高质量的，反映了改革开放后中国经济学研究的重大进展。也正因为如此，我认为知识产权出版社重新成套再版获奖专著，是很有意义和价值的。

首先，有助于人们很好地回顾改革开放40年来经济改革及其带来的经济腾飞和人民生活水平的快速提高。改革开放40年使中国社会经济发生了翻天覆地的变化。贫穷落后的中国经过改革开放30年的艰苦奋斗于2009年即成为世界第二大经济体，创造了世界经济发展历史的新奇迹。翻阅再版的获奖专著，我们可以清晰地看到40年经济奇迹是怎样创造出来的。这里有对整个农村改革的理论阐述，有中国走上社会主义市场经济发展道路的理论解释，有关于财政、金融、发展第三产业、消费、社会保障、扶贫等重大现实问题的应用性研究并提出切实可行的建议，有对经济飞速发展过程中经济结构、产业组织变动的深刻分析，有对中国新型工业化进程和中长期发展的深入研讨，等等。阅读这些从理论上讲好中国故事的著作，有助于我们了解中国经济巨变的内在原因和客观必然性。

其次，有助于我们掌握改革开放以来中国特色社会主义经济理论发展的进程和走向。中国的经济改革和发展是在由邓小平开创的中国特色社会主义及其经济理论指导下顺利推进的。中国特色社会主义理论体系也是在伟大的改革开放进程中不断丰富和发展的。由于获奖著作均系经济理论力作，我们可以从各个时段获奖著作中，了解中国特色社会主义经济理论是怎样随着中国经济市场化改革的深化而不断丰富发展的。因此，再版获奖著作，对研究中国经济思想史和中国经济史的理论工作者是大有裨益的。

最后，有助于年轻的经济理论工作者学习怎样写学术专著。获奖著作除少数应用性、政策性强的以外，都是规范的学术著作，大家可以从中学到怎样撰写学术专著。获奖著作中有几套经济史、经济思想史作品，都是多卷本的，都是作者几十年研究的结晶。我们在评奖过程中，争议最少的就是颁奖给那些经过几十年研究的上乘成果。过去苏星教授写过经济学研究要“积之十年”，而获奖的属于经济史和经济思想史的专著，更是积之几十年结出的硕果。

是为序。

2019 年 5 月

前 言

《工业化进程中的产业结构研究》考察的是经济发展史上工业化加速期的产业结构特征及其演进规律。就方法而言，可以说是一部关于经济发展史的比较研究著作；就目的而言，主要是力图通过比较经济发展史的考察，从结构质态上把握中国经济发展的历史逻辑，认识人类经济发展史在这一阶段曾经或者仍然面临的共同矛盾，阐示经济史本身是如何解决这些矛盾的，从而为中国现阶段产业结构转换提供尽可能可靠的和历史的根据。

大约是在10年前（1985年），我与杨云龙先生合作开展产业结构命题研究，并于1987年出版了《中国产业经济分析》一书。在那部著作中，我们主要对中国产业结构的状态以及中国产业组织的状态进行了初步考察。在考察中，对中国产业结构规定的中国经济发展所达到的历史阶段做出了我们的判断，并以此为基础，阐示了中国产业结构、产业组织、产业政策方面的特点，分析了这些特点形成的体制原因和经济发展原因。

而后，为使关于产业结构的分析更深入，在几年的时间里进行了大量的经济发展史资料的搜集及比较研究，于1991年夏开始写这部著作，历时近四年。在原有研究的基础上，通过大量经济史的比较和当代发展中国家经济的比较，对于中国经济发展所处的阶段，这一阶段产业结构发展的特性，中国结构转换所面临的重要发展条件的约束等命题，获得了新的认识，形成了这部著作。尤其是对工业化加速时期三大产业相互关系及三大产业在这一经济发展阶段各自历史作用的特点；对三大产业结构分析本身的局限性以及对相应需补充的部门结构的具体分析的深入；对经

济发展史上人们解决结构转换所面临的矛盾的基本方法及留给人们的传统认识；对发达国家历史上结构转换的一般规律与中国现阶段所面临的特殊矛盾间的关系等问题展开了讨论。为使这种比较经济史的考察具有可靠性，对所搜集的数据在分析中按照当代国际通用标准进行了艰苦的换算；为使资料更具说服力，对原始经济史和当代经济统计资料进行了必要的分析指标处理。

本书除绪论外共设8章，其中第4章由蔡志洲博士执笔；第8章由杨云龙先生执笔，其他各章由我执笔，最后由我统一处理并定稿。在我看来，杨云龙先生关于产业结构的研究，在国内是颇有影响并极富见地的。我与之的合作也是长期的，本书中的许多观点也是我们过去合作研究、相互研讨得出的共同认识。本来在本书的写作中他应承担更多的责任，只是由于后来书斋外面的社会经济世界太精彩，使之不能不去领略另一番欣喜与艰辛。尽管如此，杨云龙先生还是写出了本书经济史资料最为繁浩的一章，值得敬佩。蔡志洲博士师从中国著名统计学家戴世光教授多年，也是戴老带出的第一批博士之一，极富书卷气，颇具严谨之风。在本书的写作中他所负责执笔的第4章统计数据换算是最为艰巨的，他利用在中信国际经济所研究工作的一年多时间，在所里的支持下，完成了对中国新的SNA估算并运用到本书的分析中，值得尊重。对于他们对本书所付出的心血和艰巨努力，不能不致以由衷的感谢。

再次感谢我的妻子，感谢她对本书长达近四年写作过程的督促，感谢她为此书所付出的繁杂的文秘、文字处理劳作，尽管她认为是应该的。

刘　伟

1995年2月15日于北京大学燕北园

目 录

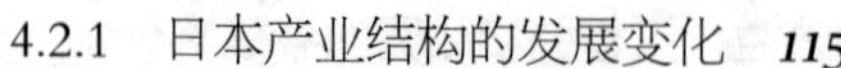

绪论　产业结构研究特点的阐示

产业结构研究有别于微观、宏观经济分析，也不同于孤立的部门经济考察。它在研究对象、研究方法及政策含义上均有其特殊性。因而，在展开系统的产业结构研究之前，有必要对产业结构研究所运用的特殊范畴、研究对象的特性和研究方法的特点、产业结构政策及政策作用的特性加以扼要的说明。

0.1　产业结构分析研究对象的特殊性质

显然，产业结构分析是揭示产业及产业之间相互运动关系的理论。因此，其研究对象不能不具有以下特点。

0.1.1　产业结构分析研究对象的特殊性首先表现在“产业”（industry）范畴的不确定性和历史性上

所谓产业，简言之，即指生产性企业、行业、部门的某种集合，按不同的集合标准，便会有不同的产业划分。非生产性活动的单位、领域、部门，无论怎样集合，显然不能列为产业，因而也就不应被纳入作为经济分析的产业结构研究范围。

问题在于，在人类经济发展的特定阶段上，哪些活动属于生产活动？进而哪些“业”属于产业？并不是确定的。社会生产本身发展的历史性，导致人们对产业认识的历史不确定性，由此便发生对产业认识的深刻分歧。

人们对于什么是生产性活动，进而什么是产业的争论，甚至可以追溯到上古时代。那时虽然没有产业经济学，甚至没有经济学，但有关的经济思想却已伴随经济活动的进行而提出来了。

在将一切生产活动和一切劳动视为社会下层人从事的活动的柏拉图时代，对于生产劳动问题不可能给以科学的阐述。但财富却又是需要的，因此，那个时代关于财富的思想或多或少地能使我们看到当时人们对什么是生产活动的看法。柏拉图认为，财富是能满足人们的福利需要的物质产品；与财富有关的活动可以分为两类，一类是财富的生产，另一类是财富的取得，二者的区别在于：生产创造新的自然物（如农业活动），取得则是把已生产出来的自然物取为己有（如商业和暴力掠夺）。显然，他把生产新的物品，特别是农业活动视为生产活动和生产部门，即我们所说的产业，当然他并不认为生产活动是高尚的，尽管他承认生产是必须的。

亚里士多德的态度与柏拉图近似。在亚里士多德看来，生产是利用自然创造物质财富，另一类与财富有关的活动是“货殖”，即在商业活动中赚取，在流通中取得财富。与柏拉图不同的是：亚里士多德虽然把劳动活动分为生产和货殖两类，但他进一步对这两类活动给以价值判断，认为，生产是好的，正常的，符合自然的；而货殖则是坏的，不正常的，不符合自然的。

到中世纪，基督教初期，由于苦行僧式的生活追求，因此对全部财富以及与财富生产有关的活动，在态度上是一概否定的；到中世纪盛期，教会为大地主掌握，他们不重视生产而只强调分配与消费，因此对生产活动不可能给以有见地的思考。

真正对生产活动，进而对产业开始深刻思考是在资本主义产生之后的事情。

以农立国的农业自然经济条件，自然使生活在自然经济中的人们把农业视为最富而且是唯一具有生产性的部门。这一思想不仅在前资本主义社会漫长的农业自然经济时代的思想家中有所反映，而且在资本主义产生之初的法国，由于小农基础深厚，使法国资本主义初期的思想家的思想具有一定的封建色彩，本质上已属于资产阶级的经济思想却仍披着封建的外衣，其突出表现便是仍把农业视为唯一的生产活动。尽管他们（重农主义）当时已经用资产阶级的目光来看待农业了，但工业制造业等仍不被视为产业，不被视为生产性的部门。

与重农主义相反，英国早期资产阶级学者和政策制定者，被商业资本的最先活跃所迷惑，受商业资本时代条件的束缚，提出重商主义理论。认为只有金银才是财富的代表，一切生产财富的活动只能与金银货币运动有关，所以，只有商业，特别是海外贸易活动对一国来说才是财富的源泉，也只有商业才是产业。

随着资本主义历史的发展，人们才开始认识到，仅仅把农业活动视为产业是不够的。工业制造业地位的加强，历史地使思想家们把工业、制造业也包括到产业中来。这在古典经济学家亚当·斯密、李嘉图等人的著述中得到了明确的阐述。

但是，由于古典经济学家缺乏科学的劳动价值论基础，进而不可能建立关于资本主义的剩余价值学说，因此，他们关于劳动生产性的解释不可避免地具有庸俗成分，以致导致古典学派的瓦解。真正科学说明生产劳动的当属马克思。马克思不仅一般性地从创造财富的自然形态上考察了生产劳动，而且更特殊地考察了资本主义社会性质的生产劳动，从而不仅把生产作为一个自然的技术的过程，而且理解为一种社会历史的活动。他指出，作为社会历史性质的生产，作为资本主义社会的生产活动，必须是体现资本关系的生产；同时，这种体现资本关系的生产，即剩余价值的生产只能在一般形式上以生产价值的劳动为基础。也就是说，作为资本主义生产劳动，首先应是劳动，并且是提供使用价值的劳动。这种使用价值还必须转化为价值，即劳动必须是生产使用价值与价值统一的商品的劳动，进而再成为提供剩余价值的劳动。

20 世纪，特别是第二次世界大战以后，伴随科技革命及经济发展的进程，资本主义经济发生了极大的变化。一个突出表现便是农业和工业制造业之外的服务行业取得了长足进展，在许多发达国家已成为超越工、农业的占居首位的部门，在国民经济及人们社会生活中的地位和作用，越来越重要，甚至成为“后工业化”社会的显著标志。如何运用马克思经济分析方法，科学地认识这种历史现象；如何考察非物质生产部门活动是否具有、怎样具有生产性？是摆在我们面前的重要课题。在这一问题上的争论和分歧直到目前为止仍相当尖锐和深刻。❶

毫无疑问，关于生产劳动乃至产业范畴上的不确定性，以及造成人们认识上的不确定性的根源——生产劳动及产业本身的历史性，给产业结构研究带来了困难。这是产业结构研究对象的特殊性的一个重要方面。

0.1.2 产业结构研究重点是分析产业间的关系，因而有别于宏观经济分析，又不同于微观经济分析

产业结构研究既不是对经济个量的考察，也不是对经济总量的考察。比之于微观经济单位，如企业、家庭而言，产业不是一个微观经济范畴；比之于宏观经济总量，如总供给、总需求而言，产业不是一个宏观经济范畴。产业是介于宏观与微观分析对象之间的一个“集合”概念。因此，一方面，它既不属于微观经济学的研究对象，也不属于宏观经济学考察的内容。微观经济学以经济中的个量的行为准则作为考察对象，而对于企业的集合的产业以及产业间的联系方式，微观经济学不去考察；宏观经济学以总供给及总需求为考察对象，而不去考察中间产品生产、交易

❶ 苏联学术界自20世纪20年代以来，中国学术界自20世纪50年代以来，就什么是生产劳动的争论一直未间断。可参见智效和、睢国余、刘伟：《苏联学术界关于生产劳动非生产劳动争论》，载《经济研究参考资料》1985年第179期；徐节文等编：《建国以来生产劳动与非生产劳动论文选》，上海人民出版社1983年版。

关系，即不去考察产业间的关系。因此，与微观经济分析相比，产业结构分析更具集合性和概括性；与宏观经济分析相比，产业结构分析更具结构性和过程性。另一方面，产业结构分析既然介于微观、宏观经济分析之间，因此，它不能脱离微观、宏观经济理论基础，从某种意义上可以说，产业结构分析作为应用性经济分析，在相当大的程度上是运用宏、微观基础理论和范畴去分析产业运动的。这两方面的统一，既是产业结构研究对象的特殊性的显著体现，也是产业结构分析方法上的特殊性的显著表现。

0.2 产业结构分析研究方法上的特殊性质

0.2.1 产业结构研究是长期分析，而不是短期分析，因而产业结构演进与经济发展命题统一于一体

产业结构研究方法上的突出特点在于它是长期分析，它要考察经济发展过程中产业结构演变的特点及规律，考察产业结构的变化与经济发展的内在逻辑关系。这种研究内容和任务规定其方法的长期分析性质。

产业结构研究主要包括三方面的内容：①研究各产业之间在生产规模上的比例关系，所涉及的是量上的结构均衡问题；②考察各产业之间内在的质的联系，所涉及的主要是产业结构高度和结构效益问题，产业结构研究是这种量的和质的结构分析的统一；③考察产业间在投入产出联系上的特点，分析在技术上具有相似性、连续性的产业间的投入产出关系，使结构分析与社会再生产过程分析统一起来。

在短期总量均衡问题的考察中，涉及产业结构时多是注意其量的结构均衡关系，不注意也不可能注意产业结构质的方面，因为产业结构质的变化是一个长期发展命题。若把产业结构分析长期化，将其纳入经济发展的长期考察，则需强调的是产业结构质的方面。而质的方面主要体现为产业结构高度及相应的产业结构的效益的演进。

所谓产业结构高度，是指一国产业结构在根据经济发展的历史和逻辑序列顺向演进过程中所达到的阶段和层次。这种历史和逻辑序列至少包括三个方面内容：①在整个产业结构中由第一次产业占优势比重逐渐向第二、三次产业占优势比重演进的历史水平；②产业结构中由劳动密集型，特别是初级劳动密集型产业占优势比重逐渐向资本（资金）密集型、技术（知识）密集型产业占优势比重演进的历史水平；③产业结构中制造初级产品的产业占优势比重逐渐向制造中间产品、最终产品的产业占优势比重演进的历史水平。

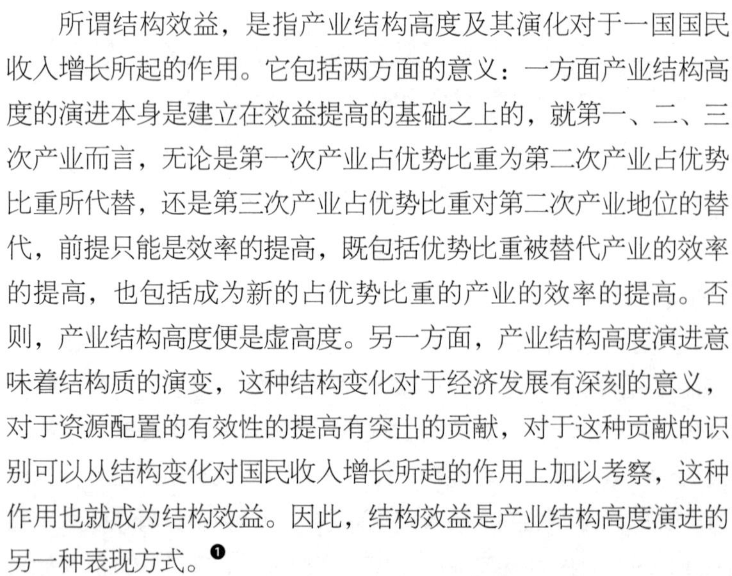

所谓结构效益，是指产业结构高度及其演化对于一国国民收入增长所起的作用。它包括两方面的意义：一方面产业结构高度的演进本身是建立在效益提高的基础之上的，就第一、二、三次产业而言，无论是第一次产业占优势比重为第二次产业占优势比重所代替，还是第三次产业占优势比重对第二次产业地位的替代，前提只能是效率的提高，既包括优势比重被替代产业的效率的提高，也包括成为新的占优势比重的产业的效率的提高。否则，产业结构高度便是虚高度。另一方面，产业结构高度演进意味着结构质的演变，这种结构变化对于经济发展有深刻的意义，对于资源配置的有效性的提高有突出的贡献，对于这种贡献的识别可以从结构变化对国民收入增长所起的作用上加以考察，这种作用也就成为结构效益。因此，结构效益是产业结构高度演进的另一种表现方式。[1]

因而，产业结构理论更多地属于经济发展的长期分析，而不是单纯的短期的总量考察；更多地属于供给方面的分析，而不是

[1] 参见刘伟、杨云龙著：《中国产业经济分析》，中国国际广播出版社1987年版，第28—29页。

总需求方面的考察，这是产业结构研究的重要特点。

0.2.2 产业结构研究到目前为止多为经验性总结和对发展史实证性的比较与概括，被归纳出来的规律也多被视为“经验性”的

产业结构研究方法上的这一特点，从 20 世纪 30 年代德国学者霍夫曼（waltber Hoffmann）、英籍学者克拉克（Colin Clark），到 20 世纪 50 年代的美国学者西蒙·库兹涅茨，再到当代的钱纳里（H. Chenery）等人的著述中可以得到证明。

在西方正统经济学中，产业结构理论并未得到充分的承认。在西方学者中的产业经济学研究主要是产业组织理论考察，即考察一定市场条件下同一产业内部企业之间的相互结构关系，也就是所谓规模结构、企业行为及绩效三者间关系的研究。尽管有的学者，如西方产业经济学创始人之一贝恩（J. S. Bain）论述过产业结构的国际比较，但他所说的产业结构实际上是个别产业内部企业间的关系，即产业组织问题，而不是产业间的结构关系。在作为微观经济学应用的西方产业经济学中，一般不包括产业间结构问题分析，产业结构分析与西方正统的微观经济学并无多少联系，产业结构分析与正统的宏观经济学更无多少直接联系，或者说西方正统宏观经济理论忽视了对产业结构演进的分析。应当说，这是有着深刻的体制背景的。因为在以私有制为基础的市场经济中，产业结构更多的是微观经济单位市场活动所形成的结果，而不是政府宏观直接干预的结果。特别是在发达的资本主义国家，企业自由制度和形成上百年的市场机制对于产业结构的演进和转换具有很强的作用力。即使是在第二次世界大战之后，发达国家在引入政府宏观干预政策以协调经济均衡的过程中，一方面，政府干预主要是宏观总需求的管理，而主要不是总供给的管理，对于供给管理以及对微观经济政策的系统强调是 20 世纪 70 和 80 年代以后的事；另一方面，发达资本主义国家的政府干预，

即使到现在也还是以市场机制为基础，以企业自由制度为前提。因此，在宏观经济分析中排除结构分析，把结构分析视为企业制度、市场秩序等微观活动考察的相应内容便不难理解了。

产业结构理论在后起的资本主义国家，在经济发展中国家，包括中国，得到相当高的重视，这同样是有着经济发展背景和体制背景的。第二次世界大战后，经济落后的国家面临的基本历史任务便是如何实现经济赶超目标，推动经济发展。令这些国家所困扰的更多的是发展命题，因而存在一个如何从质态上按照经济历史演进规律提高产业结构高度的艰巨使命，以切实缩小与发达国家的差距，所以，在理论上不能不重视结构演进命题，在政策上不能不注意政府如何引导产业结构演变的问题。结构命题与发展命题统一在一起，这便是为何产业结构理论在第二次世界大战后日本等“后发”国家得到长足发展的根本原因。在我国，特别是改革开放以来，产业结构问题无论是在理论上还是在政策上都被予以了前所未有的重视。这不仅因为我国作为一个经济发展中国家为实现发展，结构演进有着突出的意义，而且还因为在传统体制下，政府对经济的调控，无论是在总量上还是结构上，甚至企业微观行为上，都体现着政府直接计划的特点。这样，在考察宏观调控时，不仅总量问题被纳入分析范围，而且结构问题，甚至微观问题也被纳入宏观考察范围，或者说很难区分宏观和微观考察的领域界限。因而，在改革时期，在新的经济调控机制尚未形成的条件下，要纠正经济总量及结构失衡问题，在相当大的程度上还不能不直接依靠政府的宏观政策。所以，结构问题从一开始就被作为政府调控行为的结果，结构问题从一开始就与总量问题合并在一起，成为理论和政策研究的基本问题，而不像西方学者那样，在占统治地位的宏观经济理论中排除结构研究。❶

❶ 参见刘伟：《特殊的宏观经济命题与结构调控目标》，载《北京大学学报》1989年第6期。

0.2.3 产业结构研究分为两种形态，即研究产业间比例关系及其发展规律的形态和研究产业间投入—产出联系的形态

产业间比例关系的考察包括产业间量的比例关系及在经济发展过程中产业间质的成长逻辑的研究；产业间投入—产出联系的研究，有人又将其称为“产业联系理论”，即由里昂惕夫（W. Leontief）开创的投入产出经济学。

与狭义的产业间结构分析不同，产业联系理论虽然也是产业结构研究的一种形态，但它主要是通过投入—产出表提供一种分析结构联系的工具，因而更具方法论意义；通过产业间投入—产出关系的考察，能够更深入、具体地将产业结构的分析与社会再生产实现过程的考察统一起来，从而使结构分析对现实更具解释能力。在一般地进行产业结构考察时，对于产业类别的划分主要是根据在长期的经济发展过程中产业运动表现出来的阶段性特征加以区分，或者说根据经济发展的不同阶段的性质，把国民经济分为若干大部分，这若干大部分的区别以及各自所占比重关系的变化应能体现经济发展质态的变化，划分的标准具有区分经济发展性质变化的意义，从而通过考察这种结构演变的规律，揭示经济发展的趋势。而产业联系理论虽然也考察产业之间的结构联系，但它是以技术、工艺的相似性以及生产的连续性为划分产业类别的根据。通过这种划分，进一步考察生产技术和工艺有相似性的和有连续性的产业之间的经济关系。

产业联系理论主要是说明生产技术和工艺具有相似性、连续性的产业间的投入产出关系，因而其主要方法便是运用投入产出表，通过对投入产出表的分析，定量地考察一国在一定时期内的社会再生产过程中产业间的经济技术关系，认识社会再生产过程中的各类比例关系，从而能够反映各产业之间的中间投入和中间需求，能够更深刻、具体地说明社会再生产过程中的结构变化。

这是一般的微观经济学和宏观经济学所不能达到的。

0.3 产业结构理论的产生发展及其政策含义

0.3.1 产业结构理论产生与发展的思想史及经济史根据

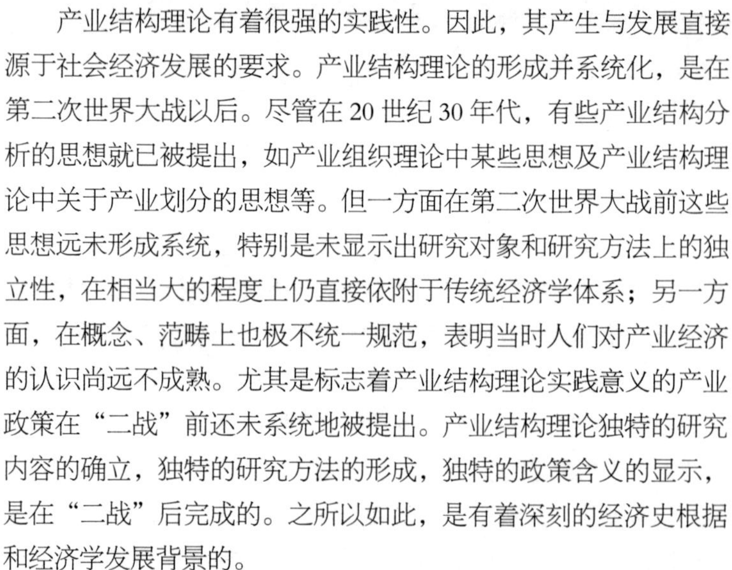

产业结构理论有着很强的实践性。因此，其产生与发展直接源于社会经济发展的要求。产业结构理论的形成并系统化，是在第二次世界大战以后。尽管在20世纪30年代，有些产业结构分析的思想就已被提出，如产业组织理论中某些思想及产业结构理论中关于产业划分的思想等。但一方面在第二次世界大战前这些思想远未形成系统，特别是未显示出研究对象和研究方法上的独立性，在相当大的程度上仍直接依附于传统经济学体系；另一方面，在概念、范畴上也极不统一规范，表明当时人们对产业经济的认识尚远不成熟。尤其是标志着产业结构理论实践意义的产业政策在“二战”前还未系统地被提出。产业结构理论独特的研究内容的确立，独特的研究方法的形成，独特的政策含义的显示，是在“二战”后完成的。之所以如此，是有着深刻的经济史根据和经济学发展背景的。

直到凯恩斯主义产生之前的正统的西方经济学，所信奉的教条是斯密的“看不见的手”的原理，推崇的是自由竞争制度。尽管经济政策及政府干预早已有之，但一方面在理论上政府干预被认为越少越好，因而未得到系统的承认；另一方面，政府干预在相当大的程度上是为使市场机制微观经济单位具有更多的自由竞争性，而无显著的独立政策作用目标。

以斯密、李嘉图为代表的古典经济学受其历史条件的规定，把发展社会经济，提高生产力的最有利的方式归结为自由竞争的资本主义生产方式，反对封建专制和特权，反对国家权力干预和束缚。这种自由竞争精神成为古典学派的经济哲学基础。当然，就当时的历史背景和社会经济发展的要求而言，这无疑是有着深刻的历史进步意义的。

随着资本主义经济的发展，到19世纪末20世纪初，经过马歇尔等人对以往资产阶级经济理论的综合，形成了至今在西方经济学中仍占正统地位的正统微观经济学及标准福利经济学。这种正统的经济学信奉的教条仍然是自由竞争精神，相信市场机制对经济活动的调节能力，不赞成国家或政府系统地有目的地干预市场经济运行。这种正统的微观经济学和标准的福利经济学把经济学理解为一种工程学；把经济分析理解为说明微观经济单位如何实现极值的过程；所运用的方法是效用主义的、数学的边际分析；目的是解释微观经济单位实现均衡且获极大收益或极大满足的过程。因而，宏观经济分析、制度分析以及产业结构分析被排除在分析视野之外。这种经济学不可能产生系统的宏观经济干预政策，当然更不可能产生系统的产业政策。

经过1929—1933年资本主义世界经济大危机，市场机制的自动调控能力受到极大冲击，传统经济理论所信奉的自由竞争法则受到极大挑战。由此，产生了凯恩斯主义宏观经济学，或称所谓“凯恩斯革命”。凯恩斯在经济研究方法上系统地以国民经济总量为研究对象，开创了宏观经济分析；在经济哲学上打破经济自由主义的传统教条，论证政府系统干预之必要；在经济政策含义上阐示市场本身为何难以实现均衡及政府财政政策、货币政策对于实现均衡的意义。

但是，凯恩斯宏观经济学及经济政策含义的特点规定着它不可能深入产业层次展开分析。因为，①凯恩斯面对的是资本主义生产相对过剩的经济危机，其学说是为帮助资本主义摆脱这一危机，力图通过政府干预恢复供求均衡，因此属于危机导向型的均衡。在此，均衡的恢复具有首要的意义，寻找均衡的位置仍是基本的使命。它并不解释如何实现长期发展，不涉及长期发展中的效益问题，也不涉及发展中的结构问题，不涉及政府如何在全世界经济长期发展的范围之内寻找发展机会并以系统的产业政策引导、扶植产业结构的质态演变问题，因为现实没有向凯恩斯提出这些问题。凯恩斯遇到的是如何克服失衡的危机。所以凯恩斯的学说不回答产业经济运行问题。②受危机导向型均衡目标的规定，面对有效需求不足的现实，凯恩斯重建的均衡出发点是从总需求管理入手，考察的是怎样刺激总需求使之回到均衡的位置，而不是从供给方面展开分析。因此，生产规模、产业结构本身的形成等问题不可能真正被涉及。

第二次世界大战后，特别是20世纪50年代以来，伴随资本主义经济及世界经济发展，经济生活中各种关系越来越复杂，经济发展的历史要求越来越严峻，对经济学也就提出了新的要求，仅仅有微观经济分析以及总量的宏观经济分析和相应的政策是不够的。现实经济生活中两大基本命题——均衡和发展要求产业经济理论产生。

就均衡命题而言：①均衡的恢复仅从或主要从总需求管理入手是否可行？几乎与凯恩斯主义产生的同时，供给学派就提出了这种怀疑。②主要依靠财政政策刺激需求以恢复均衡是否稳定？货币主义很早对此也提出了怀疑，这种怀疑被尔后的滞胀所证实。③短期的总量均衡能否保证经济的稳定增长？其中不仅包括如何处理均衡与通货膨胀的关系问题，而且包括短期总量均衡与长期动态的结构均衡关系问题。④伴随经济发展和增长，伴随激烈的世界范围内的竞争，政府干预仅仅停留在总量管理上是否适合需要，是否应深入微观层次及产业层次，是否应制定相应的产业组织和产业结构政策？在制定产业组织和产业结构政策过程中应树立怎样的政策观？也就是说，是通过一系列经济政策强化政府对市场经济的干预，还是通过一系列政策，包括产业政策以及其他宏观、微观经济政策，进一步保证市场经济的自由竞争性质，产业政策及其他经济政策是建立在经济自由主义基础上还是建立在国家干预理性主义基础上？[1]正是通过对这些问题的思考和争论，逐渐形成了具有不同观点、不同政策倾向的产业组织理论和产业结构理论。

就发展命题而言，①“二战”后急待恢复并赶超经济发达国家的资本主义国家，要迅速实现赶超目标并进入世界资本主义竞争，面临的主要问题不是总需求不足的均衡与非均衡的总量问题，而是怎样实现发展，实现经济质态变化的问题。因此，它们不能仅仅依靠或等待市场机制自发地规定产业组织并调整产业结构，那将是在短期里不确定、在长期里过于迟缓的过程。这就要求政府在承认、运用和发展市场经济的基础上，制定系统的产业组织政策和产业结构政策，提高本国产业的效率及竞争能力，加速国内产业结构高度化进程。②“二战”后发展中国家面临一系列发展问题，就经济问题而言，突出地在于两方面：一方面，怎样实现经济结构转换推进结构高度，使国民经济有质的进展；另一方面，与发展中国家工业化未完成相一致，其经济体制上的市场体系尚不完备，因而其经济发展进程同时又是体制转换过程，由此，国家调控与市场调节的结合便更具不确定性和不完备性，产业结构转换机制和转换能力成为突出的问题。这种经济发展的命题对产业结构理论的产生和发展提出了要求。

为适应当代经济均衡增长与发展的历史要求，产业结构分析一经产生形成便具有以下特点：①产业结构分析具有强烈的实用性，其显著标志在于它直接服从于制定产业政策的需要。②产业结构分析关注的主要问题是结构效益，它既不同于微观效益也不同于一般的宏观效益，而是由于产业结构质态变化对经济增长

---

[1] 西方学者关于经济自由主义及国家干预理性主义的争论，自经济学产生至今，从未停止过。关于这一问题的思想史概述，可参见刘伟、平新乔著：《经济体制改革三论：产权论、均衡论、市场论》，北京大学出版社1990年版，第381—399页。

和发展所作的贡献。③产业结构分析也关注均衡问题，但不是微观的厂商均衡，也不是国民经济的总量均衡，而是社会再生产过程中的结构动态均衡；并且，在均衡与效益，或者说在总量均衡与有效发展之间，产业结构分析更注重发展问题。④产业结构分析的政策目标导向不同于一般的宏观经济理论，它不是为走出经济危机服务的危机导向型经济分析，而是通过世界范围内的经济发展史的比较研究，根据本国发展要求和可能，寻找发展的历史机会，并通过政策引导使本国的市场运动能够切实掌握住发展机会，因而它属于机会导向型经济分析。❶

0.3.2 产业结构理论的政策含义

产业结构理论的实用性既然集中体现在其为产业政策的制定服务上，产业结构理论的现实意义也就突出表现为产业政策的现实意义。事实上，产业结构理论的产生与发展，从一开始便是与产业政策实践紧密联系在一起的。

尽管有关产业政策的某些思想，或者说后来被人们解释为产业政策的某些政府管理经济的政策早已有之，仅就现代经济史而言，资本主义发展初期的重商主义、重农主义、古典经济学的自由放任主义政策，以李斯特等为代表的德国历史学派的贸易保护主义及国家干预主义，以及凯恩斯主义等，都包含着一定的产业政策内容。但是，产业政策在实践中具有独特的意义并逐渐系统化，“产业政策”的概念得以确立，却是第二次世界大战之后，特别是20世纪50年代以后的事情。在此之前，有关产业政策的内容散见于其他经济政策之中，产业政策的术语也未被提出。

“产业政策”的概念究竟由谁首先提出，直到目前仍是有争议的不确定的问题。一种看法认为“产业政策”概念的提出是在

❶ 参见刘伟、杨云龙著：《中国产业经济分析》，中国国际广播出版社1987年版，第17—19页。

第二次世界大战后的法国学术界，尔后日本学术界引进这一思想并大规模地付诸实践。[1]另一种看法则认为“产业政策”这一概念的发祥地是日本，认为在20世纪50年代“产业政策”概念由日本学者首先提出并开始流行。[2]无论“产业政策”术语最初产生于何地，日本在“二战”后贯彻、制定产业政策的实践及相应的理论考察是引人注目的。确实，在西方经济理论还根本未提到“产业政策”概念的20世纪50年代，“产业政策”在日本已是广泛流行的术语了。但“产业政策”一词正式见诸于书刊，则是1966年日本学者两角良彦发表《产业政策的理论》之后。1970年以后，世界“经济合作与开发组织”（OECD）在一些文件和报告中开始采用“产业政策”概念。特别是1970—1972年，这一组织编写了其中14个成员方的有关产业政策的系列调查报告，从而使“产业政策”概念在世界范围内得以承认并流行开来。[3]

对于产业政策的定义，直到目前为止，仍是不十分确定的，并且存在较大的分歧。概括起来大致有以下几种定义：①产业政策是政府有关产业的所有政策的总和。这里强调产业政策是以产业为作用对象，以政府为实施主体的经济政策的系统。这是一个十分广泛的定义。[4]②产业政策是政府为弥补市场失灵而导致资源配置效率降低所采取的补救政策。这里强调的是产业政策在

❶ 中国赴日本产业政策考察团的考察报告持此种看法。

❷ 杨治编著：《产业经济学导论》，中国人民大学出版社1985年版，第2页；杨沐著：《产业政策研究》，上海三联书店1989年版，第10页。他们均认为“产业政策”的概念及用语产生于20世纪50年代的日本。

❸ 参见刘伟、杨云龙著：《中国产业经济分析》，中国国际广播出版社1987年版，第305页；杨治编著：《产业经济学导论》，中国人民大学出版社1985年版，第2页。

❹ 参见阿格拉著：《欧洲共同体经济学》，上海译文出版社1985年版，第132页。

市场机制作用的维护补充上的作用，或者说强调的是产业组织政策，即强调政府如何通过政策干预，使产业所面对的市场结构更加完备，因而产业中的企业的市场行为更加合理，从而使市场活动的绩效更高。[1] ③产业政策就是计划的实施，或者说是政府有计划、有目标的部门结构发展政策。这里强调产业结构政策，把产业政策理解为政府有计划地对未来产业结构变动方向的引导和干预。[2] ④产业政策是后进国家实现赶超的经济政策总称，或者说产业政策以实现赶超为基本政策目标。这里强调的是产业政策对推动长期经济发展的作用。[3] ⑤产业政策是加强本国产品国际竞争能力的政策，是作为开放经济条件下，国家经济政策体系中的货币政策和财政政策的补充政策，目的在于引导、扶持本国产业的世界竞争能力的提高。[4]

实际上，从上述不同的关于产业政策内容的界定来看，只是存在分析角度的不同，并未排除在关于产业政策基本性质的认识上和政策功能上的统一性。从产业结构理论出发系统考察产业政策，应当承认产业政策具有这样的基本性质：①产业政策是政府介入经济管理的一种政策，是政府在宏观管理和微观介入之间的政策协调与引导。尽管不同学派、不同学者对政府干预的范围、程度、方式及有效性持有不同的看法，但一般都承认产业政策是

---

❶ 参见小宫隆太郎等著：《日本的产业政策》，国际文化出版公司1988年版，第5—6页。

❷ 参见马格丽特·迪瓦尔著：《工业生机：采用国家产业政策》，玻格曼出版社1982年版，第13页。

❸ 日本学者如并木信义等持这种看法，中国有些学者也将这一点作为产业政策的重要特征。参见杨沐：《产业政策研究》，上海三联书店1989年版，第3页。杨治编著：《产业经济学导论》，中国人民大学出版社1985年版，第8页。

❹ 参见查尔斯·约翰逊主编：《产业政策争论》，美国当代研究所1984年版，第5页。

一种政府干预措施，并且是必要的，是弥补市场局限性的一种手段。②产业政策在政府对经济生活干预的政策体系中，更具间接性质，或者说它主要是依靠市场机制，通过健全和补充市场的功能实现引导产业行为的目的。无论是主张加强政府干预的学者，还是坚持经济自由主义的学者，对此都是承认的。③产业政策具有引导经济发展的功能和政策目的，因而结构质态问题、实现赶超问题、提高产业国际竞争能力等问题，成为产业政策研究的重要内容。不同学者根据分析需要从不同角度强调产业政策的某一方面的特征，并不意味着在总体上否认产业政策的上述基本性质，因为这些基本性质源于产业政策实践并为实践所说明。

从产业结构理论体系出发，系统地看待产业政策，其主要内容为产业结构政策，[1]以产业结构为政策作用对象，主导产业的选择与扶植，产业结构高度的推进，产业结构效益的提高，产业间投入、产出关系间的改变及效率的上升，等等，自然属于产业结构政策作用的主要目标。

关于产业结构政策认识上的分歧主要集中在其作用的体制背景方面，即产业政策是单纯或主要由政府来推动并实施、组织的政策，还是由政府推动但由市场机制来实施、组织的政策？由政府来组织实施产业政策，至少存在五方面的问题需解决：①政府制定的产业政策在实施过程中是否存在微观经济单位及部门、地区经济利益上的动力配合，若政府产业政策所反映的利益目标与微观的、部门的、地区的利益目标发生冲突，那么势必抵消产业政策作用。②政府制定产业政策是否存在充分的信息根据？如若信息扭曲、失真，根据错误的信号制定出的产业结构政策必然脱离均衡位置。③由政府来克服结构矛盾，其成本—效益对比关系是否必然比市场机制更有效？即在产业政策实施上同样可能发

❶ 从微观经济分析角度来看，产业政策还包括产业组织政策。这里进行的结均分析更具概括性和综合性，而不是一般微观考察。

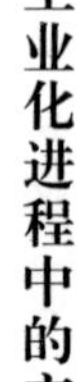

生“政府失灵”，所产生的成本以及带来的资源配置效率损失或许比市场配置更高。④产业政策既非宏观经济政策，又非微观经济政策，确定一种政策，属于政府调控的经济手段之一，怎样使其他经济政策，特别是宏观经济政策工具与之相衔接，并且怎样才能保证这种衔接具有体制保障？否则，产业政策的实施必然落空。⑤产业政策是由财政主导实现国民收入再分配来实施，还是通过财政直接替代市场实施资源初次配置以体现产业政策功能？这涉及产业政策的作用领域及政策出发点，即是说，产业政策是否在市场机制基础上，针对“市场失灵”来协调结构矛盾？否则，必然导致对市场机制的根本否定。正是由于上述五方面问题的存在，使得产业政策在不同的体制环境下可以产生完全不同的结果。比如，早在传统的计划体制中，中国就制定并实施了极为详细的产业政策，但效率并不高，甚至不仅未能真正促使结构均衡，反而加剧了结构失衡；即使改革以来，为推动资源配置的结构效益提高，收敛微观、地区、部门的分散性，提出了一系列新的产业政策，如 1989 年 3 月系统地公布了详尽的“国家产业政策”，但结构失衡问题并未得到有效解决。这表明，一方面不具较坚实的市场经济机制基础，产业政策制定、实施的成本、效率及可行性均令人担忧；另一方面，产业政策必定是连续不断的作用过程，因为经济是动态的，其间的结构失衡也是动态的，结构失衡是绝对的，均衡只是相对的，产业政策的作用不可能根除结构失衡，只是使这种失衡保持在不严重威胁经济发展的程度，这是产业政策的基本目标，也是其政策作用的有限性所在。[1]

当然，单纯依靠市场机制来协调产业结构客观上也存在“市场失灵”，尤其在公共品产业领域、社会先行资本投资领域、信

---

[1] 对中国产业政策实施问题的探讨，江小娟曾作出很出色的考察。参见江小娟：《中国推行产业政策中的公共选择问题》，载《经济研究》1993年第6期。

息长期不对称领域等，往往需要产业政策的直接干预，宏观经济干预的总量特征所具有的局限性，为产业政策结构性干预提供了空间。在市场能够起作用的领域，并非产业政策就失去作用的必要，而是作用的目的在于促进市场对于结构调节的作用实现，并非替代市场的作用。从前述产业结构理论和政策产生的经济史和经济思想史的背景看，其产生本身就是政府调节与市场调节相结合不断深化的结果，是市场经济成熟进程的产物。

由于产业结构分析具有经验实证性，因此，本书的考察将通过大量的国际经济发展史的比较来进行。通过经济发展轨迹的比较来说明产业结构理论的一系列基本范畴，并运用这些范畴来刻画产业结构发展的规律，解释中国产业结构的运动；通过经济史的比较，从三大产业间的结构质态上把握中国经济发展所达到的历史阶段；通过对这一阶段经济发展特殊性的认识，阐示处于这一发展阶段上的中国产业结构转换所面临的重要约束条件以及如何满足这些条件；在三大产业质态结构分析的基础上，深入国民生产总值的部门结构分析，在按可比标准重新估算中国国民生产总值的部门构成的基础上，建立中国投入产出表，使产业结构分析得到更具体的社会再生产过程的实证解释。

第1章　产业结构演进与经济发展

产业结构演进本身属于经济发展的基本命题之一。因此，产业结构高度化进程与经济发展，与工业化、现代化进程的关系，结构变化对于经济发展的作用，以及产业结构演变在经济发展过程中所面临的发展难题，等等，是进行产业结构分析必须予以说明的，这种说明构成本章的基本内容。

1.1　产业结构演进与经济发展的实质

1.1.1　产业结构高度的水平与经济发展的阶段

1. 产业类别的区分与经济发展的历史阶段性。

对于产业类别的划分，可以根据具体分析需要和考察对象的不同，选择不同的划分标准，进而揭示不同产业类别间的内在联系。但是，若从经济发展史的角度，从体现不同经济发展阶段特征的角度来对整个国民经济进行结构划分，那么，主要的划分方法应当是三次产业分类法。因为，三次产业分类本身是人类经济发展阶段性的表现，三次产业的逐级产生并且相互在国民经济中的地位发生转化，本身就标志着经济发展史的进程阶段。

1931年英籍新西兰澳塔哥大学教授费希尔在《安全与进步》一书中，从经济发展史的角度对产业结构进行剖析，提出“三次产业”划分的思想，把人类经济发展史与产业发生、发展的历史统一起来，进而把经济发展解释为三次产业产生、发展及相互地位发生演变的历史，空前突出了产业结构演变在经济发展史上的意义。他认为，人类生产活动的发展史可以分为三大阶段，之所以有三大阶段的划分，就是因为产业结构演变历史阶段性的存在。在第一阶段，人类生产活动以农业和畜牧业为主；第二阶段，人类生产活动，以工业大规模发展为标志；第三阶段，人类生产活动，以资本和劳动大量流入非物质生产的劳务领域为显著特征。与人类经济发展的三大阶段相适应，便有三次产业的划分。第一次产业为农业和畜牧业，其特点是直接利用自然资源，为人类提供基本的生活资料——食物；第二次产业为工业制造业，其基本特点是对自然资源进行再加工，主要提供满足人类食物需要之外的其他物质生活需要的物质产品；第三次产业为服务业，其特点是并不提供有形物品，主要是满足人类物质资料生活需要之外的各类服务消费需要。

不久，英籍澳大利亚经济学家克拉克（Colin Clark）在其《经济进展的条件》一书中广泛运用了“三次产业”的思想，以此来分析产业结构，从三次产业的划分及其相互关系的变化上，认识经济发展过程中产业结构变化的特征及其规律，不仅使三次产业的概念和划分方法传播开来，而且为开创产业结构理论做出了贡献。因此，三次产业分类法又被称为“克拉克大分类法”。

费希尔、克拉克提出三次产业分类法不久，新西兰和澳大利亚的统计手册便正式使用了这一分类方法。到第二次世界大战之后，随着科技革命的进程和第一、二次产业劳动生产率的提高，第三次产业以异乎寻常的速度在世界主要发达国家发展起来，与之相适应的各国经济理论与统计实践普遍开始先后采用三次产业分类法。在三次产业划分中，各国的具体划分标准又有所不同，为统一三次产业的划分，经济合作与发展组织对所有经济活动进行了统一划分。第一次产业包括种植业、畜牧业、狩猎业、渔业和林业；第二次产业包括制造业，采掘业和矿业，建筑业，公用事业（煤气、电力、水）；第三次产业包括运输业、通信业、仓储业、批发和零售商业、金融业、房地产业、科教业、新闻广播

业、公共行政、国防、社会事务、娱乐和个人服务业等。绝大多数发达国家和经济发展中国家都采取了三次产业分类法。这表明，随着经济发展人们对产业的认识视野更为开阔了，产业的概念、范畴也扩大了，这种认识上的开阔、范畴的扩大并非完全出自人们的主观臆断，而是基于经济发展的历史事实。

费希尔、克拉克，以及后来的西蒙·库兹涅茨、钱纳里等人运用三次产业分类法来分析经济发展进程，从产业结构变化的角度说明经济发展的阶段性、历史性及变化规律，考察产业结构演变的历史规律，特别是库兹涅茨的多国经济发展史的结构演变实证分析以及钱纳里等人的多国结构演变的标准模型分析，把经济发展与结构变化的关系，经济发展对结构变化的不同历史阶段的要求反映得更为清晰，从而对产业结构理论的深化做出了贡献。

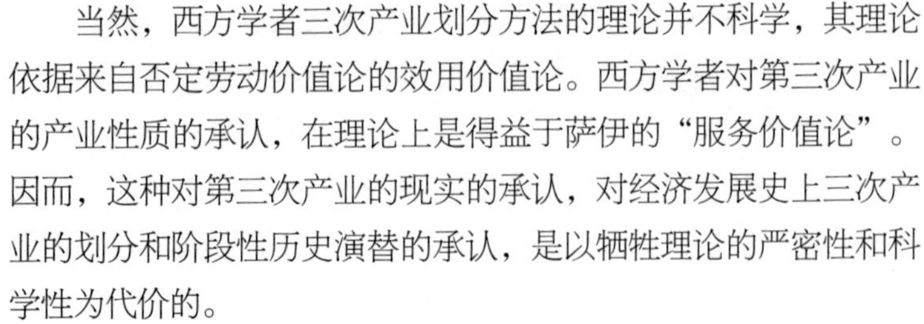

当然，西方学者三次产业划分方法的理论并不科学，其理论依据来自否定劳动价值论的效用价值论。西方学者对第三次产业的产业性质的承认，在理论上是得益于萨伊的“服务价值论”。因而，这种对第三次产业的现实的承认，对经济发展史上三次产业的划分和阶段性历史演替的承认，是以牺牲理论的严密性和科学性为代价的。

因此，我们一方面要充分认识西方学者三次产业划分理论上的庸俗性，另一方面，又不能回避在工农业物质生产之外非物质生产部门发展的现实，不能不承认三次产业之间在经济发展过程中客观存在的演进规律，把对三次产业的结构分析切实建立在科学的理论基础上。

2. 产业结构高度水平与经济发展水平。

经济发展的历史表明，经济发展水平越高，产业结构高度亦越高。或者说，经济发展水平之所以高，重要的是由于产业结构高度高，产业结构高度从结构上规定并体现着经济发展水平。如果以人均国民收入水平作为经济发展水平的量的标志，那么，结构高度的演进便从质的方面表现这种发展，或者说解释为什么会达到这样的发展水平。据世界银行 1983 年和 1985 年以及 1992 年的《世界发展报告》统计，以人均国民收入水平为标志的经济发展水平与产业结构演进如表 1-1 所示。

表 1-1　1960—1990 年各类国家经济发展水平与产业结构（%）

年份	不同经济发展水平国家（地区）分组	各产业占总产值比重			各产业的就业比重		
		1	2	3	1	2	3
1960	低收入	48	25	27	77	9	14
	下中等收入	36	29	39	71	11	18
	中等收入	24	30	46	62	15	23
	上中等收入	18	33	49	49	20	31
	发达国家	6	40	54	18	38	44
1981	低收入	37	34	29	73	13	15
	下中等收入	22	35	43	54	17	29
	中等收入	14	38	48	44	22	34
	上中等收入	10	39	51	30	28	42
	发达国家	3	36	61	6	38	56
1990	低收入	31	36	35	—	—	—
	下中等收入	17	31	50	—	—	—
	中等收入	12	37	50	—	—	—
	上中等收入	9	40	51	—	—	—
	发达国家	—	—	—	—	—	—

资料来源：世界银行 1983 年、1984 年、1992 年《世界发展报告》，中国财政经济出版社 1983 年版、1984 年版、1992 年版。

表 1-1 反映出这样一种现象：无论在哪一个历史阶段，自 20 世纪 60 年代，经 80 年代，至 20 世纪 90 年代，经济发展水平的差异均可以用结构差异反映出来，或者说经济发展水平差异与其说是总量差异，不如说是结构质态的差异。

在 20 世纪 60 年代，不同发展水平的国家结构差异的显著特征在于：①低收入国家与中等收入国家第一次产业产值比重相

差24个百分点（48—24），第二次产业产值比重相差5个百分点（30—25），第三次产业产值比重相差近20个百分点（46—27）；②低收入国家与中等收入国家第一次产业就业比重相差15个百分点（77—62），第二次产业就业比重相差6个百分点（15—9），第三次产业就业比重相差近10个百分点（23—14）；③中等收入国家与发达国家第一次产业产值比重相差近20个百分点（24—6），第二、三次产业产值比重相差10个百分点或近10个百分点（40—30，54—46）；中等收入国家与发达国家第一次产业就业比重相差44个百分点（62—18），第二次产业就业比重相差23个百分点（38—15），第三次产业就业比重相差21个百分点（44—23）。

在20世纪80年代，不同发展水平的国家结构差异的特点在于：①低收入国家与中等收入国家第一次产业产值比重相差23个百分点（37—14），第三次产业产值比重相差近20个百分点（48—29）；②低收入国家与中等收入国家就业结构相比，第一次产业就业比重相差近30个百分点（73—44），第二次产业就业比重相差9个百分点（22—13），第三次产业就业比重相差近20个百分点（34—15）；③中等收入国家与发达国家相比，第一次产业产值比重相差11个百分点（14—3），第三次产业产值比重相差13个百分点（61—48），第二次产业比重则是中等收入国高出发达国家2个百分点（38—36）；④中等收入国与发达国家就业结构相比，第一次产业就业比重相差近40个百分点（44—6），第二次产业就业比重相差16个百分点（38—22），第三次产业就业比重相差22个百分点（56—34）。

进入20世纪90年代，在产值结构上，低收入国与中等收入国相比，第一次产业产值比重相差近20个百分点（31—12），第二次产业产值比大体相同（36∶37），第三次产业产值比重相差15个百分点（50—35）。

从以上结构特点可以概括如下具有规律性的认识：①经济

从不发达到发达的发展过程实际上是结构演变过程，即第一次产业产值、就业比重显著下降，第三次产业产值、就业比重显著上升，第二次产业比重稳定持续上升的过程。②从不发达到中等收入水平，再到发达阶段，各阶段结构差异的经验标志值大约为：第一次产业产值比重分别相差（不发达国比中等收入国，中等收入国比发达国）20 个百分点左右，第一次产业就业比重分别相差近 30 个百分点；第三次产业产值比重在各发展阶段上相差 15~20 个百分点，第三次产业就业比重相差也是 15~20 个百分点；第二次产业产值比重在各发展阶段上相差在 5~10 个百分点。③若仅就第二次产业而言，比重上升速度最稳定最明显的时期是从低收入到上中等收入发展阶段，产值比重持续上升 14 个百分点（以进入 20 世纪 90 年代时的各类国家为例），就业比重上升 15 个百分点（以进入 20 世纪 80 年代时各类国家为例）；从上中等收入阶段进入发达阶段，则第二次产业产值比重开始出现波动，尽管就业比重仍在上升。

这就是说，在当代实现低收入到中等收入阶段的发展，从结构演进上便是实现第一次产业产值比重下降 20 个百分点，就业比重下降 30 个百分点，同时，第三次产业产值和就业比重上升 15~20 个百分点；第二次产业产值比重稳定上升、就业比重上升 15 个百分点左右的历史过程。

表 1-1 只是反映出这样一种历史现象：经济发展水平越高，其产业结构高度亦越高，具体地说，第一次产业比重越低，第二、三次产业比重越高。这仅是一种静态的横截面的直观比较，没有就一国或多国的发展进行纵向的时间序列的比较，因而，看不出产业结构在经济发展过程中的演进过程及三次产业交替占优势比重的变化阶段性，只是简单地反映出某种变化的结果。这种结果表明，产业结构高度与经济发展水平是一致的。至于为什么会有这种一致性，为什么在经济发展过程中产业结构高度会不断提高，则需通过结构演进过程的分析加以阐述。这是本书后面有

关章节的任务。

1.1.2 经济发展的实质与产业结构的演变

对经济发展的认识也就是以怎样的发展观解释经济发展，从根本上把握经济发展，从而规定着对经济发展目标、发展战略的选择，经济发展阶段性的判断，经济发展所面临的难题以及如何处理发展难题等一系列问题的认识。在这里，我们仅仅通过对经济发展实质的认识，进一步看产业结构转换对于经济发展的意义，或者说通过对发展实质的把握，来认识产业结构变化与发展的根本性联系。

除了将经济发展等同于经济增长的观点之外，对经济发展实质的看法主要有以下几种：市场论、计划论、革命论、工业化论。[1]

把经济发展的实质理解为市场发育并完善的过程的市场论和把经济发展的实质理解为计划体制发育并完善过程的计划论，在本质上都是制度论，即从制度方面去理解经济发展，侧重于从怎样保证经济发展的制度条件方面去分析经济发展的实质。实际上，市场论和计划论这两种似乎是对立的发展观，都是以发展中国家的市场机制不完备、不成熟这一历史基础作为共同的理论分析出发点。事实上，对于经济发展中国家来说，经济之所以不发展，来自经济、政治、文化制度方面的障碍是十分突出的。因此，有些学者甚至认为，对经济发展中国家的经济发展来说，其

---

[1] C. P. 金德尔伯格、霍利斯、钱纳里等都将经济发展理论划分为三个流派，即新古典主义、激进和马克思主义、结构主义。参见金德尔伯格等著：《经济发展》，上海译文出版社1986年版，第210页。中国学者张培刚针对这种三分法的某些缺陷，将其改为四个派别：传统的或新古典主义的发展论，民族主义观点的发展论，激进学派的发展论，世界银行或联合国机构的发展论。参见张培刚：《发展经济学往何处去》，载《经济研究》1989年第6期。

实质在于体制改革。[1]基于这一历史事实，人们从制度方面去理解经济发展的实质的动因，便不难理解了。

市场论将落后国家的经济发展进程归结为市场体系的完善过程。这种看法强调经济发展所需要的市场机制条件，强调发展中的价格调节机制作用，强调生产要素边际收益的递减和通过技术变革提高生产率的外在性质。市场论认为，价格机制的完善可以将资源配置引向自动均衡并达到帕累托最优状态；发展中国家普遍存在的生产不足、效率低下、分配不平等、大量失业等问题，都可以通过价格机制的运行和完善加以解决。因为价格既是一种引导资源要素配置的信号，同时又是一种刺激和压力，通过市场价格引导和竞争，能够实现有效发展。因此，政府的作用应限制在提供必要服务的范围之内，应限制在通过制度建设对产权进行严格界定并减少经济的外在性的范围之内。市场论认为发展中国家经济之所以不发展，之所以停滞的原因在于两方面，一方面从经济体制上来说是由于市场作用失灵或者根本就不存在竞争的市场体系；另一方面从非经济原因来看，是由于经济生活政治化、特权化以及政府管理的低素质和低效率。[2]

计划论同样从发展中国家市场不完备性出发，但并不认为经济发展的实质在于完备市场、增加价格的调节功能，而认为，既然发展中国家的市场在结构上和功能上都是不完全、不完善的；既然商品和要素市场都缺乏良好的组织，市场信息既不灵敏又不准确；既然市场信号不能及时准确地反映真实成本，不能反映由此引起在可供选择的投资项目上的社会评估与私人评估的差异，

---

❶ 参见查尔斯·K. 威尔伯主编：《发达与不发达问题的政治经济学》，中国社会科学出版社1984年版。

❷ 金德尔伯格等人对这种把不发展的原因分为两方面的观点进行了批评，认为过于简单。参见金德尔伯格等著：《经济发展》，上海译文出版社1986年版，第27—28页。

那么，如果政府不干预，不对国民经济实行计划，就会使现在的资源和未来的资源得不到有效的配置，从而无以实现有效的经济发展。这种观点的代表人物首推简·丁伯根。

革命论，即西方激进派发展经济学把落后国之所以落后的根本原因归结为阶级压迫，包括国际、国内的阶级压迫、剥削。因此，他们把落后国家的经济发展的实质归结为革命，归结为阶级斗争，包括国内的阶级斗争和作为国内斗争补充部分的国际范围内同帝国主义的斗争。金德尔伯格等人曾对革命论的观点进行过概括："为了改变阻碍穷国发展的状况，激进的分析极力主张革命，可能的话使用暴力，即使只有少数人赞同；随后，进行平均主义的再分配，以缓和由阶级斗争表现出来的痛苦；严格地限制私有财产的占有，控制国家的人将起更大的作用，以抵消原先强有力的资本家的作用；更大地使用社会压力以达到合乎社会需要的目的，在很大程度上取代了早先时期经济动机所强加的纪律。"[1]显然，革命论的发展观，把发展的实质或关键归结为制度的根本变革，尤其是归结为财产制度的革命。所以当代西方学者通常把这种激进的经济发展观视为马克思主义学说在当代关于发展的解释。

把经济发展的实质理解为工业化的进展，即工业化论，包括了许多不同的观点，其中，既有所谓结构主义学派的经济学者，也有所谓新古典主义学派的经济学者。他们尽管分析方法以及对实现经济发展条件的认识均有所差异，但在关于对经济发展的实质的认识上，却都共同地将其归结为工业化。

新剑桥学派的主要代表人物之一的琼·罗宾逊明确地把摆脱落后实现发展归结为实现工业化，他认为"凡现代工业所产生的便利和不便利都不存在的国家，一般被说成是不发达的。……不

[1] 金德尔伯格等著：《经济发展》，上海译文出版社1986年版，第217页。

发达的意思是大部分居民必须从事粮食生产；其余的人要靠耕者的产品超过其家属必须吃的口粮的剩余部分维持生活，于是整个社会发展取决于农业中的每人产量水平”。“要摆脱这种状态，必须实行工业化，因为工业化意味着将动力用于生产和交通，作为人力和兽力的补充。”[1]

结构主义代表人物之一的钱纳里（H. Chenery）则更明确提出：“从历史上看，工业化一直是发展的中心内容。”[2]

比较上述关于经济发展实质的各种观点，不难看出，市场论、计划论以及革命论都不是从经济发展本身的客观独立内容出发，而是从经济发展所需要的体制条件和制度变革条件出发来把握经济发展的实质。应当说，从经济发展本身的内容来把握发展，其实质应在于实现工业化。这有着雄辩的历史事实和深刻的理论依据。

从历史事实根据来看，几乎所有的经济发达国家都经历了以工业化为主体内容的经济发展过程，因而它们之所以发达的全部成就的基础可以归结为工业发达的成就；几乎所有不发达国家都承受着传统农业占绝大比重、现代工业不足的历史压力和拖累，因而，它们之所以不发达的经济根源可以归结为现代工业的不发达。正是从这种世界经济史的归纳中，一些西方经济学者提出了发展中国家的“二元经济结构”的命题，并从发达国家自身积累的实现工业化的历史经验出发，主张用现代工业的发展来改变不发达国家经济落后的历史。发展中国家的经济发展中，用现代工业改造传统产业，实现工业化、现代化，始终是其基本任务；发

[1] 琼·罗宾逊、约翰·伊特韦尔著：《现代经济导论》，商务印书馆1982年版，第409页。

[2] H. 钱纳里、S. 鲁宾逊、M. 赛尔奎因著：《工业化和经济增长的比较研究》，上海三联书店1989年版，钱纳里为中文版所作序言第一页。

展经济学作为现代经济学的一门独立分支，落后国家二元结构的克服，农业国转变为工业国的问题，始终是其考察的主要内容。❶

从理论上来说，把经济发展的实质归结为工业化是否像激进的革命论所批评的那样，在理论上是一种“唯工业主义”，在方法上是以工业化是发展的历史既成事实来论证它作为发展的实质的正确性的现象经验主义。实际上激进的革命论（又称新左派）似乎是从马克思那里寻找理论根据，但并未像马克思那样真正把握社会经济发展，也未真正理解马克思对社会经济发展的把握。生产力决定生产关系是马克思创立的历史唯物主义基本观点，把社会经济发展进程归结为工业化进程的历史含义和内在根据恰符合马克思的深刻思想，马克思从人类文明进化的历史高度，将特定历史区间的经济发展过程归结为工业化进程，从而将这一历史区间的社会经济史归结为传统农业与现代工商业矛盾运动史。马克思指出，一切发达的、以商品交换为媒介的分工的基础，都是城乡的分离。可以说，社会的全部经济史，都概括为这种对立的运动。❷众所周知，在马克思的著述中，现代城市是作为现代工商业发育、发展的基地和象征，而农村则是传统农业的聚集地。因而，马克思把全部经济史归结为城乡间的对立的运动，实际上也就是把经济发展（当然是历史的）归结为现代产业（主要是工业）对传统产业（主要是农业）的地位的替代和改造，归结为工业化。资本主义制度之所以发生、成立是因为它历史地推动了这一工业化进程，并以工业化的大机器生产作为自身制度的基础；

---

❶ “二元结构”概念最初是由 J. Boeke 在1910年提出的，后来成为发展经济学研究的重要命题。参见《经济社会体制比较》1986年第3期，第49页。把发展问题归结为农业国转变为工业国，据张培刚考证，最初的一篇论文是威廉·吕彼克于1938年发表的《农业国家的工业化：一个科学的问题》，参见《经济研究》1989年第6期，第15页。

❷ 参见《马克思恩格斯全集》（第23卷），人民出版社1972年版，第390页。

它之所以必然灭亡并被新的社会制度所替代，根本原因也在于历史地体现生产力发展的工业化进程本身的内在要求。所以把工业化理解为当代经济发展的实质，并不是“唯工业化主义”，而是对生产力决定生产关系原理的历史运用。

再进一步说，把工业化归结为发展的实质，在方法论上是否属于“既成事实，因而正确”的思维方式？这种归结，不仅有着充分的历史事实根据，而且并不是简单地以“既成事实”的经验性归纳作为依据的，而是一种对社会经济发展的内在历史逻辑的深刻把握。因为，就历史内在逻辑的证明而言，只有工业化才真正将科学变为生产力，从而为社会经济发展挣脱内在限制不断加速前进提供了能动力量，越是经济发展深化，这种能动力量的作用就越突出；只有工业化才真正历史地改变和扩展了社会经济过程的内在结构框架，将封闭的生产过程改造为专业化、社会化的生产体系。由此，工业化也就不仅历史地改造着人类物质生活面貌，而且历史地改造着人类精神生活方式。[1]这就是把经济发展实质归结为工业化进程的历史的也是逻辑的根据。

进一步的问题是如何理解工业化。这一问题直接涉及经济发展与产业结构演进的关系。既然把经济发展的实质归结于工业化，那么，产业结构演进对于经济发展，或者说在经济发展中便成为核心的问题。因为，工业化本身就包含结构转变的意义，就是指以工业化来改造并代替农业等传统产业的历史内容。

一方面，作为落后国家的经济发展绝不是单纯的经济增长，不是简单的量的扩张。当然，没有经济增长的经济发展是不可能的，但只有经济增长而无其他质的根本变化，对于发展来说并没有多少意义。这种质的根本变化主要是指经济结构的变化。如果经济结构不发生持续变革，经济只有在传统结构上实现数量增

[1] 参见刘伟、杨云龙著：《比较经济学：发展·体制·政策》，中国财政经济出版社1990年版，第15—20页。

长，结果只能是传统经济的简单重复和放大，绝不能根本改变落后经济的历史特征。因为，传统落后经济的根本特征之一在于缺乏效率。就发展而言，效率低便只能维持原有的结构，经济增长只能在原有结构条件下，依靠单纯地增加资源投入和消耗去实现；结构变化本身不仅以效率提高为基础，而且包含着效率提高的意义并创造着更高的结构效率，这恰是经济之所以发展的根本。正如熊彼特所说："发展主要在于通过现存资源的不同使用方式从事新事业，而不考虑那些资源是否增长。"[1]即是说，发展主要是资源配置结构变革问题，而不是量的简单扩张。

另一方面，把经济发展的实质归结为工业化，进而把工业化的核心命题归结为结构演进，并不排除经济发展对于体制变化的要求，恰恰相反，是为经济发展过程中的体制及制度变革寻找到牢固的基础和目标导向。事实上，作为发展中国家都面临着发展与变革这样两大命题，经济发展不仅是指经济质态演变，而且这种质态演进必然会对体制提出新的要求，因此，当把经济发展实质理解为工业化，理解为结构质态变化时，实际上对为实现这种经济发展的体制变革的要求也已包含其中了。然而，一方面，体制变化并不能代替经济发展，它不过是发展所要求的制度条件，并不是发展本身的内容；另一方面，发展既然是结构质变，既然是以工业化对社会生产及生活方式进行根本改造，离开体制及制度的变化也是不可能的。问题是如何根据本国的经济发展内在要求，根据工业化进程的内在历史逻辑规定，根据结构质态演进的要求，切实有效地进行改革，使改革真正起到推动发展的作用。这就是为改革寻找经济发展的依据。只有这种依据充实，改革与发展才可能真正统一，否则，脱离发展要求，孤立地改革，或者，逆经济发展内在要求地改革，都是没有历史生命力和前途的。

---

[1] 熊彼特著：《经济发展理论》，牛津大学出版社1961年版，第68页。

1.2 产业结构演进与经济发展的难题

1.2.1 两难的结构转换程序

经济发展的实质既然在于工业化，而工业化的核心既然是结构质变，那么，产业结构演进的障碍同时也就是经济发展所面临的难题，或者说，经济发展的难题同时成为产业结构演进所需解决的问题。这种来自发展上的结构演进的障碍，首先表现在两难的结构转换程序上。

旨在实现工业化的经济发展，一方面是现代工业的成长，另一方面是对传统农业的改造。因而，发展命题成为结构变化命题。[1]

问题首先在于，对于发展中国家来说，落后的现实使结构转换面临一种两难选择的矛盾：没有农业发展的基础，工业部门无以迅速扩展；没有工业部门的迅速增长，农业无以取得根本性的改造。对于发展中国家来说，一方面，庞大且迅速增长的人口生活需求和国民经济对农业原料的需求，规定着只有在农业发展的基础上扩张工业，而农业的发展又是在低效率基础上进行的，因此发展农业不能不成为对工业增长的一种束缚或制约；另一方面，发展中国家的现代工业正处于形成过程之中，或刚刚进入工业化加速时期，没有可能大规模地以现代化工业来改造传统农业，农业效率难以提高。这就使得发展中国家在农业和工业的发

[1] 参见W. W. 罗斯托编：《起飞进入持续增长的经济学》，四川人民出版社1988年版，第24页；杰拉尔德·M. 迈耶编著：《经济发展的主要问题》，牛津大学出版社1984年版，第357页；张培刚著：《农业国工业化问题初探》，载《农业与工业化》（上卷），华中工学院出版社1984年版，第70—71、236页。

展上陷入两难：工业与农业之间缺乏发展所要求的相互支持的条件，发展工业便可能伤害农业，初期的工业无力给农业以支持；发展农业又可能限制工业，低效率的农业若要发展，则在资源配置上束缚工业进展。这种两难的选择表现在许多方面，就资本（金）投入而言，发展中国家十分稀缺的资本（金）如何在工业与农业间进行分配？就劳动力配置而言，农业中大量的剩余劳动力如何转移？等等。实际上这是发展中国家二元经济结构转换的问题。

对于这一难题，人们可以从不同的角度去加以分析，当代经济理论对此也做出了多方面的考察，其中较有影响的是从劳动力转移方面考察二元结构转换的刘易斯模型和托达罗模型。❶但二者都难以解释中国的结构转换。

因此经济发展中结构转换程序上的两难矛盾在理论上和实践上仍是困扰发展中国家发展及结构质态演进的突出难题，有待于深入探讨。❷

1.2.2 贫困的积累效应对发展及结构转换的困扰

严重的困难不仅是发展中国家经济发展水平落后于发达国家，从而限制着发展和结构转换的可能性的强弱，而且在于这种落后还在不断扩大，从而使发展及结构转换的条件越来越不利。据世界银行统计，自 1967 年至 1987 年的 20 年里，世界上发展中国家人均国民生产总值与发达国家相比，差距扩大了 5 倍，两类国家人均国民生产总值绝对水平之比，也由 14.88：1 扩大到

❶ 对于这两个模型我们将在第5章进行考察。

❷ 中国改革开放以来乡镇工业的迅猛发展以及取得的显著效果，或许是从实践上对结构转换矛盾的突破性的克服。甚至国内已有学者指出，由于中国乡镇工业经济的发展，使中国形成了“三元经济”格局，而不再是“二元经济”转换。参见陈吉元等：《中国的三元经济结构与农村剩余劳动力转移》，载《经济研究》1994年第4期。

20.25∶1。[1]

这种差距扩大不仅成为经济历史事实，而且也得到经济理论分析的证明。金德尔伯格等人曾以人均产值 240 美元作为发展中国家经济发展的起点水平，以 3500 美元作为发达国家的起点水平；同时假设发展中国家以比发达国家高一倍的国民生产总值增长速度发展；假定其他条件不变，那么，两者人均国民生产总值水平的绝对值之间差距在大约 100 年的时间里仍将继续扩大，直到 130 年以后才会开始小于起始点上的差距。[2] 而且现实中，经济发展中国家经济增长速度并不比发达国家高一倍，甚至还低于发达国家的增长速度。这说明不仅两者间绝对水平的差距在扩大，而且两者的比例值（发达国家人均国民生产总值比发展中国家人均国民生产总值）也在提高。也就是说，照此下去，发展中国家与发达国家经济水平差距的缩小花费的历史要远比金德尔伯格等人理论分析得出的时间长。[3]

这种扩大的差距便是落后本身的增长，或称为贫困本身的发展。显然，"落后的增长""贫困的发展"对工业化进程、对结构演进必然成为严重的障碍。因为，"贫困的发展"本身具有累积性效应，即越是落后，越是贫困，便越能再贫困；而越是不断地由贫困导致再贫困，结构转换和工业化进展便越困难，结构转换和工业化进展越困难便又越无法摆脱贫困。

早在几十年前，R. 纳克斯便提出"贫困恶性循环"的命题。其基本含义是"一个国家之所以贫困，是因为它贫困"，因为"从供给方面看，由于实际收入水平低，储蓄能力小，实际收入

❶ 据世界银行国际经济部统计数据计算，数据来源见《世界经济科技》1989年2月21日。

❷ 参见金德尔伯格等著：《经济发展》，上海译文出版社1986年版，第11—13页。

❸ 参见世界银行国际经济部：《各国增长统计（1967—1988）》，载《世界经济科技》1989年2月21日。

水平低是生产水平低的反映，而生产水平低又主要是由于缺乏资本。而缺乏资本又是储蓄能力小的结果。这就是周而复始的循环”。从需求方面看，“投资的诱惑力小，是因为人们的购买力低；人们的购买力低是由于他们的实际收入少；而实际收入少又是由于生产力水平低。然而，生产力水平低是用于生产的资本数额小的结果，用于生产的资本少至少部分地可能是由于投资诱惑力小所造成的”。[1]本杰明·希金斯也指出，“在现在的大多数（而不是所有的）不发达国家里，净储蓄和净投资占国民收入的5%~10%。这是对经济发展问题的一切研究所遇到的许多恶性循环之一”[2]。

当然，单纯把不发达恶性循环的原因归结为资本不足是不妥的，但这样一个由贫困再贫困的恶性循环的存在是一个严酷的事实，尽管导致这一事实的原因不仅有来自经济发展的障碍，而且也有来自经济体制、政治体制以及整个社会的文化基础等方面的障碍。

1.2.3　不断严峻的国际竞争环境

与发展中国家经济落后程度日益扩大而同时发生的便是在国际竞争中，发展中国家越来越处于不利的境地。这对于力图借助于经济开放而推动发展的落后国家来说，不能不严重影响其经济发展和经济结构质态演进。

首先，既定的不利于发展中国家的国际竞争格局已经形成，并且不断朝着更加不利于发展中国家的方向发展。且不说打破这

---

❶ R. 纳克斯著：《不发达国家的资本形成问题》，牛津大学出版社纽约1953年版，第4页；纳克斯：《不发达国家资本形成的困难》，巴兹尔·布莱克韦尔出版社1958年版，第4—5页。

❷ 本杰明·希金斯：《经济发展：问题、原则与政策》，（纽约）W. 诺顿公司1968年修订版，第189页。

种格局的政治、军事、文化等方面的障碍，仅就经济方面而言，这种格局的根本改变必须依赖于发展中国家自身经济发展，而不发展恰是导致这种格局的基本原因。由此，便又形成一种恶性循环，即不发展迫使发展中国家处于不利的，或者说只能接受发达国家规定的苛刻的国际经济格局，而这种国际经济格局又进一步推动不发展，进一步阻碍经济结构质态的演进。❶

其次，就发展中国家本身的经济质态与国际竞争关系而言，落后的经济和低高度的产业结构使发展中国家很难进入国际竞争，而不利的国际竞争地位又加剧着国内结构演进的困难。普遍存在的事实是，在出口结构上，发展中国家大都主要依靠出口初级产品，特别是出口农产品来支持进口，支持以国外先进技术设施对国内传统产业的改造和加速国内工业化进程。这是为人们普遍承认的现实。但问题在于，这种进出口结构尽管受本国落后的产业结构所规定而不得不如此，然而，这种进出口结构流程能够有效推进发展中国家缩小与发达国家的差距吗？或者说在经济上有利于加速发展中国家结构高度化演进吗？

实际上，肯定这种贸易流程的合理性，意味着承认在当代国际贸易中，发展中国家的比较优势在于农产品生产。只有相对于工业而言，发展中国家农业与发达国家农业相比，比较成本更低，那么，以农业出口带动工业化的国际贸易流程在经济上的合理性才是成立的。但事实上，发展中国家农业与发达国家农业的差异更大于发展中国家工业与发达国家工业的差距，至少从这两种差距的变化速度来看是如此。根据国际粮农组织公布的粮食主要单产来看，发展中国家与发达国家的差距不断扩大，其扩大速

❶ 参见查尔斯·K. 威尔伯主编：《发达与不发达问题的政治经济学》，中国社会科学出版社1984年版，第185页。

度显著高于两类国家间工业水平差异的扩大速度。[1]

因而，若依靠农业产品出口以支持国内结构转换，支持工业化，对发展中国家来说实际上是以比较成本日益扩大的产业与发达国家进行贸易。撇开国际贸易制度、格局、政策等方面的不利因素，仅就这种贸易的比较成本而言，发展中国家是以比较劣势更突出的产业进入国际竞争，因而其成本更高昂。在现实中，发展中国家力图以开放来推动现代化，就不得不接受这种贸易结构流程，从而为实现发展所付出的代价便更大，发展成本更高。这就不能不延缓发展，使发展中国家赶上发达国家经济发展水平所需历史进一步延长。这是一个两难的矛盾：要发展便要开放，而开放又只能以相对劣势产业进入国际市场，由此提高发展成本，又延缓经济发展。

以上，我们把产业结构演进与经济发展的实质联系起来考察，把经济发展的难题与产业结构质态演进的障碍统一起来加以分析，把产业结构高度化与经济发展的阶段性纳入统一命题，为尔后的产业结构分析提供更广阔的历史背景，并使产业结构的分析与经济发展的考察统一起来。而且，通过下面产业结构与经济发展相互关系的深入考察，进一步把握结构变化的实质，把握发展中的结构转换命题。

[1] 参见世界银行编：《1986年世界发展报告》，中国财政经济出版社1986年版，第6页。

第 2 章　产业结构高度：经验的和静态的考察

本章考察产业结构高度在经济发展过程中的演变规律。除一般地指出产业结构高度演变趋势外，本章着重分析产业结构变化与经济发展的内在联系，但仅是静态地将结构变化视为经济增长水平（以人均国民收入或人均国民生产总值为标志）的函数，看在不同阶段的经济发展水平上，结构具有怎样的相应特点。❶

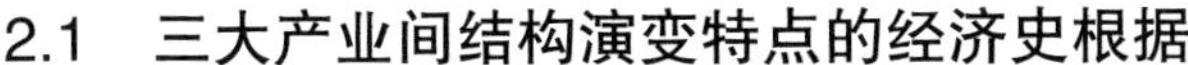

2.1　三大产业间结构演变特点的经济史根据

上述关于三大产业结构变化规律的经验实证说明，是有着充分的经济史依据的。

2.1.1　一百多年来各国三大产业就业结构变化的历史

我们选取日本、美国、英国、德国、法国为样本，加以考察，见表 2-1。

❶ 这里先暂不动态地考察结构变化的原因，原因的分析是下一章的任务。

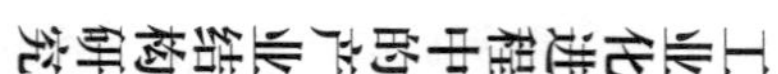

表 2-1 日、美、英、德、法劳动力在三大产业间的分布（%）

国别	产业类别	19 世纪 70 年代	19 世纪 80 年代	19 世纪 90 年代	20 世纪初年	20 世纪 10 年代	20 世纪 20 年代	20 世纪 30 年代	20 世纪 40 年代	20 世纪 50 年代	20 世纪 60 年代	20 世纪 70 年代	20 世纪 80 年代
日本	第一次产业	85	78	72		62	55	52	45	37	29	16	10.3
	第二次产业	5	9	13		18	22	19	24	26	31	35	34.8
	第三次产业	10	13	15		20	23	29	31	37	40	49	54.9
美国	第一次产业	50	50	42	37	31	27	22	17	12	7	4	3.6
	第二次产业	25	25	28	30	31	34	31	31	35	34	31	30.2
	第三次产业	25	25	30	33	38	39	47	52	53	59	65	66.2
英国	第一次产业		13	11	9	8	7	6	6	5	3	2	1.6
	第二次产业		50	49	47	47	50	47	46	47	45	40	37.4
	第三次产业		37	40	44	45	43	47	48	48	52	58	60.0
德* 国	第一次产业		42	36	34		30	29	27	23	12	8	5.8
	第二次产业		36	39	40		42	41	41	44	48	48	45.0
	第三次产业		22	25	26		28	30	32	33	40	44	49.2
法国	第一次产业	43			33		29	24	21		20	13	8.8
	第二次产业	38			43		36	41	35		37	39	35.4
	第三次产业	19			25		35	35	44		43	48	55.8

资料来源：转引自杨治：《产业经济学导论》，中国人民大学出版社 1985 年版，第 41、57 页。

* 德国自第二次世界大战之后的数据仅指联邦德国。

从表 2-1 中可以验证：

（1）随着社会经济发展，第一次产业的就业比重急剧下降。具体地说，在日本由 19 世纪 70 年代的 85% 下降为 20 世纪 80 年代的 10.3%；在美国由 19 世纪 70 年代的 50% 下降为 20 世纪 80 年代的 3.6%；在英国由 19 世纪 80 年代的 13% 下降为 20 世纪 80 年代的 1.6%；在德国由 19 世纪 80 年代的 42% 下降为 20 世纪 80 年代的 5.8%；在法国由 19 世纪 70 年代的 43% 下降为 20 世纪 80 年代的 8.8%。下降率分别为：日本 87.88%；美国 92.8%；英国 87.69%；德国 81.19%；法国 79.53%。这种变化不仅是显著的，而且是持续的。

（2）第二次产业的就业比重的变化，随着经济发展阶段的不同而有所不同。在英国、法国两个工业化历史早的老牌资本主义国家，第二次产业就业比重先是在波动中上升，然后在波动中趋于下降。具体而言，英国先是上升至 20 世纪 20 年代的 50%，然后逐渐下降至 20 世纪 80 年代的 37.4%；法国先是上升至 20 世纪初的 43%，然后逐渐降至 20 世纪 80 年代初的 35.4%。在日本、美国、德国三个工业化进程相对晚些的后起资本主义国家，第二次产业就业比重则一直处于上升状态，直至 20 世纪 60—70 年代之后，才开始显现下降趋势。具体而言，日本自 19 世纪 70 年代直至 20 世纪 70 年代，这一比重一直上升，达到 35% 之后，开始逐渐下降；美国自 19 世纪 70 年代至 20 世纪 50—60 年代，这一比重也持续上升，进入 20 世纪 60 年代以后，才开始由 35% 逐渐下降；德国则从 19 世纪 80 年代的 36% 上升为 20 世纪 60 年代的 48%，尔后开始下降。总的来说，进入 20 世纪 70 年代之后，发达国家第二产业的就业比重普遍下降。这并不是对费希尔、克拉克、库兹涅茨等人经验论证的否定，而只能说明他们当时还未遇到所谓“后工业社会”的问题。作为仍处于实现工业化阶段的经济来说，第二次产业就业比重是上升的，这与工业化是一致的，而且也为发达国家工业化历史所证实，并且将为当代发展中国家实践所继续证实的。

需要进一步指出的是，伴随工业化的进展、停滞、完成并转化，劳动力在三大产业间的结构分布关系中，第二次产业比重由上升到停滞进而下降，这一过程必然是工业化成熟程度的反映；随着工业化的进展，第二次产业就业比重由上升转为下降，必然有一经济结构发展临界点，即第二次产业就业比重达到一定程度之后才开始下降。对于这一临界点的分析在理论上尚需深入探讨，但至少从经济发展历史的经验实证观察中可以看到，在上述五个主要经济发达国家的历史上，这一临界点的上限为 50%（英国 1921 年），下限为 35%（美国 1958 年，日本 1971 年）。因而在工业化未达到一定程度，在工业未成长到一定程度，在第二次产业就业比重未进入占据优势地位之前，力图直接大规模地实现第一次产业劳动力向第三次产业转移，或第二次产业劳动力向第三次产业转移，是缺乏经济史根据的，也是不现实的。[1]

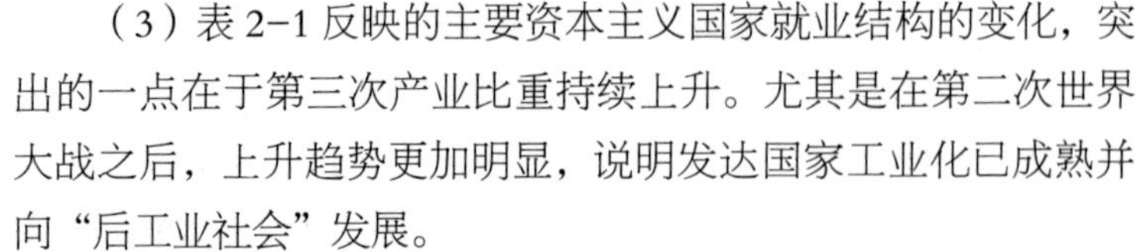

（3）表 2-1 反映的主要资本主义国家就业结构的变化，突出的一点在于第三次产业比重持续上升。尤其是在第二次世界大战之后，上升趋势更加明显，说明发达国家工业化已成熟并向“后工业社会”发展。

2.1.2　一百多年来主要发达国家三大产业产值结构演变历史

我们仍选取日本、美国、英国、德国、法国为样本加以考察。见表 2-2。

由表 2-2 可验证：

---

[1] 参见刘伟、杨云龙著：《中国产业经济分析》，中国国际广播出版社1987年版，第40—43页。

表 2-2　日、美、英、德、法五国国内生产构成*（%）

国别	年份	第一次产业	第二次产业	第三次产业	备注
日本	1895	42.7	18.2	39.1	NDP 当年价格
	1925	28.1	30.0	41.9	NDP 当年价格
	1963—1967	9.7	40.8	49.5	NDP 当年价格
	1971	6.0	44.0	49.0	GNP 当年价格
美国	1889—1899	17.9	44.1	38.0	NI 当年价格
	1919—1929	11.2	41.3	47.5	GNP 1929 年价格
	1963—1967	3.3	37.2	59.5	GDP 当年价格
	1971	3.0	36.0	60.0	GDP 当年价格
英国	1907	6.4	38.9	54.7	GDP 当年价格
	1924	4.4	55.0	40.6	GDP 当年价格
	1963—1967	3.4	46.7	50.3	GDP 当年价格
	1971	3.0	36.0	46.0	GDP 当年价格
德国	1850—1859	44.8	22.0	33.2	NDP 1913 年价格
	1935—1938	16.2	50.3	21.5	NDP 1913 年价格
	1963	5.0	54.0	29.0	GDP 当年价格
	1971	3.0	53.0	33.0	GDP 当年价格
法国	1896	75.0	46.2	28.8	GDP 1954 年价格
	1963	8.4	51.0	40.6	GDP 1954 年价格
	1971	6.0	52.0	46.0	GDP 当年价格

资料来源：转引自杨治：《产业经济学导论》，中国人民大学出版社 1985 年版，第 45 页。

*NI 指国民收入；NDP 指国内生产纯值；GNP 指国民生产总值；GDP 指国内生产总值。第一次产业包括农、林、水产品；第二次产业包括制造业，矿业，建筑业，电、气、水公用事业；第三次产业包括商业、服务业、运输及邮电业。第二次世界大战后德国资料仅包括联邦德国。

（1）随着经济发展，第一次产业在生产构成中所占比重不断下降（当然绝对产出是上升的），这是产业结构演进规律的

重要表现。具体地说，这一比重在日本由1895年的42.7%降为1971年的6.0%；在美国由1889—1899年的17.9%降为1971年的3.0%；在英国由1907年的6.4%降为1971年的3.0%；在德国由1850—1859年的44.8%降为1971年的3.0%；在法国由1896年的75.0%降为1971年的6.0%。

（2）第二次产业产值比重变化趋势是：当一国工业化由初级阶段进入加速阶段，其所占比重上升较快；当工业化进入成熟阶段，其产值比重则趋于缓慢上升继而停滞、缓慢下降。具体地说，日本自1895年至1963年，第二次产业产值比重持续上升，由18.2%上升为40.8%，20世纪60年代以后，特别是进入20世纪70年代，开始缓慢上升并略有下降，从1971年至1974年下降0.7%；在美国则自1889年开始便略有下降，但下降极缓，1889年至1971年80多年里仅下降8个百分点左右；在德国，自1850年至1963年第二次产业产值比重一直处于上升状态，由22.0%升至54.0%，20世纪60年代以后，开始缓慢下降，由54.0%降至1971年的53.0%；在英国、法国两个工业化历史较长的国家，自20世纪初开始，第二次产业产值比重便进入波动状态，由缓升进入停顿继而轻度下降。在英国，由1907年38.9%降至1971年36.0%，到1974年则又回升至38.8%，67年里下降率仅为0.25%；在法国，由1896年的46.2%上升为1971年的52.0%，近80年时间里，上升率仅为5.8%，20世纪70年代后开始缓慢下降。

（3）第三次产业产值比重在各主要工业发达国家，在20世纪80年中的变化具有不确定性，但总的来说，波动状态中的上升或下降幅度都不大。进入20世纪60年代后，变化幅度更小。这与第三产业就业结构比重的变化完全不同。

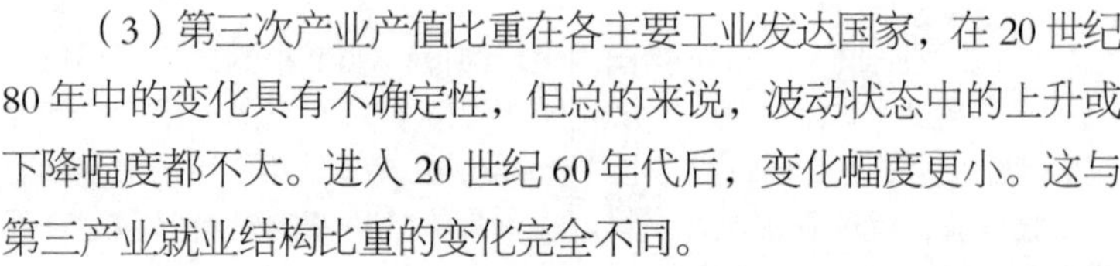

2.2 不同发展水平上产业结构特点的静态比较

2.2.1 多国经济发展过程中经济结构变化平均的或标准的模型

正如前面所说，费希尔、克拉克，特别是库兹涅茨等人通过对各国经济发展史的经验实证考察，一般性地概括了，或者说直观地反映了不同经济发展水平上产业结构的特点。然而，仅有直观经验实证反映是不够的。钱纳里等人在库兹涅茨等人经验实证研究的基础上，根据世界银行的多国统计资料，从低到高确定出不同的按人均国民收入水平划分的经济发展阶段，系统地考察各发展阶段经济结构平均的变化过程，观察其变化特点，使各发展阶段上的结构特点得到系统、综合的反映，从而使分析从库兹涅茨等人的国别经济史直接概括深入到各国平均的标准的系统考察，建立起标准的工业化结构转换模型。

钱纳里等人首先把不发达经济到成熟的工业经济整个变化过程分为六个阶段，每个阶段都由基准人均国民收入水平来标志。这六个阶段划分如下：

第一阶段：人均国民收入 140~280 美元；

第二阶段：人均国民收入 280~560 美元；

第三阶段：人均国民收入 560~1120 美元；

第四阶段：人均国民收入 1120~2100 美元；

第五阶段：人均国民收入 2100~3360 美元；

第六阶段：人均国民收入 3360~5040 美元。

在确定了以人均国民收入水平作为划分时期的基准后，钱纳里等人使用世界银行的资料选取具有代表性的国家做样本，用多元回归分析里昂惕夫投入产出模型，得出各个发展时点上的结构状态，从而对经济发展不同阶段上的经济结构转换过程及特点形成系统表达，建立了所谓平均的或标准的工业模型，更系统地反映结构演进规律。

模型如表 2–3、表 2–4、表 2–5、表 2–6 所示。表 2–3、表 2–4、表 2–5 是用绝对值表示人均国民收入在不同时点（即不同基准人均国民收入时期点）上的部门结构；表 2–6 是用相对值表示结构转变的初期和末期国内生产总值的部门分解。[1]在钱纳里等人模拟分析中经济发展或称经济由不发达到发达的转换过程仅指六个阶段中的前四个时期，即人均国民收入自 140 美元至 2100 美元的发展过程。

模型需说明的，或者说表 2–3、表 2–4、表 2–5、表 2–6 所表示的含义是：在经济发展过程中经济结构发生系统性变化。当人均国民收入由 140 美元增长到 2100 美元时，无论是从需求方面还是从供给方面（包括外贸）进行结构分析，其数量规模都在扩大，但各个结构分析的方面并不是按固定的相同的比率扩大，不同部门在总结构中扩大的比率不等，从而形成部门间在发展过程中的结构离差。正是这种各方面增长比率的系统性离差，表达出不同发展水平时点上经济结构的特点。比较不同时点上的结构特点（这是比较静态），便可以系统地观察出经济转换过程中结构演变的趋势。

[1] 参见H. 钱纳里、S. 鲁宾逊、M. 赛尔奎因著：《工业化和经济增长的比较研究》，上海三联书店1989年版，第56—78页。

表 2-3　多国模型的标准解式

基准收入水平 1（人均 140 美元）　　单位：美元 / 人

部门	国内最终需求					贸易			中间需求（W）	总产出（X）	附加价值（V）	附加价值的百分比（%）
	消费	投资	政府	总需求	总需求的百分比（%）	出口	进口	净贸易				
初级产品												
1. 农业	25.5	0	0.5	26	18	21	3	18	17	61	51	37
2. 矿业	0.5	0	0.5	1	0	1	1	0	2	3	2	1
小计	26	0	1	27	18	22	4	18	19	64	53	38
制造业												
3. 食品	15	0	1	16	11	0	3	−3	10	23	7	5
4. 消费品	11	0	0	11	8	1	4	−3	9	17	8	6
5. 生产品	3	0	0	3	2	1	7	−6	11	8	4	3
6. 机械	0	7	1	8	6	0	8	−8	1	1	1	1
小计	29	7	2	38	27	2	22	−20	31	49	20	15

续表

部门	国内最终需求					贸易			中间需求（W）	总产出（X）	附加价值（V）	附加价值的百分比（%）
	消费	投资	政府	总需求	总需求的百分比（%）	出口	进口	净贸易				
非交易部门												
7. 社会基础设施	7	12	1	20	14	1	1	0	7	27	15	11
8. 服务业	41	1	16	58	40	3	4	−1	13	70	51	36
总计*	103	20	20	143	99	28	31	−3	70	210	139	100
全部最终需求的百分比（%）	72	14	14	100								

资料来源：根据世界银行资料整理而成。

* 由于四舍五入，小计之和可能与总计不符。

表 2-4　多国模型的标准解式

基准收入水平 3（人均 560 美元）　　　　单位：美元 / 人

部门	国内最终需求					贸易			中间需求（W）	总产出（X）	附加价值（V）	附加价值的百分比（%）
	消费	投资	政府	总需求	总需求的百分比（%）	出口	进口	净贸易				
初级产品												
1. 农业	45	0	1	46	8	62	21	41	62	149	101	18
2. 矿业	1	0	1	2	0	3	6	−3	19	18	15	3
小计	46	0	2	48	8	65	27	38	81	167	116	21
制造业												
3. 食品	61	0	4	65	11	6	11	−5	48	108	38	5
4. 消费品	51	0	3	54	10	14	13	1	65	120	56	10
5. 生产品	18	0	1	19	3	15	31	−16	78	81	38	7
6. 机械	2	39	1	42	8	1	36	−35	13	20	10	2
小计	132	39	9	180	32	36	91	−55	204	329	142	24

续表

部门	国内最终需求					贸易			中间需求（W）	总产出（X）	附加价值（V）	附加价值的百分比（%）
	消费	投资	政府	总需求	总需求的百分比（%）	出口	进口	净贸易				
非交易部门												
7. 社会基础设施	32	65	7	104	18	10	7	3	42	149	84	15
8. 服务业	161	6	69	235	42	24	17	7	65	307	223	40
总计*	371	110	86	567	100	135	142	−7	392	952	565	100
全部最终需求的百分比 %	65	20	15	100								

资料来源：同表 2–3。

* 由于四舍五入，小计之和可能与总计不符。

表 2–5　多国模型的标准解式

基准收入水平 5（人均 2100 美元）　　单位：美元 / 人

部门	国内最终需求					贸易			中间需求（W）	总产出（X）	附加价值（V）	附加价值的百分比（%）
	消费	投资	政府	总需求	总需求的百分比（%）	出口	进口	净贸易				
初级产品												
1. 农业	64	0	4	68	3	117	101	16	89	253	137	6
2. 矿业	19	0	4	23	1	12	78	−66	125	82	62	3
小计	83	0	8	91	4	129	179	−50	214	335	199	9
制造业												
3. 食品	186	0	19	205	10	59	32	27	180	412	126	6
4. 消费品	202	0	15	217	10	91	45	46	332	595	270	13
5. 生产品	104	0	6	110	5	95	104	−9	480	581	263	12
6. 机械	15	172	4	191	9	60	132	−72	73	192	99	5
小计	507	172	44	723	34	305	313	−8	1065	1780	758	36

续表

部门	国内最终需求					贸易			中间需求（W）	总产出（X）	附加价值（V）	附加价值的百分比（%）
	消费	投资	政府	总需求	总需求的百分比（%）	出口	进口	净贸易				
非交易部门												
7. 社会基础设施	115	283	26	424	20	41	28	13	150	587	330	16
8. 服务业	549	25	300	874	42	105	72	33	219	1126	813	39
总计*	1254	480	378	2112	100	580	592	−12	1648	3828	2100	100
全部最终需求的百分比（%）	59	23	18	100								

资料来源：同表 2–3。

* 由于四舍五入，小计之和可能与总计不符。

表 2-6　转变时期经济结构的变化 *

比较基准收入水平 5 和基准收入水平 1　　（国内生产总值的百分比）

部门	国内需求（*D*）			净贸易（*T*）			中间需求（*W*）			总产出（*X*）			附加产值（*V*）		
	初期	末期	增量	初期	末期	增量	初期	末期	增量	初期	末期	增量	初期	末期	增量
可交易部门															
初级产品	18	4	−14	13	−2	−15	14	14	0	46	16	−29	38	9	−29
制造业	28	34	+6	−14	0	+14	22	51	+29	36	85	+49	15	36	+21
非交易部门															
社会基础设施	14	20	+6	0	1	+1	5	7	+2	20	28	+8	11	16	+5
服务业	42	42	0	−1	2	+1	9	10	+1	50	53	+3	36	39	+3
总计	102	100	−2	−2	+1	+1	50	82	+32	151	182	+31	100	100	0

资料来源：表 2–4 和表 2–5。

* ①基准收入水平 1 为人均国民收入 140 美元（见表 2–3）。

基准收入水平 5 为人均国民收入 2100 美元（见表 2–5）。

② $X=D+T+W$。

③由于四舍五入，各分项之和可能与总计不符。

2.2.2 多国标准模型中的结构变化含义

从表2-3、表2-4、表2-5、表2-6中可见，最突出的也是最有意义的结构变化是：当人均国民收入由140美元增加到2100美元时，由农业部门提供的人均国民收入虽然由51美元增加到137美元，但在整个人均国民收入构成中的比重却由37%降到6%，减少31个百分点；而同期由工业制造业提供的人均国民收入从20美元增加到758美元，在整个人均国民收入构成中的比重由15%上升至36%，增加21个百分点。这种对应性的结构变化表明，一种由农业部门主要提供人均国民收入的经济结构，已经转变为主要由工业制造业部门提供人均国民收入的经济结构；经济发展取得了根本性的结构质态进展。钱纳里等人认为，这种结构质态进展标志着一国经济由不发达的农业经济转变成了发达的、成熟的工业经济。这是从供给方面进行的结构变化比较。

从需求方面进行结构比较，最突出也是最有意义的结构变化有两点。

（1）当人均国民收入由140美元上升至2100美元时，中间需求无论是对于最终需求还是对于整个总产出的关系都发生了重大变化：与最终需求相比较，中间需求由5%上升为82%；与总产出相比较，中间需求由33%上升为45%。这说明：随着经济发展，中间需求所占比重大幅度提高，意味着在社会生产过程中，中间产品的使用大量增加。这也就反映（从需求结构上）出产业结构高度的演进；反映了专业化程度的提高和生产联系复杂程度的提高；说明生产过程的再加工程度深化所引致的最终产品生产中的中间产品对初级产品的替代程度增加；说明技术水平的提高导致了资本、技术对劳动力的替代程度增加。

（2）当人均国民收入由140美元上升至2100美元时，在国内最终需求结构中（按人均分解），消费需求比重下降，虽然消费需求的绝对数额扩大 12 倍多（102~1254 美元），但比重却由 71% 降至 59%；投资需求绝对规模在扩大 23 倍的同时（21~480 美元），在最终需求中的比重由 15% 提高到 23%。这一结构变化说明：随着经济发展，随着人均国民收入的提高，导致投资水平和比重的提高，相应的消费水平提高的同时比重下降，这标志工业化进展的深入。

从贸易结构来看，突出的变化在于：当人均国民收入由 140 美元上升到 2100 美元时，农业产品出口占总出口的比重由 75% 下降到 20.17%；工业产品出口占总出口的比重由 7.14% 提高到 52.19%，其中机械工业产品出口由 0 上升到 10.34%；农业产品进口占总进口比重由 9.68% 提高到 17.06%；工业产品进口占总进口比重由 70.98% 下降到 52.87%，其中机械工业产品进口由 25.81% 下降为 22.30%。这种结构变化的含义是：以工业化为核心的经济发展进程在改变发展中国家的产业结构的同时，改变了其比较优势，提高了生产过程中的技术水平，从而使发展中国家的贸易条件发生了有利的变化。

还要指出的是：在上述整个结构变化中，以不变价格计算的服务份额几乎不变，从人均国民收入 140 美元到 2100 美元过程中，服务业在总需求中所占比重与在总产出中的比重基本未变。这表明，在工业化完成之前的发展，结构变化主要体现在第一次产业与第二次产业之间的关系上。这一点在库兹涅茨的统计中也是成立的。在我们前面的分析中也指出，第三次产业的长足发展必然是在工业化成熟到一定程度之后，这在各国经济发展史上是有根据的。

以上考察了产业结构在不同经济发展阶段上的特点，同时，静态地比较了不同发展阶段产业结构的状态，进而考察了产业结构高度的演进趋势。要说明为什么会有这些变化趋势，则涉及变动原因的分析，这种变动原因的分析是过程的和动态的考察，我

们将在下一章进行。[1]

2.3 中国产业结构历史高度的考察

2.3.1 中国三大产业的就业结构高度

几十年来，中国三大产业间就业结构演进如表 2–7 所示。

表 2–7 中国劳动力在三大产业间的分布结构（%）

年份＼产业	第一次产业	第二次产业	第三次产业
1952	83.5	7.4	9.1
1956	80.6	10.7	8.7
1965	81.6	8.4	10.0
1978	70.7	17.6	11.7
1984	64.2	20.2	15.6
1989	60.2	21.9	17.9
1992	58.5	21.7	19.8

资料来源：《中国统计年鉴》（1989），中国统计出版社 1990 年版，第 117 页；
《中国经济年鉴》（1992），经济管理出版社 1993 年版，第 725 页。

显然，一方面，中国三大产业就业结构高度的演进趋向是符合产业结构演进历史趋势的，第一次产业就业比重逐渐降低，第二、三次产业就业比重逐渐提高。40 年间，第一次产业就业比重下降 25 个百分点，第二次产业就业比重上升 14.3 个百分点，第三次产业就业比重上升 10.7 个百分点，体现了工业化进程加速

[1] H. 钱纳里的多国工业模型运用的是投入产出部门分析，已不仅限于三大产业间的结构分析，而是通过部门间的投入产出联系使三大产业间的关系表现得更清晰。在这里只是观察其中反映出来的三大产业间的结构特点，部门间其他联系在后面章节中再做专门考察。

中的结构转变特征。但另一方面，与发达国家相比，结构差距仍很大。以 1992 年中国就业结构数据为例，与主要发达国家相比（见表 2-1），中国第一次产业就业比重比 20 世纪 80 年代初的日本高 48.2 个百分点，比美国高 54.9 个百分点，比英国高 56.9 个百分点，比德国（前联邦德国数据）高 52.7 个百分点，比法国高 49.7 个百分点；与发达国家平均水平相比（见表 1-1），中国 1992 年第一次产业就业比重比发达国家 1981 年平均第一次产业就业比重高出 52.5 个百分点。可以说，中国经济发展上的差距，首先深刻地体现在就业结构差距上，并且这种与发达国家的差距极大。

那么，中国现阶段三大产业间就业结构高度大体相当于发达国家经济发展史上的哪一阶段呢？为简便起见，在此我们以日本的历史数据为样本，与中国就业结构数据相比较。

（1）直观的静态对比。中国 1992 年三大产业就业结构与日本 20 世纪 20 年代前后的结构十分接近。日本 20 世纪 20 年代第一次产业就业比重为 55%，中国 1992 年为 58.5%；日本 20 世纪 20 年代第二次产业就业比重为 22%，中国 1992 年为 21.7%；日本 20 世纪 20 年代第三次产业就业比重为 23%，中国 1992 年为 19.8%（日本的数据见表 2-1）。

（2）动态地考察就业结构变化速度。对比中国现阶段三大产业就业结构变化速度与日本经济史上三大产业就业结构变化速度，中国现阶段三大产业就业结构变化率与日本 20 世纪 10—20 年代接近。结构变化值公式：

$$K = \sum \left| q_{ij} - q_{ij} \right|$$

式中，K 为结构变化值，表示一定时期结构变化程度；q_{ij} 为报告期构成比；q_{ij} 为基期构成比。[1]

[1] 公式引自金滢基：《产业结构变革与科学技术》，载《经济学译丛》1981年第2期。

将结构变化值公式代入表 2-1 给出的日本就业结构数据和表 2-7 给出的中国就业结构数据，计算结果见表 2-8。

表 2-8　中日三大产业就业结构变化值（K）对比

日本	时期	1872—1878 年	1872—1897 年	1897—1912 年	1912—1939 年	1936—1963 年	1963—1980 年
	K 值	14（6 年）	20（25 年）	20（15 年）	52（24 年）	58（27 年）	37.4（17 年）
中国	时期	1952—1956 年	1952—1978 年	1978—1984 年	1984—1989 年	1978—1992 年	1952—1992 年
	K 值	6.6（4 年）	25.6（26 年）	17（6 年）	8（5 年）	24.4（14 年）	50（40 年）

表 2-8 的中日结构变化值（K）说明：中国在 1978 年以前的 26 年间，三大产业就业结构变化速度较慢，1952—1978 年的 26 年间，就业结构变化值才达到 25.6，大体上相当于日本 1872—1897 年的就业结构变化速度（25 年结构变化值 K 为 20）；但中国自 1978 年之后，就业结构变化速度明显加快，1978—1992 年的 14 年间，就业结构变化值便达到 24.4，几乎相当于前 26 年的变化率，这从一方面表明，1978 年以后，中国经济发展及工业化进程开始加速。就日本的结构变化值看，1897 年之前，就业结构变化并不显著，1872—1897 年的 25 年间，结构变化值 K 仅为 20，但 1897 年后开始加速；1897—1912 年仅 15 年时间，结构变化值 K 便达到 20，相当于前 25 年的变化率；1912—1936 年，结构变化值继续提高，24 年间结构变化值达到 52；1936—1963 年的 27 年间，结构变化值保持在 58，这说明日本在 1897—1912 年开始了工业化加速期。相比较，中国 1978 年以来，也开始进入工业化加速期，就业结构变动速度显著提高，1978—1992 年 14 年间就业结构变化值达到 24.4，大体上类似日本 1897—1912 年间工业化加速初期的结构变化率（15 年间结构变化值为 20）。

（3）考察中国三大产业就业结构与发达国家历史上不同阶

段的就业结构相似性，进而更准确地把握中国三大产业结构的历史阶段性。

根据结构相似性系数公式：

$$S_{ij}=\frac{\sum_{n}X_{in}X_{jn}}{\left(\sum_{n}X_{in}^{2}\sum_{n}X_{jn}^{2}\right)^{\frac{1}{2}}}$$

式中，S_{ij} 为两类结构（第 i 种和第 j 种结构）的相似性系数，其极限值为 1，越接近 1，表明两种结构越相似；X_{in} 为 n 部门在第 i 种结构中所占比重；X_{jn} 为第 n 部门在第 j 种结构中所占比重。

仍以日本为比较对象，代入表 2-1 反映的日本就业结构历史数据和表 2-7 反映的中国就业结构历史数据，进行同期比较和非同期比较。计算结果见表 2-9。

表 2-9　中日两国三大产业就业结构相似性系数

非同期比较	比较年份	日本 1872 年 中国 1952 年	日本 1897 年 中国 1965 年	日本 1912 年 中国 1978 年	日本 1920 年 中国 1989 年	日本 1930 年 中国 1992 年
	S_{ij}	0.9995	0.9939	0.9893	0.9554	0.9846
同期比较	比较年份	日本 1958 年 中国 1952 年	日本 1963 年 中国 1965 年	日本 1971 年 中国 1978 年	日本 1980 年 中国 1989 年	日本 1980 年 中国 1992 年
	S_{ij}	0.7345	0.6279	0.5047	0.5403	0.5675

表 2-9 的结构相似性系数 S_{ij} 表明：从非同期比较来看，中国 20 世纪 50 年代三大产业就业结构与日本 19 世纪 70 年代十分一致（相似性系数高达 0.9995）；经过近 30 年的发展，到 1978 年，中国三大产业就业结构与日本 1912 年的水平接近（相似性系数高达 0.9893）；又经过 14 年的发展，中国三大产业就业结构与日本 20 世纪 30 年代水平接近（相似性系数高达 0.9846）。

这表明现阶段中国三大产业就业结构大体相当于日本20世纪10—30年代的结构高度，即相当于日本进入工业化加速时期的就业结构状况。从同期比较来看（大体同年代比较），自20世纪50年代以来，不仅同年代中日两国三大产业就业结构偏离度显著（$1-S_{ij}$为结构偏离度），而且自1952年至1978年，这种结构偏离度还呈不断扩大趋势，结构偏离度从20世纪50年代的0.2655（1−0.7345）扩大到20世纪60年代的0.3721（1−0.6279），又从20世纪60年代的0.3721进一步扩大到20世纪70年代的0.4953（1−0.5047）。这就是说，在原有结构差距基础上，经过近30年时间，不仅未缩小而且进一步扩大了结构差距。尽管1978年以后，甚至进入20世纪90年代，中国三大产业就业结构与日本的就业结构差距仍比20世纪50年代两国结构差距大（0.5675与0.7345），但表现出来的趋势却是不断缩小差距，结构偏离度先是从20世纪70年代的0.4953（1−0.5047）缩小到20世纪20世纪80年代的0.4597（1−0.5403），若以20世纪80年代日本就业结构为比较对象，那么，到1992年，相互结构偏离度又进一步缩小为0.4325（1−0.5675）。这表明1978年以后中国经济结构演变的加速，在结构上与发达国家的差距开始缩小而不是继续拉大。

以上，我们通过静态直观的比较、动态结构变化值的比较，以及结构相似性系数的比较，表明与发达国家经济史相比，中国现阶段三大产业就业结构在经济成长的阶段上，大体相当于发达国家（如日本）工业化加速时期的状态。

那么，在当代，与世界不同类型的国家相比，我们与当代发达国家的就业结构差距究竟有多大？与当代哪一类发展阶段的国家就业结构相类似？下面我们运用世界银行的有关统计数据展开分析。表2-10是1992年中国三大产业就业结构与不同类型国家1981年就业结构的比较。

直观地看，中国现阶段三大产业的就业结构与20世纪80年代的下中等收入国家最为接近。进一步计算结构相似性系数，代入表 2-10 数据，得表 2-11。

表 2-10　1992 年中国三大产业就业结构与 1981 年各类国家的对照

不同类型国家	第一次产业就业比重（%）	第二次产业就业比重（%）	第三次产业就业比重（%）
中国	58.5	21.7	19.8
低收入国	73	13	15
下中等收入国	54	17	29
中等收入国	44	22	34
上中等收入国	30	28	42
发达国家	6	38	56

资料来源：表 2-7、表 1-1。

表 2-11　中国 1992 年三大产业就业结构与 1981 年世界各类国家就业结构对照

比较类型	中国与低收入国相比	中国与下中等收入国相比	中国与中等收入国相比	中国与上中等收入国相比	中国与发达国家相比
S_{ij}	0.9793	0.9852	0.9515	0.8310	0.5136

表 2-11 反映的结构相似性系数表明，中国现阶段的三大产业就业结构与当代下中等收入国家最为接近（相似性系数高达 0.9852）。这从就业结构上反映了中国现阶段的就业结构水平。另外，中国现阶段三大产业就业结构与中等收入国家相差不大，偏离度仅为 0.0485（1−0.9515），表明中国经济发展正朝中等收入国家水平接近，从三大产业的就业结构来看也正朝中等收入国水平逼近。但我们与上中等收入发展中国家的距离尚较显著，从就业结构差距看，结构偏离度为 0.1690（1−0.8310），与发达国家的就业结构相差则更大，结构偏离度为 0.4864（1−0.5136）。因此，可以说，中国目前三大产业就业结构与当代各类国家相

比，正处于从下中等收入向中等收入发展阶段运动的状态，这也正是工业化加速期的发展阶段。

2.3.2 中国三大产业间产值结构高度

几十年来，中国三大产业产值结构演进状态如表 2–12。

表 2–12 中国三大产业产值结构状态（%）

产业 \ 年份	1952	1957	1965	1978*	1984	1989	1992
第一次产业	45.42	33.44	30.91	28.4	33	26.8	23.9
第二次产业	34.38	43.84	50.02	48.6	44.6	46.7	48.1
第三次产业	20.20	22.72	17.07	23	21.9	26.5	27.9

资料来源：《中国经济年鉴》（1986），经济管理出版社 1987 年版；《中国经济年鉴》（1992），经济管理出版社 1993 年版；《中国统计年鉴》（1990），中国统计出版社 1991 年版。1965 年前的比例为社会总产值构成。

*1978 年后的比例为国民生产总值构成。

从表 2–12 的数据变化看，总体上中国三大产业产值结构是遵循经济发展的内在逻辑运动的，即第一次产业产值比重下降，自 1952—1992 年，40 年间下降 21.52 个百分点，第二、三次产业产值比重上升，40 年间分别上升 13.72 个百分点和 7.7 个百分点。

那么，历史地看，中国现阶段三大产业产值结构相当于发达国家经济史上的哪一阶段呢？

（1）比较表 2–2 和表 2–12，静态地看，中国现阶段产值结构，尤其以第一次产业产值比重（1992 年为 23.9%）为标志，与日本 1925 年以后（28.1%），美国 1899 年以前（17.9%），德国 1935 年以前较为接近。其中尤以与日本 20 世纪 20 年代结构相似。

（2）考察三大产值结构变化值。仍以日本为例，中国 1952—1992 年 40 年间与日本历史上不同阶段三大产业产值结构

变化值对照如表 2-3 所示。

表 2-13　中日三大产业产值结构变化值比较

中国	比较时期 K 值	1952—1978 年 28.44（26 年）	1978—1992 年 9.9（14 年）	1952—1992 年 50.64（40 年）
日本	比较时期 K 值	1895—1925 年 29.2（30 年）	1963—1971 年 7.4（8 年）	1895—1971 年 72.4（76 年）

从表 2-13 的数据看，考虑到计算期年份间隔数的相近，中国 1952—1978 年三大产业产值结构的变化率 *K* 值（28.44/26 年）与日本 1895—1925 年 *K* 值（29.2/30 年）最为接近，即使是 1978—1992 年的三大产业产值结构变化率，若按年平均，也大体上相当于日本 1895—1925 年的变化速度，而这期间的日本恰是工业化加速时期。

（3）将表 2-2 和表 2-12 的数据代入结构相似性系数公式，计算结果见表 2-14。

表 2-14　中日产值结构相似性系数

比较时期	中国 1952 年 日本 1895 年	中国 1965 年 日本 1963 年	中国 1989 年 日本 1925 年	中国 1992 年 日本 1971 年
S_{ij}	0.9146	0.8010	0.9268	0.9060

表 2-14 给出的结构相似系数表明，中国 20 世纪 50 年代三大产业产值结构与日本 1895 年相似（相似性系数达到 0.9146）；中国 20 世纪 80 年代末三大产业产值结构与日本 1925 年相似（相似性系数达 0.9268）。因此，总体上说，中国现阶段三大产业间

的产值结构与日本历史上 20 世纪 20—30 年代接近。[1]这一结果与产值结构变化值比较及静态直观比较所得结论基本一致。

若综合前述关于中国与发达国家历史上三大产业就业结构演变阶段的比较，可以说，无论是在三大产业的就业结构，还是在三大产业的产值结构比较上，中国现阶段三大产业的结构状况大体相当于发达国家经济史上的工业化加速时期。这便是中国经济发展阶段的结构性解释。

若对三大产业产值结构进行当代各类国家的横向比较，则情况如表 2-15 所示。

表 2-15　1992 年中国与 1990 年各类国家三大产业产值结构比较

比较类型	中国与低收入国家比较	中国与中等收入国家比较	中国与上中等收入国家比较	中国与发达*国家比较
S_{ij}	0.9656	0.9026	0.8992	0.8168

资料来源：表 1-1、表 2-12。

* 为 1981 年数据。

表 2-15 给出的结构相似性系数说明，中国现阶段三大产业产值结构与低收入国家最为接近（相似性系数达到 0.9656）。其次与中等收入国家较接近（相似性系数达 0.9026），与上中等收入国家则有较明显差异，与发达国家相比差异更为显著。这反映出中国现阶段的经济发展结构质态大体相当于当代低收入水平向中等收入水平过渡的阶段。

---

❶　与其他发达国家经济发展史相比较，如与美、英、法、德相比，尽管各国工业化进程具体历史时间不同，因而在自然时间上与中国现阶段产值结构相似性接近的具体时点不同，但在经济历史逻辑上，上述各国三大产业产值结构与中国现阶段相似性系数最高的时期，均是它们进入工业化加速的历史时期。具体比较和相似性系数的测算，可参见刘伟、杨云龙著：《中国产业经济分析》，中国国际广播出版社1987年版，第50—51页。

第3章　产业结构效益：过程的和动因的考察

前一章我们只是指出了经济发展不同阶段上产业结构的特点，比较静态地观察了结构特点演进的趋势，并已涉及变化的原因，或者说主要并不是动态地考察结构变化过程。本章将动态地考察结构变化与经济发展的联系，即不像前一章仅把结构变化视为经济增长的函数，而是将经济增长视为结构变化的函数，进而考察结构变化对于增长的作用，分析结构变化趋势之形成的发展必然性和根据。因此，产业结构效益成为分析的核心。

3.1　产业结构演进趋势的生产率根据

3.1.1　从产业比较劳动生产率变化看三大产业演进趋势的形成

比较劳动生产率又称产业相对国民收入。通过比较劳动生产率可以衡量产业结构效益，并考察三大产业结构变化的原因。正是因为不同产业比较劳动生产率变化不同，导致并推动产业结构发生变化。

比较劳动生产率的公式为：

$$\frac{\text{产业比较}}{\text{劳动生产率}} = \frac{\text{产业国民收入的相对比重}}{\text{产业劳动力就业的相对比重}}$$

在前面关于三大产业结构演进趋势的考察中，我们看到在工业化过程中，三大产业关系的变化突出体现在农业比重下降，工

业比重上升。那么，为什么会有这一趋势呢？根据产业比较劳动生产率公式来考察，便可发现，农业比较劳动生产率提高的过程同时便是农业比重下降、工业比重上升的过程。

（1）在经济发展过程中，农业的产业国民收入的相对比重（公式中的分子项）之所以下降，主要在于农业产品的需求收入弹性随着经济发展呈下降趋势。所谓收入弹性是指在价格不变的条件下，产业的产品需求的增长率和人均国民收入的增加率之比。随着国民经济的发展，随着人均国民收入的提高，不同产业的收入弹性是不同的，收入弹性高的产业发展便快，在产业结构中的比重也提高得快；反之，则提高得慢甚至比重下降。而农业的收入弹性恰恰低于工业。因为，随着收入的增长，人们对农产品需求的增长比例低于其收入增长。这一点，德国学者 L. E. 恩格尔曾做过论证，即著名的“恩格尔定律”：收入越低的家庭消费结构中用于吃的费用比例越大，随着收入的增长，用于吃的支出规模绝对地扩大，但在家庭总支出中的比重下降。用于吃的费用占总支出或总收入的比重又被称为“恩格尔系数”，这一系数越高，说明经济发展水平越落后，人均国民收入水平越低。因此，经济发展又可以用恩格尔系数不断降低来表示。[1]但是，恩格尔系数降低过程同时也就是人们对农产品需求的收入弹性降低的过程，人们收入提高的过程同时成为人们对农产品需求相对减少的过程，整个国民收入中用于农业的支出就相对降低，从而使农业的国民收入在全部国民收入中所占比重降低。

钱纳里等人的标准结构转换模型（参见本书第 2 章 §2.2）

[1] 比如，联合国就曾以恩格尔系数来划定不同经济水平的国家生活阶段：恩格尔系数59%以上为贫困状态；50%~59%为度日状态；40%~50%为小康状态；20%~40%为富裕状态；20%以下为极富状态。参见朱善利、刘伟主编：《微观消费经济分析》，学苑出版社1988年版，第100—101页。

印证了这一点。当人均国民收入由 140 美元发展至 2100 美元时，消费需求在国内最终需求结构中的比重由 71%降至 59%，这个变化又进一步分解为：对农业的最终消费需求占国内总消费需求的比重由 25% 降为 5.1%，而对工业制造业的消费需求占国内总消费需求比重则由 28.4%上升为 40.4%。也就是说，在这一发展过程中，消费需求降低，而之所以降低又主要是由于对农业的消费需求比重降低，减少约 20 个百分点，因为同期对工业制造业的消费需求比重不仅未降低，反而上升 12 个百分点。所以，钱纳里等人认为，农业比重之所以降低，可以由恩格尔定律加以解释，即农业的消费需求比重降低导致其在国民经济中比重的降低。

（2）经济发展需要并推动农业本身的劳动生产率提高，即农业比较劳动生产率提高。而农业比较劳动生产率提高，根据公式，在农业的国民收入占整个国民收入比重下降的条件下，就意味着农业中就业比重降低，即公式中分母项降低。这样就使农业在国民经济中不仅在国民收入中相对比重降低，而且在就业中相对比重也降低。因此，经济发展过程同时是农业比较劳动生产率提高的过程。因而，也是农业劳动力比重下降的过程。

库兹涅茨曾对 40 个发展程度不同的国家 1948—1954 年的三大产业比较劳动生产率做过分析，发现人均国民收入水平越低，第一次产业的比较劳动生产率与第二、三次产业比较劳动生产率差距越大；而人均国民收入水平提高的过程，同时也是三大产业间比较劳动生产率差距缩小，进而农业比较劳动生产率提高的过程。农业比较劳动生产率提高，一方面是使农业劳动力比重下降；另一方面，农业劳动力比重下降速度落后于农业国民收入在全部国民收入中所占比重下降的速度，所以，农业比较劳动生产率尽管在提高，但却比第二、三产业比较劳动生产率低。经济越发展，这种差距便越小，差距越小，农业就业比重越低，这是关于农业就业比重结构降低的印证，见表 3-1。

表 3-1 三大产业比较劳动生产率与人均国民收入比较

（40 个国家 1948—1954 年的平均值）

按人均国民收入水平，从高到低分组	国家数	产业比较劳动生产率		
		第一次产业	第二、三次产业	第一次产业 / 第二、三次产业
Ⅰ	7	0.86	1.03	0.835
Ⅱ	6	0.60	1.19	0.504
Ⅲ	6	0.69	1.15	0.60
Ⅳ	5	0.48	2.02	0.238
Ⅴ	5	0.61	1.48	0.412
Ⅵ	7	0.69	1.72	0.402
Ⅶ	4	0.67	2.74	0.245

资料来源：杨治编著：《产业经济学导论》，中国人民大学出版社 1985 年版，第 51 页。但其中的比例值重新进行了计算修正。

比较劳动生产率结构综合地反映着各产业之间净产值结构、劳动力比重结构和各产业劳动生产率增长速度，以及它们之间的相互变化关系。所以，第一次产业比较劳动生产率与第二、三次产业比较劳动生产率之比，可以扼要地概括一国的产业结构效益。第一次产业比较劳动生产率与第二、三次（特别是第二次产业）产业比较劳动生产率差距越小，二者的比值便越大，反之则越小。从表 3-1 可见，经济发展水平高的国家与发展水平低的国家相比，其第一次产业比较劳动生产率与第二、三次产业比较劳动生产率比值相差三倍多（0.835∶0.245）。这说明，在不发达的农业国，产业结构中农业占据很高的比重，工业比重相对低；并且，工业的不发达，一方面使这些国家缺乏大量吸收农业剩余劳动力的可能性，另一方面又导致农业劳动生产率提高缓慢。这样，第一次产业生产的国民收入在整个国民收入中的比重，相对于第二、三产业，特别是相对于第二产业创造的国民收入在整个国民收入中比重的显著提高而缩小；同时，第一次产业中劳动力比重，至少其缩小速度慢于其国民收入比重降低速度。因此，表现出第一次产业比较劳动生产率低，与第二、三次产业比较劳动生产率差距大，二者比值小。

随着经济发展，农业比较劳动生产率逐渐提高，但由于农业生产的国民收入虽然随着发展而提高，但在国民收入中所占比重却由于收入弹性低等原因而降低，这样，要使农业比较劳动生产率提高，必然使农业就业比重以更大幅度降低。这两方面统一在一起，便使三大产业结构上，第一次产业无论是在产值，还是在就业结构上，其相对地位都下降，而由第二、三次产业替代其主体地位。

3.1.2 工业比重及内部结构变化的原因

考察工业结构的变化，可以从两个方面进行，一方面考察为什么工业特别是制造业比重在工业化过程中显著上升。这一问题显然与第一次产业比重下降的原因考察相联系，但并不是同一问题；另一方面，考察工业内部结构变化的原因，这是这里要考察的重点。

1. 工业化过程中工业比重上升并居首位的原因。

（1）工业化过程中人们消费结构的变化趋势使工业的收入弹性不断增大，从而促使工业发展加快。如前所述，随着工业化的进展，人均国民收入水平提高，人们消费结构的变化正如恩格尔定律所反映的那样，尽管消费总需求在最终消费需求中的比重在下降，但这种比重的下降是呈结构性的，而这种结构性差异恰恰在不利于农业比重提高的同时，有利于工业比重的提高。在钱纳里等人的结构转换标准模型中，人均国民收入由 140 美元上升至 2100 美元时，虽然消费需求在国内总最终消费需求中所占比重下降 12 个百分点，其中对农业的消费需求下降约 20 个百分点，但同时对工业的消费需求却上升了 12 个百分点。这种消费需求结构的变化无疑有益于工业的发展。

（2）工业化过程中工业比重显著上升的主要原因并不是消费需求中对工业需求的增大。即是说，不能像解释第一次产业比重下降那样，将主要原因归结为恩格尔定律效应。尽管消费需求中对工业需求的增加促进了工业比重的提高，但更主要的原因在于与投资需求增大相联系的中间需求比重的增大。一方面，投资需求增大，因而整个国民收入中用于投资的支出比重扩大，提高着工业部门的收入弹性，使工业生产的国民收入在整个国民收入中的比重提高。在钱纳里等人的标准模型中，当人均国民收入由140美元上升至2100美元时，在消费需求比重下降的同时，投资需求比重占最终需求的比重由15%提高到23%。显然，投资需求的增大直接刺激着工业扩张。另一方面，与此相联系，工业比重之所以显著增大，进而整个产业规模扩大，主要是中间需求增加所致。在钱纳里等人的标准模型中，当人均国民收入由140美元上升至2100美元时，总产出占国民生产总值的比重增加31个百分点（附加价值比重不变），主要是由中间需求在国民生产总值中比重增加32个百分点所致，而中间需求比重提高又主要是因对工业制造业的中间需求增加29个百分点所造成的。据此，钱纳里等人得出一个重要的结论：农业及矿业等初级产品所占比重的大幅度下降是由国内需求减少，主要是由于消费需求减少和外贸结构变动所引起的；但制造业比重增加的原因却不同，主要是由于中间需求变动引起。由此，他们也就对以恩格尔效应来解释结构变化的原因的传统观点做出了修正和补充。[1]

2. 考察工业内部结构变化的原因。

为什么工业化时期，特别是工业化初期存在重工倾向？为什么霍夫曼定理有一定的解释能力？为什么工业化不同阶段劳动对象、劳动资料和传统加工工业间相互关系存在一系列规律性的

---

[1] 参见H. 钱纳里、S. 鲁宾逊、M. 赛尔奎因著：《工业化和经济增长的比较研究》，上海三联书店1989年版，第77、73页。

特点?

（1）从世界范围内看，工业化进程中存在工业内部结构特有的变化特点，最根本的原因是生产力发展中三次重大的技术革命。

在工业化第一阶段（20 世纪初之前），世界各主要工业发达国家的工业由于蒸汽机的发明和应用而得到快速发展。但是，最先、最集中采用蒸汽机的是纺织、采矿和黑色冶金这三个主要工业部门，而机器制造业长期以手工劳动为主，且大多数机器是木质的。所以在工业化第一阶段，传统加工工业和劳动对象工业在工业结构中占了主要地位，而其中劳动对象工业上升速度更快。

到 19 世纪末 20 世纪初，发生了以电气化和化学化为标志的第二次技术革命。随着火力发电和化学工业发展，一方面对能源、原材料进行再加工从而提高其利用率；另一方面，则又造成了由于化学工业和电力工业普及生产对有关机器设备的大量需求，尤其电力技术革命造成了所有工业部门广泛采用机器生产，这样就以前所未有的规模造成了机械工业的大发展。机械工业占据主导地位，传统工业和劳动对象工业所占比重下降，便成为各主要工业发达国家工业化进程第二阶段的特征。

到 20 世纪五六十年代之后，发生了以电子信息、新型材料、生物技术等为标志的第三次产业革命。在这个新技术基础上形成的高技术产业群，进一步提高了原材料和能源的利用率，并逐渐改造了机械工业，新的工业部门耗用的不变资本大幅度低于原有工业部门，从而造成了劳动对象工业比重的进一步下降和新型的机械（电子）工业比重进一步上升。这便是工业发达国家工业化进程第三阶段的特征。

（2）与科技进步相联系，工业制造业内部各部门技术进步率变化是有差异的，这种差异更直接地使工业内部结构变化。

一般而言，技术进步速度较快的部门，其生产率上升便较快，生产率上升较快同时也意味着这一部门的成本下降相对较

快。因此，这种部门的比较劳动生产率提高快，资源会向这种部门流动，从而使这种部门在整个工业结构中的比重上升。根据经验观察，在工业化过程中，工业比农业、重工业比轻工业、组装加工工业比原材料工业、机器制造工业比劳动对象工业在生产率的上升率上逐渐形成越来越显著的优势，因而其比重日益提高。❶

技术进步的速率是导致部门生产率上升的重要原因。由于工业化不同阶段，技术进步率在各部门不同，总是技术进步率高的部门逐渐取代技术进步率低的部门成为主要部门，从而使产业结构，尤其是工业结构向高度化演替，并使这种演替表现出明显的阶段性。因此，结构高度的演替同时便是结构效益的提高，即具有更高技术进步率，因而具有更高生产率的部门替代较低生产率的部门，从而使整个产业结构表现出总体结构性效益进步；或者说，正是这种技术进步规定的生产率提高，推动着结构高度化进程。脱离这种技术进步和结构效益提高的结构高度化推进，必然不是经济发展本身的内在要求，因而也就不符合经济发展历史的顺向逻辑，这种高度化推进只能是“虚高度”。

技术进步率，国际上大多用“剩余计算法”来测算，即利用生产函数从生产的增长率中减去劳动和资本的增长率，求出技术进步率。

公式为：

$$\begin{matrix}\text{技术}\\\text{进步率}\end{matrix} = \begin{matrix}\text{生产}\\\text{增长率}\end{matrix} - d\times\begin{matrix}\text{劳动力}\\\text{增长率}\end{matrix} - (1-d)\times\begin{matrix}\text{资本}\\\text{增长率}\end{matrix}$$

式中，d 为工资额占净产值的比例。

剩余计算法测算的技术进步率，实际上是技术进步率的绝对水平值，并不直接反映不同部门之间技术进步率的结构，而这种不同部门间技术进步率结构恰是导致部门不平衡增长的重要原

❶ 参见杨治编著：《产业经济学导论》，中国人民大学出版社1985年版，第74页。

因。直接测算技术进步率的部门结构可以采取计算不同发展阶段不同部门每一劳动力相对产值水平的方法。即以整个工业部门在一定阶段的每一劳动力的平均产值作为基数（为 100），用所要考察的不同部门的每一劳动力产值与其比较，计算出不同部门与全部工业部门平均值相比较的劳动力相对产值水平。这种相对产值水平本身就具有结构意义，可以间接地反映技术进步率的部门结构。因为，技术水平高的部门，每一劳动力相对产值水平就高，反之则低；如果一个部门技术进步率快于其他部门，那么这一部门的劳动力相对产值水平提高速度就快于其他部门。从而技术进步率高的部门取代技术进步率较低的部门成为主要部门的过程，就可以表现为技术进步率高的部门的劳动力相对产值水平赶上并超过原有其他占主要地位的部门的劳动力相对产值水平的过程。从西蒙·库兹涅茨对世界 90 个国家和地区的统计分析中可以发现这一趋势，见表 3–2。

表 3–2　三类工业部门每一劳动力相对产值水平比较[*]

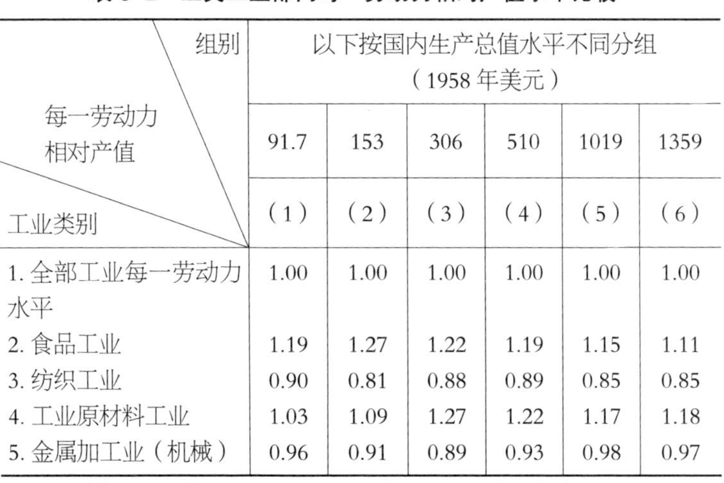

组别 / 每一劳动力相对产值 / 工业类别	以下按国内生产总值水平不同分组（1958 年美元）					
	91.7	153	306	510	1019	1359
	（1）	（2）	（3）	（4）	（5）	（6）
1. 全部工业每一劳动力水平	1.00	1.00	1.00	1.00	1.00	1.00
2. 食品工业	1.19	1.27	1.22	1.19	1.15	1.11
3. 纺织工业	0.90	0.81	0.88	0.89	0.85	0.85
4. 工业原材料工业	1.03	1.09	1.27	1.22	1.17	1.18
5. 金属加工业（机械）	0.96	0.91	0.89	0.93	0.98	0.97

资料来源：西蒙·库兹涅茨著：《各国的经济增长》，商务印书馆 1985 年版，第 223—224 页。

* 食品、纺织代表传统工业部门，工业原材料工业代表劳动对象工业，金属加工工业代表机械工业，共分三大类。

从表3-2可见，当社会经济在最低水平阶段时（人均91.7~306美元），传统工业（纺织、食品）和劳动对象工业的每一劳动力相对产值水平在提高，机械工业劳动力相对产值在下降；当社会经济在提高了的基础上发展时（人均306美元以后），机械工业每一劳动力相对产值水平在提高，而传统加工工业和劳动对象工业劳动力相对产值水平在下降，三者之间的差距在逐渐缩小。与此相适应，前一阶段（大体相当于工业化第一阶段）占主导地位的是传统工业，后一阶段（大体相当于工业化第二阶段）机械工业上升速度加快并逐渐接近进而取代传统工业的主导地位。

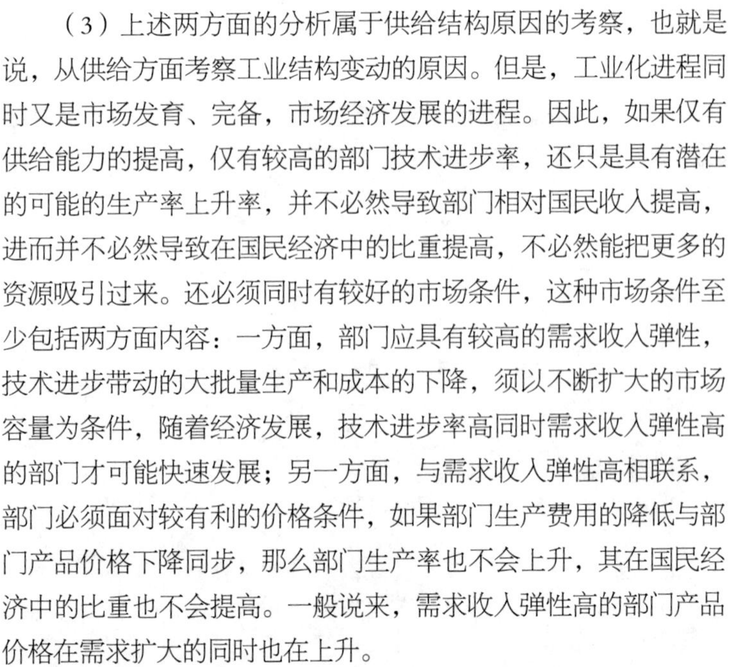

（3）上述两方面的分析属于供给结构原因的考察，也就是说，从供给方面考察工业结构变动的原因。但是，工业化进程同时又是市场发育、完备，市场经济发展的进程。因此，如果仅有供给能力的提高，仅有较高的部门技术进步率，还只是具有潜在的可能的生产率上升率，并不必然导致部门相对国民收入提高，进而并不必然导致在国民经济中的比重提高，不必然能把更多的资源吸引过来。还必须同时有较好的市场条件，这种市场条件至少包括两方面内容：一方面，部门应具有较高的需求收入弹性，技术进步带动的大批量生产和成本的下降，须以不断扩大的市场容量为条件，随着经济发展，技术进步率高同时需求收入弹性高的部门才可能快速发展；另一方面，与需求收入弹性高相联系，部门必须面对较有利的价格条件，如果部门生产费用的降低与部门产品价格下降同步，那么部门生产率也不会上升，其在国民经济中的比重也不会提高。一般说来，需求收入弹性高的部门产品价格在需求扩大的同时也在上升。

如前所述，在工业化进程中，从需求结构变化来看，投资需求及中间需求的比重显著提高，这不能不促使工业，特别是促进机械工业的发展，促进重工业的发展。这种需求结构的变化与供给分析中所看到的重工业、机械工业部门在工业化加速时期的高技术进步率是一致的。一般而言，只要市场机制较完备，或者说只要不存在过多的非经济的、同时又是违背经济发展内在规律的干预，经济发展进程本身是能够把技术进步率及相应的生产率提高同市场需求的扩大及部门需求收入弹性的提高统一起来的，进而保证经济发展中的产业结构效益。

3.2 产业结构演进趋势的经济增长贡献率根据

3.2.1 部门反应弹性与结构变化对经济增长的作用

本节要动态地考察结构变化是如何影响以人均国民生产总值标志的经济增长的，并从产业结构变化对经济增长的贡献考察中，进一步分析产业结构演进之所以具有一定趋势的经济增长和发展方面的原因。即从结构变化与经济发展的相互关系上考察结构变化的动因，分析产业结构变化过程。

西蒙·库兹涅茨曾经用部门反应弹性值来计量各产业部门的变化对于人均国民生产总值变动的不同作用。部门反应弹性值计算公式为：

$$E_i=a_i+[(a_i-1)/r] \quad (i=1, 2, 3, \cdots, n)$$

式中，E_i 是 i 部门的反应弹性值，它表示与人均国民生产总值的增长率变动相联系的 i 部门产值的变动百分比；a_i 是 i 部门在报告期与基期的产值占国民生产总值比重（或称份额）之间的比率；r 则表示人均国民生产总值在基期与报告期之间的增长比率。在具体计算时采用 20% 作为标准值，以划分出基期与报告期之间的标准间隔单位。[1]

[1] 西蒙·库兹涅茨著：《各国的经济增长》，商务印书馆1985年版，第118页。

这个计算公式的内涵是，将不同部门在整个经济结构中所占比重的变化看作是引致经济增长变动的一系列内在变量，并计算出每一个部门（主要是一些有代表性的产业部门）所占比重的变化对于经济增长变动的具体作用程度，即为该部门对于经济增长的反应弹性值。反应弹性值大，该部门的结构变化对于经济增长的作用程度就大，反之就小。

库兹涅茨用 57 个国家的资料计算出了各主要产业部门的反应弹性值（见表 3–3）。

从表 3–3 我们看到这样两个趋向性的特征：①从农业、工业、服务业三大部门结构的变动过程来看，工业部门的反应弹性值最大，服务业次之，农业部门的反应弹性值最小，并且远低于 1。这表明生产要素从低生产率的农业部门转移到高生产率的工业部门和服务业部门，因此，在这个过程中，整个经济增长主要是由工业部门（还有服务业）的高生产率及其结构性增大所造成的。在工业中，制造业的比重变化对于经济增长的作用最大；在服务业中银行、保险和房地产部门对于经济增长的作用最大。②当结构变动继续发生时，各部门的反应弹性值趋于下降。这表明经济结构趋于成熟，工业化进程取得实质化进展，整个经济增长过程将进入现代经济增长阶段；结构变化问题将不再作为独立的内生变量对经济增长发生影响。这符合新古典派的经济增长理论假设。当然，这里唯一的例外是建筑业和基础设施产业（即表 3–3 中的运输和通信、电力、煤气、水部门），它们随结构变化过程的推进反应弹性值不是变小而是增大。即，当经济结构变化在人均国内生产总值为 70~300 美元期间进行时，这两个部门的反应弹性值分别为 1.16 和 1.19；而当经济结构变化在 300~1000 美元期间发生时，这两个部门的反应弹性值分别增大为 1.25 和 1.26。

表 3-3　生产部门在国内生产总值（1958 年按人口平均的国内生产总值的基准点价值）中的份额及部门产值对按人口平均产值的相关差异的反应弹性值

按人口平均的国内生产总值（美元）	主要部门*			I 部门细分部分			S 部门细分部门						
	A	I	S	制造业	建筑业	运输和通信、电力、煤气、水	商业	银行、保险、房地产	住房	银行、保险、房地产及住房	政府	其他服务	政府及其他服务
	（1）	（2）	（3）	（1）	（2）	（3）	（1）	（2）	（3）	（4）	（5）	（6）	（7）
按人口平均的国内生产总值各基准点价值上的份额（%）													
1.　70	48.4	20.6	31.0	9.3	4.1	6.1	12.7	1.0	3.7	4.7	6.2	7.3	13.5
2.　150	36.8	26.3	36.9	13.6	4.2	6.9	13.8	1.9	5.7	7.5	6.8	8.8	15.6
3.　300	26.4	33.0	40.6	18.2	5.0	7.8	14.6	2.9	5.9	8.8	7.7	9.5	17.2
4.　500	18.7	40.9	40.4	23.4	6.1	9.4	13.6	3.3	5.5	8.8	8.2	9.9	18.1
5.　1000	11.7	48.4	39.9	29.6	6.6	10.4	13.4	3.6	4.4	8.0	8.4	10.1	18.5
按人口平均的国内生产总值的标准增长为 20%时的反应弹性值													
6.　70~300	0.56	1.37	1.21	1.53	1.16	1.19	1.10	1.83	1.37	1.49	1.16	1.20	1.18
7.　300~1000	0.30	1.36	0.98	1.46	1.25	1.26	0.92	1.22	0.73	0.92	1.0	1.06	1.07
8.　70~1000	0.44	1.36	1.11	1.50	1.21	1.22	1.02	1.55	1.07	1.22	1.12	1.14	1.13
9.　51.8~1382	0.44	1.34	1.13	1.49	1.16	1.20	1.04	1.68	1.16	1.33	1.12	1.16	1.14

资料来源：西蒙·库兹涅茨著：《各国的经济增长》，商务印书馆 1985 年版，第 119 页。

* A 代表农业；I 代表工业；S 代表服务业。

3.2.2 过程的平均值分析中的结构变化对增长的作用

西蒙·库兹涅茨的分析是横截面式的，即选择不同发展时点，分析在不同时点上产业结构变化对增长的作用。这就难以把握经济发展总过程中产业结构变化对增长的作用。

在西蒙·库兹涅茨研究的基础上，钱纳里、塞尔奎因等人进一步考察了在结构变化比较大的整个过程中，各部门对经济增长的贡献，各部门中的资本、劳动对经济增长的贡献，以及各部门全要素生产率的增长。各部门的这些贡献是作为一个过程的平均值而不是作为一个横截面上的瞬时值来加以把握的。

用基本的新古典增长方程计算国民经济各个部门的增长率，再由部门增长率的加权平均给出整个经济的增长率。其方程式分别为：

$$G_i=\beta_{ki}G_{ki}+\beta_{li}G_{li}+\lambda_i;$$

$$G_v=\Sigma\overline{P}_iG_i。$$

式中，G_i，G_{ki}，G_{li}，λ_i 分别代表 i 部门的附加价值、资本、劳动的增长率和全要素生产率增长；β_{ki} 为 i 部门的资本投入产出弹性，β_{li} 为 i 部门的劳动投入产出弹性，意即每增加 1%的资本和劳动投入对产出增长的影响程度；G_v 代表整个经济增长率（附加价值计算）；P_i 是每个部门在整个结构剧烈变动时期在国民经济结构中所占的平均比重。

从世界银行数据库中选取样本国家的资料进行计算，其结果见表 3-4。

从表 3-4 反映出来的各部门对于经济增长作用的趋势性结构差异是，当整个经济在结构变化的某一过程中保持每年 6.3%的总增长率时，各产业部门支撑这一增长速度的贡献是：农业占 8%，工业制造业占 33%，社会基础设施产业占 16%，服务业占 40%；如果将各增长因素进行分解，整个经济增长的 43%来自资本增长，21%来自劳动增长，36%来自全要素生产率增长。如果

表 3–4　部门增长因素供给方面的分解*

（收入范围 560~1120 美元）

部门	资本		劳动		全要素生产率增长（λ_i）	部门增长（G_i）	部门的平均份额（$\bar{P}_i$）	对增长的贡献 $\bar{P}_iG_i$
	β_{ki}	$\beta_{ki}\cdot G_{ki}$	β_{li}	$\beta_{li}\cdot G_{li}$				
初级产品		2.69		0.41	1.00	4.09	17.4	0.71
农业	0.46	2.41	0.54	0.26	0.86	3.53	14.8	0.52（8%）
矿业	0.50	4.26	0.50	1.19	1.81	7.26	2.6	0.19
制造业		3.62		1.86	2.14	7.57	27.4	2.07（33%）
轻工业	0.42	2.87	0.58	1.94	2.11	6.91	16.7	1.15
重工业	0.54	4.79	0.46	1.74	2.19	8.60	10.7	0.92
非交易		2.46		2.14	1.77	6.37	55.2	3.51
社会基础设施	0.55	3.29	0.45	1.34	1.96	6.59	15.4	1.01（16%）
服务业	0.35	2.16	0.65	2.46	1.66	6.28	39.8	2.50（40%）
整个经济总量	0.43	2.71（43%）	0.57	1.31（21%）	2.28（36%）	6.30	100	6.30
部门平均		2.82（45%）		1.77（28%）	1.72（27%）			
再分配					0.56（9%）			

资料来源：H. 钱纳里、S. 鲁宾逊、M. 赛尔奎因著：《工业化和经济增长的比较研究》，上海三联书店 1989 年版，第 52 页。

* 空缺表示数据不详；括号中的数字表示占总产量的份额。

对这个结果进一步进行结构分解，我们看到：以整个资本增长对经济增长的贡献为 1.00，则各产业部门中资本增长对该部门经济增长的贡献分别为：工业制造业 1.34，农业 0.89，社会基础设施 1.02，服务业 1.88；以整个全要素生产率增长对于经济增长的平均贡献为 1.00，则各产业部门中全要素生产率增长对该部门经济增长的贡献分别为：工业制造业 1.24，农业 0.50，社会基础设施 1.14，服务业 0.97。

以上分析表明，在经济结构剧烈转变的某个过程中，工业制造业和服务业对于经济增长的作用最大，而农业最小。从增长因素分解看，它们各自对于经济增长的作用大小可排序为资本、全要素生产率增长、劳动。对此排序进一步分解，有意义的趋势性特征是：除了在劳动增长对经济增长的贡献的排序中由服务业占据第一位之外，在资本和全要素生产率增长对经济增长的贡献的排序中，工业制造业均高居第一位，第二位是社会基础设施产业，农业无论在哪种增长因素的贡献排序中都居于末尾，尤其在劳动增长和全要素生产率增长的贡献排序中，农业不仅居于末尾，而且与其他产业的差距非常大。这表明，农业中的劳动增长对该部门的经济增长贡献极其低微，并且农业中的技术进步还没有取得明显的进展。

如果以全要素生产率增长对于经济增长的贡献作为结构变化的主要解释，那么，上述分解和排序就充分地表明了技术进步，生产要素从别的部门转移过来，并且低效率使用的劳动力比重减少和规模经济都主要发生在工业制造业和其他非农业产业。我们知道，根据丹尼森的经济增长因素分解，全要素生产率正是包括资源再配置（或资源配置的改善）、规模经济和知识进展（包括技术知识、管理知识的进展以及设计或采用新的水平更高的机器设备等各方面综合性进展）这样三方面组成部分。[1]

---

[1] 参见宋承先、范家骧著：《增长经济学》，人民出版社1986年版，第77—111页。

综合上述各方面的分析，工业制造业都表现出极其活跃的进步性作用，而农业在各个方面都呈现出比较呆滞、衰退的特征。

除了从供给方面进行分析之外，钱纳里等人还从需求方面进行因素分解比较。其计算公式为：

$$X_i = D_i + (E_i - M_i) + \sum X_{ij}$$

式中，X_i 代表 i 部门的总产出；D_i 代表国内最终需求（消费加投资）；（E_i–M_i）为 i 部门的净贸易额（出口或进口）；X_{ij} 代表 j 部门对商品 i 的中间使用（假定投入产出系数随人均投入水平变动）。

计算分析结果见表 3–5。

表 3–5 部门增长因素，需求方面的分解（%）

（收入范围 560~1120 美元）

部门	附加值的份额		对年增长的贡献因素			总计 $\bar{P}_i$
	初始	增量	需求	贸易	IO^*	
初级产品	20.6	10.9	0.51	0.31	−0.11	0.71
制造业	24.4	33.2	1.50	0.53	0.04	2.07
轻工业	15.8	18.4	0.88	0.25	0.02	1.15
重工业	8.6	14.8	0.62	0.28	0.02	0.92
非交易	54.9	55.9	3.14	0.39	−0.01	3.52
社会基础设施	15.0	16.2	0.91	0.11	0.00	1.02
服务业	39.9	39.7	2.23	0.28	−0.01	2.50
总计	100.0	100.0	5.15	1.23	−0.08	6.30

资料来源：H. 钱纳里、S. 鲁宾逊、M. 赛尔奎因著：《工业化和经济增长的比较研究》，上海三联书店 1989 年版，第 50—53 页。

* *IO* 代表技术进步。

从需求方面的分析可以得出与供给方面分析相同的基本看法。不同的是，需求方面的分析突出了技术变化，即从整个经济的投入产出系数来度量技术变化及其对经济增长的作用。

3.2.3　不同发展阶段结构变化对于增长作用的变化过程

钱纳里等人的上述平均值分析是把一定阶段过程的增长及相应的结构变化值平均化，然后分析平均值上的结构变化对增长的作用，这虽然比库兹涅茨的不同发展阶段时点横截面分析更为全面并更有代表性，但仍未分析这种作用变化的过程。因为平均值实际上仍是一阶段的一个标准值，难以反映经济发展中每一阶段上的结构变化对于增长的作用是如何潜在变化的，没有充分表示出这种变化是一个动态过程。因此，有必要将分析进一步动态化、过程化。

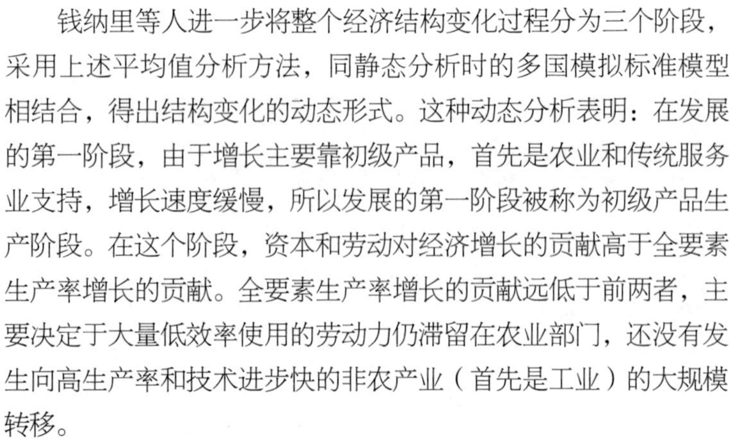

钱纳里等人进一步将整个经济结构变化过程分为三个阶段，采用上述平均值分析方法，同静态分析时的多国模拟标准模型相结合，得出结构变化的动态形式。这种动态分析表明：在发展的第一阶段，由于增长主要靠初级产品，首先是农业和传统服务业支持，增长速度缓慢，所以发展的第一阶段被称为初级产品生产阶段。在这个阶段，资本和劳动对经济增长的贡献高于全要素生产率增长的贡献。全要素生产率增长的贡献远低于前两者，主要决定于大量低效率使用的劳动力仍滞留在农业部门，还没有发生向高生产率和技术进步快的非农产业（首先是工业）的大规模转移。

在第二阶段（大约从人均国民生产总值 400 美元到 2100 美元），整个经济增长主要由急速上升的工业制造业所支撑，因而进入高速增长的工业化阶段。对于整个经济增长的贡献，工业制造业的上升正好与初级产业（首先是农业）的下降形成日益张开的“剪刀差”；而平滑上升的社会基础设施产业恰与上升一段之后（人均国民生产总值 560 美元作为一个转折点）转入停顿并稍趋于下降的服务业形成对照。从要素分解来看，在工业化阶段，只有全要素生产率增长对于经济增长的贡献在明显地持续上升，而资本和劳动增长的贡献则一直趋于下降（相比于劳动增长的贡献，资本增长的贡献趋于稳定直到结构变化后期开始下降）。对于前者，显然是决定于工业化进程的结构剧烈转变改善了资源配置格局（尤其是使劳动力大规模从农业转入工业），提高了技术进步速度和规模经济的利用。对于后二者，钱纳里等人的解释是："劳动贡献下降反映高收入水平上人口增长速度减慢的趋势，减慢的程度大于劳动生产率提高的程度"；而"资本贡献相对稳定的趋势则决定于资本边际成本的下降，这抵消了投资率上升所起的作用。"❶

在第三个阶段，经济增长进入发达经济阶段，工业制造业对经济增长的贡献由于其产品的需求弹性变小而趋于下降。在这个阶段，除社会基础设施产业对经济增长的贡献仍有上升之外，服务业和初级产业的贡献则进入相对稳定的状态。结构变化对于经济增长的特殊影响减弱。从增长因素看，资本、劳动和全要素生产率增长对经济增长的贡献将保持大体稳定的比例关系。但是，全要素生产率增长的贡献高居于资本和劳动之上。这表明发达经济的增长主要依赖于知识进展和规模经济。

需要进一步研究的是，怎样认识结构变化所带动的工业化效应的测量。

在考察结构转变对于经济增长的趋势性、过程性作用的基础上，我们可以进一步分析以结构变化为核心内容的工业化进展效应如何测量与把握的问题。

从上面的分析中，我们已经看到结构变化对于工业化进展最具突出意义的是工业制造业在整个经济结构中所占比重的上升。因此，测量经济结构变化的工业化效应的第一个尺度是工业化率指标，即在整个结构变化过程中，以每十年作为一个标准间隔期，计算工业制造业在整个经济结构中所占比重的平均增量（以

❶ 参见H. 钱纳里、S. 鲁宾逊、M. 赛尔奎因著：《工业化和经济增长的比较研究》，上海三联书店1989年版，第96页。

百分点作为计算单位）。从前面钱纳里等人的多国模式中（见表2–4至表2–7），我们看到，同人均国民收入从280~2100美元这一增长过程相联系，工业制造业的比重从19%增加到36%。假定这一过程长达50年，则国民生产总值以每年6.3%（或人均国民收入年递增3.9%）的速度增长，那么，在这整个过程中，工业制造业所占比重平均每10年增加3.2个百分点。

以这个标准的或平均的工业化率衡量世界各主要发展中国家，尤其是一些标准工业化国家（地区）的结构变化，其结果是比较一致的。很多标准工业化国家和地区都取得了每10年3个百分点以上的工业化率。其中尤其以中国台湾、韩国、新加坡最为突出，它们的工业化率均高达5个百分点以上。[1]

同世界12个发达国家在19世纪时记录的工业化率相比较，每年人均国民收入递增3.9%，工业化率指标为每10年增加3个百分点，都只能算是中等水平。[2]

3.3 经济发展不同阶段结构变化率的不同

3.3.1 经济发展过程中结构变化率的把握

以上分析了结构演化对经济增长的作用的变化过程，同样，在经济增长过程中，结构演化率也是不同的。如果说上一节讲到的由于结构演化引起的工业化率是结构变化对发展，特别是对工业化进程的作用程度的重要体现；那么，这里要考察的经济发展过程中的结构变化率，便是增长中结构本身的变化程度。显然这两

❶ 参见H. 钱纳里、S. 鲁宾逊、M. 赛尔奎因著：《工业化和经济增长的比较研究》，上海三联书店1989年版，第261—263页。

❷ 具体数据参见西蒙·库兹涅茨编著：《现代经济增长》，北京经济学院出版社1989年版，第77—78页。

方面的变化程度是密切相关的。

钱纳里等人计算结构变化度的公式是：

$$\overline{X}=\left[\sum_i D_i(1)-DX_i(0)^2\right]^{1/2};$$

$$DX_i=X_i/\left[\sum\left(X_i^2\right)\right]^{1/2}。$$

式中，X_i（i=1，2，3，…，n）为部门 i 所占比重。

计算结果见表 3-6。表中数据表明，各种结构转变与经济增长之间存在一种显著的相关关系：增长较快的国家倾向于有较快的结构变化度和较高的工业化率，它们的中间投入需求也会增长得更为迅速，这些动态转变反映技术和需求结构的变化。

它测量以百分点表示的初始年和终止年数据之间的欧几米德距离。所有的比率均在 14 个部门的水平上，以每十年的百分比为单位进行计算。

本书计算结构变化度的公式为：[1]

$$K=\sum|q_{ij}-q_{i0}|。$$

式中，K 为结构变化值（以绝对值计）；q_{ij} 为报告期的结构构成比；q_{i0} 为基期的结构构成比。

我们认为，用绝对值计算结构变化度 K 的公式更为直接、简单。从逻辑上验证也更为简明：无论报告期还是基期，各部门的结构比重之和均为 100% 或 1.00；这个过程中，无论哪个部门的比重发生变化，在总和变化为零的前提下，均可以报告期比重减基期比重，再将其绝对值相加。因此，结构变化幅度大的时期，计算出的结构变化值就大，反之就小；K 反映结构变化幅度的灵敏性、直接性是可靠的。

[1] 参见齐伟、杨云龙著：《中国产业经济分析》，中国国际广播出版社1987年版，第38—52页。

表 3–6　样本国家（地区）制造业部门结构变化的总体测量

（每一个总量的部门份额的年均百分比变化）

总产出的年均产出增加	制造业产出同总产出的比率*	中间需求和总产出的比率*	产出结构变化*	进口结构变化*	出口结构变化**
中国台湾 12.0	中国台湾 15.7	中国台湾 10.0	中国台湾 3.8	日本 4.0	中国台湾 7.3
日本 11.4	韩国 15.3	韩国 6.1	南斯拉夫 3.7	以色列 4.0	韩国 6.2
韩国 11.2	南斯拉夫 12.5	哥伦比亚 4.4	日本 3.5	韩国 3.9	土耳其 5.9
以色列 9.9	日本 8.2	以色列 4.2	土耳其 3.3	土耳其 3.4	日本 5.7
南斯拉夫 8.7	以色列 8.1	日本 4.2	韩国 3.2	中国台湾 2.6	南斯拉夫 3.6
哥伦比亚 8.4	土耳其 6.3	南斯拉夫 3.1	以色列 1.6	南斯拉夫 2.3	以色列 3.3
土耳其 6.6	哥伦比亚 5.6	墨西哥 2.8	哥伦比亚 1.2	哥伦比亚 2.3	墨西哥 2.4
墨西哥 6.5	墨西哥 3.7	土耳其 2.0	挪威 1.1	挪威 1.4	挪威 1.5
挪威 5.7	挪威 0.8	挪威 1.4	墨西哥 1.0	墨西哥 0.6	哥伦比亚 1.2

资料来源：参阅世界银行：《1983 年世界发展报告》及世界银行有关资料。

* 10 年变化率。

** 被计算为：

$$\overline{X}=\left[\sum iDX_i(1)-DX_i(0)^2\right]^{1/2}$$

$$DX_i=X_i/\left[\sum\left(X_i^2\right)\right]^{1/2}$$

3.3.2 经济发展不同阶段结构变化适度的特点

从农业与非农业之间的“二元结构”变化来看，根据世界上的一些经济学家已经做过的研究，可以概括出以下结构演替趋势：如果以人均国民生产总值水平作为发展阶段的间隔划分标志，那么，人均国民生产总值水平越高的阶段（按 20 世纪 50 年代计为 1000 美元，20 世纪 70 年代计为 3000 美元，20 世纪 80 年代计为 7000 美元以前时期的各发展阶段），第一产业（农业）在国民经济结构中所占比重下降幅度越大，第二、三产业，尤其是工业在国民经济结构中所占比重上升幅度也越大。也就是说，在完成结构转换从而进入成熟的工业化经济增长阶段以前的时期，“二元结构”的转换程度具有随着人均国民生产总值水平提高而加快的趋势。对这个问题的研究最早也最具代表性的是西蒙·库兹涅茨。他曾经选取分布于世界五大洲的 59 个各种类型的样本国家进行分析，为我们的上述概括提供了充分的历史验证。见表 3-7。

从表 3-7 中的数据，我们明确地看到，随着人均国内生产总值水平的提高，第一次产业在整个产业结构中的优势比重大幅度下降，第二、三次产业比重大幅度上升的世界性趋势。尤其需要强调的是，这种趋势具有速度加快的特征（至少在人均国内生产总值水平达到 1000 多美元以前的阶段是如此）。这种特征尤以劳动力结构的变化最为显著：在人均国内生产总值由 70 美元上升到 150 美元的国家组别中，第一次产业的劳动力在整个就业结构中所占的比重由 80.5%下降为 63.3%，下降率为 21.37%；在人均国内生产总值由 150 美元上升到 300 美元的国家组别中，第一次产业的劳动力比重由 63.3% 下降为 46.1%，下降率为 27.17%；在人均国内生产总值水平由 300 美元上升到 500 美元的国家组别中，第一次产业的劳动力比重由 46.1%下降为 31.4%，下降率为 31.89%；在人均国内生产总值水平由 500 美元上升为 1000

美元的国家组别中，第一次产业的劳动力比重由 31.4% 下降为 17.0%，下降率为 45.86%。由此可见，当人均国内生产总值水平几乎每翻一番时，第一次产业的劳动力在整个就业结构中所占比重的下降率由 21.37%逐渐加快为 27.17%、31.89%和 45.86%。

表 3–7　社会经济增长与产业结构变化的国际比较

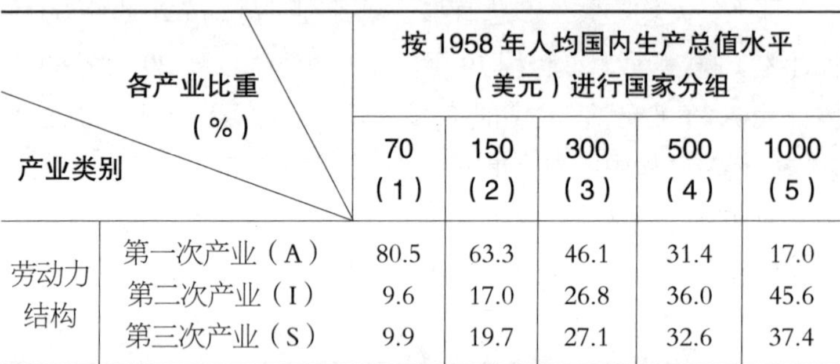

各产业比重（%） 产业类别		按 1958 年人均国内生产总值水平（美元）进行国家分组				
		70 （1）	150 （2）	300 （3）	500 （4）	1000 （5）
劳动力结构	第一次产业（A）	80.5	63.3	46.1	31.4	17.0
	第二次产业（I）	9.6	17.0	26.8	36.0	45.6
	第三次产业（S）	9.9	19.7	27.1	32.6	37.4

各产业比重（%） 产业类别		按 1958 年人均国内生产总值水平（美元）进行国家分组							
		51.8 （1）	82.6 （2）	138 （3）	221 （4）	360 （5）	540 （6）	894 （7）	1380 （8）
产值结构	第一次产业（A）	53.6	44.6	37.9	32.2	22.5	17.4	11.8	9.2
	第二次产业（I）	18.5	22.4	24.6	29.4	35.2	39.5	42.9	50.2
	第三次产业（S）	27.9	33.0	37.5	38.3	42.3	42.3	35.3	40.6

资料来源：根据西蒙·库兹涅茨著：《各国的经济增长》，第 111、210 页数据合并成此表。

如果按照人均国内生产总值水平近乎每翻一番作为参照指标，我们也会发现第一次产业的产值在总产值中的比重下降率也呈现出速度加快的特征。在人均国内生产总值水平由 51.8 美元上升到 138 美元的国家组别中，第一次产业的产值比重由 53.6% 下降为 37.9%，下降率为 29.29%；在人均国内生产总值水平由

138 美元上升到 360 美元的国家组别中，第一次产业的产值比重由 37.9％下降为 22.5％，下降率为 40.63%；在人均国内生产总值水平由 360 美元上升到 894 美元的国家组别中，第一次产业的产值比重由 22.5％下降为 11.8％，下降率为 47.56％。由此可见，当人均国内生产总值水平近乎每翻一番时，第一次产业产值在总产值构成中的比重下降率由 29.29％逐渐加快为 40.63％和 47.56％。如果将库兹涅茨按人均国内生产总值水平作为标准而划分的 8 个国家组别分成前后各 4 个组别的两类，我们同样会看到这种下降率加快的特征。在人均国内生产总值水平为 51.8 美元到 221 美元的 4 个国家组别里，第一次产业产值比重的下降率的最小值是 14.78％，最大值是 16.79%，总下降率是 39.74％。而在人均国内生产总值水平为 360 美元到 1380 美元的另 4 个国家组别里，第一次产业产值比重的下降率的最小值是 22.03％，最大值是 32.18％，总下降率是 59.11％。

总之，随着人均国内生产总值水平的提高，第一次产业在产业结构中的劳动力比重和产值比重都是大幅度下降的，并且下降的速度呈现出加快的特征。这里尤其要强调的是，当人均国内生产总值水平由 500 美元左右向 1000 美元左右上升时，第一次产业的劳动力比重和产值比重下降幅度最大。在表 3–7 中，其下降率分别为 45.86% 和 32.18％，超过了其余任何组别之间的比重下降率。

从表 3–7 中，我们还看到第二次产业的劳动力比重和产值比重是上升幅度最大的，远远超过了第三次产业的同类比重的上升幅度。其劳动力比重的总上升率是 375％（第三次产业劳动力比重的总上升率为 277.78％）；其产值比重的总上升率是 171.35％（第三次产业产值比重的总上升率是 45.52％）。这表明库兹涅茨考察的这 59 个国家类别，都正处在工业化进程中，还没有明显地表现出工业化过程成熟，第二次产业在产业结构中确立的优势地位被第三次产业所取代的显著特征。

如果将“二元结构”的转换完成过程看作是从不发达经济进入发达经济的发展变化过程，那么，当结构变化越过一定界限之后（比如20世纪50年代的人均国民生产总值1000美元水平，到70年代的3000美元和20世纪80年代的7000美元水平），将会出现另一种结构变化趋势，即第一次产业所占比重下降幅度变小，第三次产业所占比重仍然保持上升的势头，并在总体结构中超过工业；而第二次产业（工业）所占比重则趋于下降。工业发达国家走过的工业化过程证明了这一点。[1] 世界银行对各国工业化中的结构变动资料的分析也得出了同样的结论。世界银行的分析资料表明，将工业化进程作为一个完整的发展过程来看，工业在国民经济结构中所占比重经历了一个由上升到下降的倒U形变化。无论从典型工业发达国家的结构变动看，还是从当今一些具有代表性的各类国家按经济发展水平不同组合而成的变动系列来看，工业所占比重的倒U形变化趋势都十分明显。[2]

3.4 中国产业结构效益考察

3.4.1 我国三大产业间比较劳动生产率结构

比较劳动生产率是指不同产业的国民收入占总国民收入的比重比不同产业劳动力占总劳动力的比重。不同产业的比较劳动生产率，可以综合地反映各产业之间净产值结构、劳动力比重结构和各产业劳动生产率的增长速度，以及它们的相互关系。

把中国三大产业的国民收入比重和劳动力就业比重数据代入

---

[1] 具体数据参见刘伟、杨云龙著：《中国产业经济分析》，中国国际广播出版社1987年版，第41—42页。

[2] 参见世界银行编：《1988年世界发展报告》，中国财政经济出版社1988年版，第46—85页。

比较劳动生产率公式，计算结果见表 3-8。

表 3-8　中国三大产业间比较劳动生产率结构

年份 \ 产业	第一次产业	第二次产业	第三次产业*	第一次产业 / 第二、三次产业
1952	0.65	3.25	3.87	0.18
1957	0.54	4.80	3.62	0.13
1978	0.45	3.71	1.94	0.15
1984	0.58	3.05	1.41	0.25
1989	0.53	2.44	1.87	0.25

资料来源：根据表 3-1 数据和《中国经济年鉴》（1986）第Ⅲ—10 页数据，《中国工业经济统计资料》（1949—1984）第 2、41 页数据；《中国统计年鉴》（1990）第 34、114—115 页数据计算。

* 第三次产业国民收入只统计交通运输业、邮电通信业、商业饮食业，因而计算其比较劳动生产率时，也应只计这些部门的劳动力比重，除此之外的第三次产业劳动力不计。

从表 3-8 可见，中国第一次产业的比较劳动生产率从 1952—1978 年持续下降（从 0.65 降至 0.45），从 1978 年开始至 1984 年有了较显著的上升（从 0.45 升至 0.58），1984 年以后至 1989 年又开始略有下降（从 0.58 降至 0.53）。这其中有自然的原因，但更主要的是体制和政策的原因。1978 年以前，由于体制原因，特别是由于工农业产品价格剪刀差的扩大，使反映出来的农业比较劳动生产率不断下降，1978 年后由于实行家庭联产承包制并相应地调整了工农业产品比价，使之有所上升；但 1984 年以后由于承包制本身的局限以及比价复归，使农业比较劳动生产率又开始下降。我国第二次产业比较劳动生产率自 1957 年以来则一直下降，包括自 1978 年以来也是下降趋势，这表明我国第二次产业吸纳劳动力的增长速度始终高于第二次产业创造国民收入的增长速度。我国第三次产业的比较劳动生产率在 1984 年以前是不断下降的，1984 年后开始稳步上升，这主要也是由于体制和政策原因所致。

最重要的是要分析产业之间的比较劳动生产率结构，以第一次产业比较劳动生产率与第二、三次产业比较劳动生产率的平均值去比，便得到三大产业间，特别是第一次产业与第二、三次产业间的比较劳动生产率结构值，即表 3-8 最后一栏的数值。这一比值越大越接近于 1，说明第一次产业与第二、三次产业比较劳动生产率差别越小，国民经济的二元经济性质越淡，直至经济一元化，即工业化完成；反之则反映出一国经济具有典型的二元经济特征，农业严重落后，农业落后就迫使农业就业比重不得不居高不下，工业化进展不足；工业化进展不足又使得工业无力吸纳更多的农业剩余劳动力，也无力对农业予以根本改造。整个工业化进程受到农业劳动生产率的严重拖累。自 20 世纪 80 年代中期以来，我国第一次产业比较劳动生产率与第二、三次产业比较劳动生产率的比值稳定在 0.25 左右（见表 3-8），应当说这一结构值是较低的。我们在前面曾经讲到，库兹涅茨对 1948—1954 年 40 个工业发展程度不同的国家的第一、二、三次产业比较劳动生产率进行了统计、比较分析，在他的统计分析中，人均国民收入水平在当时最低的一组国家（4 个国家）第一次产业比较劳动生产率与第二、三次产业比较劳动生产率的比值为 0.245，我国现阶段的比较劳动生产率的结构水平大体相当于库兹涅茨统计中最低一组国家的水平（0.25 ：0.245）。

3.4.2 我国工业技术进步率结构及其变化

技术进步率的部门差异是导致产业结构，特别是导致工业产业结构变化的重要原因。正如前面所讲，西蒙·库兹涅茨从对 90 个国家（地区）统计资料的分析中发现，技术水平越高的部门，其每一劳动生产力的相对产值水平就越高；技术水平进步速率越快的部门，其每一劳动力相对产值水平提高速度便越快，于是便吸引更多的资源技术。表现在结构上便是技术进步率越高的部门，其每一劳动力相对产值越高，越有能力取代其他部门成为主要部门。这种趋势在世界经济一般进程中表现为：在经济发展的较低阶段（人均产值 306 美元以下），即工业化第一阶段，工业中传统产业和劳动对象工业技术进步快、水平高，其劳动力相对产值高，使之成为主要部门；在工业化加速阶段，传统工业和劳动对象工业部门劳动力相对产值水平下降，而机械工业技术进步率高，劳动力相对产值水平高而且速度快，使之取代传统工业和劳动对象工业居首要位置。

中国第二次产业中的传统工业、机械工业、劳动对象工业三类部门劳动力相对产值水平结构是怎样变化的呢？见表 3-9。

从表 3-9 可见，以人均国民生产总值 300 美元为标志，中国传统加工业（以纺织工业为代表）在此之前的阶段（79.3~150.9 美元）每一劳动力相对产值水平不是像世界大多数（库兹涅茨统计的 90 个国家）国家和地区那样是上升状态，是先下降，然后才略有回升。机械工业劳动力相对产值水平也不像世界大多数国家（地区）那样，在前一阶段水平较低，提高速度迟缓，在后一阶段（300 美元之后）显著上升，却反而是在前一阶段（79.3~1509 美元）有所上升，到后一阶段又停顿下来（300~420 美元），由 20 世纪 50 年代的 0.62 升至 20 世纪 70 年代的 0.88，然后进入 20 世纪 80 年代，又降至 0.86。这样，在发展的初期阶段，客观上技术水平高，技术进步率也高的传统工业的劳动力相对产值优势被强行取消了；而在初期阶段客观上技术水平不高、技术进步率不高的机械工业的劳动力相对产值被强行提高。在发展的较深入阶段（加速阶段），客观上技术水平高，技术进步率也高的机械工业的劳动力相对产值水平本应提高却又未得到提高。与此相适应，中国恰是从 20 世纪 60 年代中前期起，传统加工业的比重被降到最低点（在工业总产值中仅占 14.4%），机械工业比重则接近最高点（20.2%）。从而，在发展初期阶段，劳动力相对产值应当高的传统产业在中国却不高，并且比重被压到最低，不应当高的机械工业在中国却在提高，其比重被上升到首位；在加速发

展阶段，劳动力相对产值本来应当加速提高的机械工业却又不高。整个工业结构效益自然就被严重降低了。

表 3–9　中国三类工业部门在不同时期的每一劳动力相对产值

组别 / 每一劳动力相对产值（全部工业为 1）/ 工业部门	按人均国民生产总值水平分组（当年汇率）			
	1952 年 79.3 美元	1965 年 150.9 美元	1978 年 300 美元	1984 年 420 美元
全部工业平均每一工人产值	1.00	1.00	1.00	1.00
纺织工业（传统部门）	1.38	1.29	1.41	1.34
冶金、煤炭工业（劳动对象）	0.52	0.63	0.51	0.52
机械工业（金属加工业）	0.62	0.86	0.88	0.86

资料来源：据《中国工业经济统计资料》（1949—1984），第 31—32、34—35、74 页数据编制。

如果从三类工业的每元资金产值的比较上考察，则可以进一步说明中国的这种工业结构效益降低过程。表 3–10 是中国工业不同时期每元资金相对产值，即不同部门每元资金产值与整个工业平均每元资金产值 1.00 的比。

表 3–10　中国三类工业部门不同时期每元资金相对产值

组别 / 每元资金相对产值 / 工业类别	按人均国民生产总值水平分组（当年汇率）			
	1952 年 79.3 美元	1965 年 150.9 美元	1978 年 300 美元	1984 年 420 美元
整个工业每元资金产值	1.00	1.00	1.00	1.00
纺织工业	1.58	2.26	2.12	1.65
冶金、煤炭工业	0.34	0.50	0.47	0.50
机械工业	0.44	0.73	0.82	0.88

资料来源：据《中国工业经济统计资料》（1949—1984），第 31—32、34—35、74、113 页数据整理。

从表 3-10 可见，尽管纺织工业（传统部门）在发展初级阶段，比重被强行压低，但其每元产值相对水平却很高，并且处于上升状态，虽然从 1978 年后有明显下降趋势，但仍居首位；而机械工业虽然比重被推到首位，但在初期阶段，其每元产值水平却远低于传统工业（纺织工业），到后期阶段，机械工业本应在每元产值水平上有较大提高并占首位，但却仍未超出传统产业水平。可见，在不同发展阶段，技术进步率事实上不高，经济效益也不高的部门比重被强行扩大并占据首位，而技术进步率事实上高，经济效益也高的部门却被强行降低比重。在发展不同阶段上根据一般规律，技术进步率高，因而效益（每一劳动力相对产值，每元资金相对产值）也应当高的部门，却没有表现出较高的效益，而技术进步率和效益本来在一定发展阶段上应当相对降低的部门，却仍比其他部门的劳动力相对产值和每元资金相对产值水平高，并没有新的技术进步高的部门来取代其地位。这就不仅降低了结构效益，而且阻碍着真正的发展。究其原因，我们认为根本在于过于集中的行政计划体制打乱了经济发展的内在逻辑，违背了经济发展的一般趋势。[1]

3.4.3 工业增长的稳定性与结构变化的有序性

考察结构变化的效益，不仅要视其对经济增长的贡献，而且要考察结构变化与经济增长的稳定性的关系。因为，由于结构变化而导致的增长的大起大落，实际上是对客观经济稳定的破坏，其间的经济损失将是巨大的。一般说来，只要结构变化遵循着经济发展的内在逻辑有序地进行，那么对于增长及增长的稳定性是有利的。结构变动可能是促使客观经济不稳定的因素，但是，只要结构变动是根据经济增长的内在要求进行的，那么，这种结构

[1] 参见刘伟、杨云龙著：《中国产业经济分析》，中国国际广播出版社1987年版，第82—85页。

变动便是内在均衡的，这种结构内在均衡是与总量均衡统一的。如果忽视一国所处的经济发展阶段的历史条件，用超经济的方式强行干预产业结构向高度化演进，导致结构变动脱离发展规律的大起大落，产业深刻的结构矛盾，必然对社会经济发展带来巨大破坏。所以，这种结构变动的效益是低的，甚至是负的。

几十年来，中国工业生产的变化速度是很高的，并且波动性很突出。从20世纪50年代至20世纪80年代，中国工业生产总值平均每年增长10%以上，居世界同期领先地位；但中国的增长波动幅度也居世界领先程度，工业生产增长速度最大值（1958年54.8%）与最小值（1961年38.2%）之间极差竟达93%，即使按次最大值（1959年36.1%，1969年34.3%）和次最小值（1962年16.6%，1967年13.8%）计算，极差也高达52.7%和48.1%。[1]这样大的起落，并且是在不长的时间里多次发生的大起大落，只有第二次世界大战前资本主义大危机的工业波动幅度可与之相比。[2]

以标准差和标准差系数来反映中国工业生产总的波幅，可以看得更准确。

根据标准差公式和标准差离散系数公式：

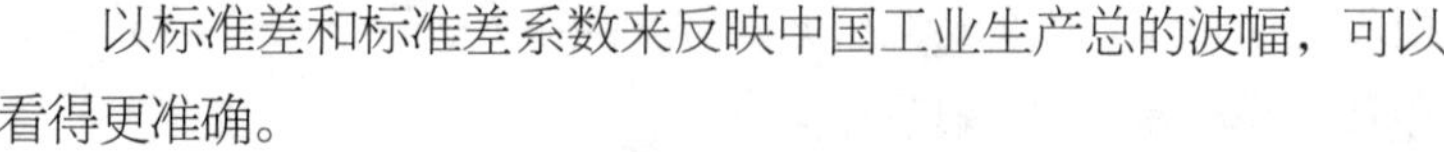

$$=\left(\frac{\sum(x-x_0)}{n}-\left(\frac{\sum(x-x_0)}{M}\right)\right)^{-}$$

$$V_\sigma=\frac{\sigma}{x}\times 100\% \qquad \left(\bar{x}=x_0+\frac{\Sigma(x-x_0)}{M}\right)$$

式中，σ 为标准差；x 为计量期内各年增长速度（标志值）；x_0 为计量期内任意假定的平均数；n 为项数（分析期内年

---

[1] 参见中华人民共和国国家统计局主编：《中国工业经济统计资料》（1949—1984），中国统计出版社1985年版，第204页。

[2] 参见樊亢、宋则行等编：《主要资本主义国家经济简史》，人民出版社1973年版，第345—371页。

数）；V_σ 为标准差系数（离散系数）；$\bar{x}$为平均增长速度（平均数）。

离散系数越大，说明稳定性越小。代入中国工业经济增长数据，自 20 世纪 50 年代至 20 世纪 80 年代，中国工业经济增长的标准差及离散系数如下：

σ =16.34%　（0.1634）

V_σ=151.30%（1.5130）

各年标志值与总平均值离散程度高达 151.30%，估计标准误差高达 0.1634。[1] 与第二次世界大战后世界各国相比，是十分高的。1950—1979 年西方 21 个市场经济国工业生产波动中的估计标准误差平均（未加权）为 0.0520；同期 7 个计划经济国（不包括中国）工业生产波动中的估计标准误差平均（未加权）为 0.0407；中国同期工业生产增长中的估计标准误差（0.1634）相当于世界主要国家平均水平的 1 倍以上，可见其波动幅度之大[2]。

工业生产之所以有这种总量的剧烈波动，实际上是由结构性大起大落所导致。我们选取冶金、煤炭代表劳动对象工业，纺织代表传统加工业，来测算各部门的波动幅度，计算结果如下：

$\sigma_{煤}$=22.63%；$V_{\sigma 煤}$=282.88%；

$\sigma_{冶}$=25.08%；$V_{\sigma 冶}$=218.09%；

$\sigma_{机}$=28.54%；$V_{\sigma 机}$=191.54%；

$\sigma_{纺}$=15.36%；$V_{\sigma 纺}$=192%。

可见，这几个主要部门的年增长与平均增长速度之间的离散系数很高，均高于工业总的离散系数（151.30%）。因此，可以

---

❶ 根据《中国工业经济统计资料》（1949—1984）第38—39页数据计算。

❷ 参见L. 普瑞尔著：《东西方经济体制比较——研究指南》，中国经济出版社1989年版，第120—122页。

说，中国工业生产增长的剧烈波动，主要是由于各工业部门的增长波动所导致的，是结构性波动所推动的总量波动。

那么，这种波动是否符合经济发展的内在逻辑规定呢？仅看波动幅度的大小是难以判断的。我们先来考察世界一般经济发展中的工业结构变动与经济增长不同阶段的关系，然后加以对比。

西蒙·库兹涅茨曾对世界 90 个国家和地区的统计数据进行分析，将 1953 年和 1963 年的平均值作为标志值，揭示了人均国内生产总值的增长水平阶段和工业结构变化的关系。见表 3-11。

从表 3-11 可见，就世界经济发展史来看，在发展初期由人均国内生产总值 81（91.7）美元上升到 135（153）美元时，传统加工业（食品、纺织）所占比重的下降速度是缓慢的，而在人均国内生产总值 135（153）~900（1019）美元区间略为加快，此后更快。机械工业在前一区间比重上升很慢，22 个大国才上升 3%，90 个国家（地区）总体分析中还下降 0.6%，而在人均生产总值 135（153）美元水平以后的发展区间，机械工业比重上升速度略显加快。劳动对象工业（工业原料）比重在整个分析期内是缓慢上升的，对 22 个大国的分析中，在人均国内生产总值 135（153）美元之前的发展区间上升 1.3%，在人均国内生产总值 135（153）~900（1019）美元区间上升 1.9%。这反映出一个规律：随着经济发展水平的提高，传统工业比重开始只是缓慢下降，尔后才开始加速下降；机械工业比重开始只能缓慢上升，尔后才开始加速上升。

对照这一世界经济发展中的趋势，考察中国工业结构变动与人均国内生产总值的关系。见表 3-12。

比较表 3-12 与表 3-11，即对照中国工业结构在不同发展阶段的进程同世界 90 个国家（地区）在不同发展阶段的工业结构进程，可以看到这样的特点：中国机械工业、劳动对象、传统加工业三类部门的结构关系，在人均国内生产总值为 79.3 美元时（1952 年）与库兹涅茨统计分组中的第一组（81~91.7 美元）

表 3-11　工业结构变动与人均国内生产总值水平的比较

（90 个国家和地区 1953 年和 1963 年的平均数）单位：美元

年份	人均国内生产总值分组标志值					
1953 1963	81 91.7 （1）	135 153 （2）	270 306 （3）	450 510 （4）	900 1019 （5）	1200 1359 （6）
1. 在工业增加值中所占比重（不分国家大小）						
（1）食品饮料与烟草	33.8%	37.4%	34.8%	27.2%	17.6%	15.5%
（2）纺织品及服装	23.1%	20.5%	18.3%	16.9%	13.4%	11.1%
（3）木、纸、印刷、皮革	11.4%	10.6%	10.9%	12.6%	15.1%	15.7%
（4）橡胶、化学、石油品	9.9%	10.7%	10.9%	10.9%	10.3%	10.7%
（5）工业原料	9.4%	9.0%	9.2%	10.0%	10.4%	10.5%
（6）机械工业	12.4%	11.8%	15.9%	22.4%	33.2%	36.5%
2. 在工业增加值中所占比重（22 个大国）						
（1）食品、饮料与烟草	33.5%	29.3%	23.3%	19.4%	14.7%	
（2）纺织品及服装	22.0%	21.3%	18.7%	16.0%	13.2%	
（3）木、纸、印刷、皮革	12.3%	11.4%	11.1%	11.7%	12.9%	
（4）橡胶、化学、石油品	11.0%	12.5%	13.6%	13.6%	12.7%	
（5）工业原料	8.2%	9.5%	10.8%	11.5%	11.4%	
（6）机械工业	13.0%	16.0%	22.5%	27.8%	35.1%	

资料来源：西蒙·库兹涅茨著：《各国的经济增长》，商务印书馆 1985 年版，第 121、131 页。

表 3–12　中国工业结构变动与人均国内生产总值水平

年份及人均产值／部门分组	人均国内生产总值		
	1952 年 79.3 美元	1962 年 * 150.9 美元	1984 年 420 美元
	（三类工业部门在工业生产总值中的比重）		
（1）纺织工业	27.5%	14.4%	15.4%
（2）食品工业	24.1%	14.9%	12.3%
（3）冶金工业	5.9%	10.1%	8.2%
（4）煤炭工业	2.4%	4.2%	2.6%
（5）机械工业	11.4%	20.2%	25.0%

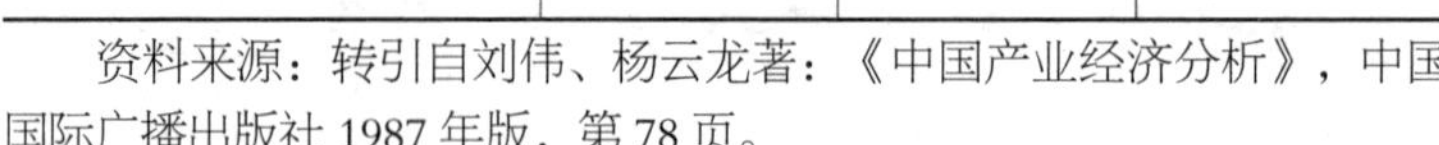

资料来源：转引自刘伟、杨云龙著：《中国产业经济分析》，中国国际广播出版社 1987 年版，第 78 页。

* 1962 年的人均国内生产总值为 1965 年数据。

的比重关系非常相似，即中国传统工业纺织工业 27.5%，加上食品工业为 51.6%，国外第一组纺织工业 22%，加上食品工业为 55.5%；中国劳动对象工业（冶金加煤炭）8.3%，国外第一组工业原料部门 8.2%；中国机械工业 11.4%，国外第一组机械工业 13.0%。当中国人均国内生产总值上升到 420 美元（1984 年）时，经过 30 多年，又与国外人均国内生产总值 450（510）美元时的第 4 组的三类工业部门比重结构相似。即中国传统工业部门纺织工业 15.4%，加食品工业为 27.7%，国外第 4 组（450 美元组）纺织工业比重为 16.0%，加食品工业为 35.4%；中国劳动对象工业（冶金加煤炭）比重为 10.8%，国外第 4 组工业原料部门比重为 11.5%；中国机械工业比重 25.0%，国外第 4 组机械工业比重为 27.8%。

开始和结果两相对比都是接近的，但国外从人均产值 81 美元到 450 美元期间，结构变化是渐进加速，我们从 79.3 美元到 420 美元，中间却经历了剧烈的结构变动。这种到 20 世纪 80 年代（420 美元）结构重新与世界趋势（世界 90 个国家资料中的

22个大国450美元组）的接近，表明对在此之前的结构的纠正，是经济发展内在逻辑的要求。而这期间的结构剧变以及由此而脱离世界一般趋势，即当人均国内生产总值在低水平增长阶段，传统加工工业比重不是像世界大多数国家那样缓慢下降，而是急剧下降，当经济在次低水平（人均国内产值150美元以下）增长时，传统产业比重不是较前期加速下降，却反而有所上升；中国机械工业在前一时期也不像世界大多数国家那样，比重略有上升，甚至下降，而是急剧上升，在后一区间也不是像世界大多数国家那样比重加速上升，而是略有上升；中国劳动对象工业比重也不像世界大多数国家那样在全过程中缓慢增长，而是在前一区间大幅度上升，在后一区间却又缓缓下降。可见，我们的工业结构演变在不同经济发展阶段上，与世界一般趋势恰好相反。不仅变动方向相反，再加之变动幅度剧烈，由此导致不仅对工业经济乃至于整个经济增长稳定性的严重削弱，而且违背了工业结构演进的一般趋势，使整个经济结构效益受到严重削弱。

第 4 章　产业结构关联：对国内生产总值内部结构的考察

费希尔、克拉克和库兹涅茨对国民经济三次产业的划分及考察为产业结构分析做出了贡献。他们通过三次产业这种简单的划分，使复杂的国民经济活动的结构特征鲜明地表现出来。但是，国民经济三次产业的分类毕竟是一种高度概括的结果，如果需要对国民经济活动的生产特征进行更为深入的分析，还需要将国民经济部门做进一步的细分，对国民经济的劳动、贸易、投资和生产结构进行更加深入的分析。本章主要研究利用国民收入核算资料和国民经济部门分类，对国民经济的产业结构的分析，即分析产业间的关联程度及在不同发展阶段的变化特征。

我们首先对国民收入核算进行背景介绍，其次，在此基础上，对国民收入核算的重要指标之一——国内生产总值以及国民经济部门的分类方法进行更为细致的讨论，目的是说明这种统计方法在产业结构分析中的应用。为了使讨论具有一般性，我们选择了日本、韩国和中国这三个国家，利用有关统计资料分析了他们产业结构的发展变化以及相应的产业政策。在这三个国家中，日本经过高速经济增长后，进入了发达国家行列；韩国则经过高速经济增长，成为新兴工业化国家；中国则正处在高速经济发展过程之中，需要学习和借鉴其他国家的经验。最后，我们通过对这三个国家之间的比较研究，得出了某些一般性的结论。

4.1 分析方法和数据的说明及重新估算

国民收入统计是世界各国国民经济统计中最重要的内容。从历史上看，国民收入的概念起源于威廉·配第从“收入”上对生产总量进行估计。以后，随着统计工作的发展，国民收入核算的范围已经越来越广泛，不仅包括对于国民收入、支出的核算，也包括对于生产总量的核算，但人们仍然习惯地把这些核算统称为国民“收入”核算。目前，国民收入核算已经发展为运用会计账户的形式对于一系列国民经济总量指标的核算，例如，在美国，国民收入核算就是通过对于国内生产总值，国民生产总值，国民生产净值（Net National Product），按要素成本计算的国民收入（National Income at Fact Cost），个人收入（Personal Income），和反映居民可用于消费及储蓄的指标个人可支配收入（Personal Disposable Income）的核算来进行的。与此同时，它又和投入产出表、资金流量表、国际收支平衡表和国民及部门资产负债表一起，构成了一个更大的国民经济核算体系，而国民收入核算本身，则是这一体系的核心。它所提供的资料在各种经济分析中获得了广泛的应用。

4.1.1 国内生产总值及其核算

概括地说，一个国家的国民经济活动总量，可以从三个方面来反映。

从生产方看，它可以是国民经济各个部门生产的成果。在各个企业的总产出中，扣除掉原材料等中间投入（不包括折旧），就是各个企业的增加值，这是各个企业在一定的时间里所“生产”出来的部分。将各个企业、部门所生产的增加值加以汇总，再进行一些适当的调整，得到的就是国内生产总值（或国民生产总值）。表 4-1 反映的就是以生产法（或称为增加值法）计算的

国内生产总值。显然，这一资料对于我们观察国民经济部门结构的变化，是十分有用的。

表 4–1　中国 1987 年按经济活动分类的国内生产总值

单位：亿元人民币

	按现行价格计算	按 1982 年固定价格计算
1. 农业、狩猎业、林业和渔业	3365.67	2492.53
2. 采矿和采石业	465.47	405.99
3. 制造业	3973.99	3466.19
4. 电力、煤气和供水	214.32	186.93
5. 建筑业	685.40	492.14
6. 批发和零售贸易、饮食和旅馆业	808.33	334.91
7. 运输、仓储和通信	560.94	434.06
8. 金融、保险、房地产和工商服务	393.10	325.36
9. 社区、社会和个人服务	450.43	415.52
统计误差	…	19.88
产业部门合计	10917.65	8573.51
政府服务生产者	678.07	618.09
其他生产者	…	…
总计	11595.72	9191.60
减：估算的银行服务费用	430.49	356.31
加：进口税	142.37	63.04
加：增加值税	…	…
加：其他调整	6.18	4.86
等于：国内生产总值	11313.78	8903.19

资料来源：根据国家统计局有关资料整理。

每个部门的增加值，从社会的角度看，是企业为社会生产的结果，但从企业的角度看，却是一种成本支出。它们可以分为四个部分，即固定资本损耗（折旧）、雇员报酬、营业盈余和间接税。这四个部分可以视为不同方面的收入。如雇员报酬是劳动者收入，间接税是政府收入等，当然也就是企业的成本。如果把各部门、各企业的增加值都按这四项内容加以归并，得到的就是

国内生产总值的成本构成。它是以收入法（或称为成本法）计算的国内生产总值。表 4–2 列出的就是我们对这一项内容估算的结果。

表 4–2　国内生产总值的成本构成

单位：亿元人民币

	1987 年
1. 间接税，净额	1175.35
A. 间接税	1469.95
B. 减：津贴	294.60
2. 固定资本损耗	1185.54
3. 由常住生产者支付的雇员报酬	2291.91
付给：A. 常住居民	2291.91
B. 国外	…
4. 营业盈余	6650.60
A. 法人和准法人企业	2281.10
B. 私人非法人企业	4011.09
C. 一般政府	358.41
统计误差	6.18
等于：国内生产总值	11309.58

资料来源：根据国家统计局有关资料整理。

各种货物和服务及生产，当然是为了各方面的使用。因此，国内生产总值又可以从支出的角度加以考核，分为政府最终消费支出、私人最终消费支出、总资本形成等。但在最终使用的货物和服务中，包括了进口产品，不是本国生产的，按“国土”原则，必须加以扣除，而出口的产品虽然未被使用，却是本国生产的，必须加上，这样得到的估算结果，就是以支出法计算的国内生产总值。表 4–3 反映的就是分别以现行价格和固定价格计算的这一方面的结果。

显然，对于国民经济产业结构的分析，主要使用的是表 4–1 的国民经济部门结构的资料。表 4–2 和表 4–3 的资料，主要用于

分析国民经济的成本结构和支出结构。

对于表 4-1，有三个问题值得说明：①国民收入核算中的“国民”和“国土”原则的关系问题；②国民经济部门分类的问题；③表式本身的设计问题。

和传统的国民收入相比，新 SNA 的生产核算有一个特点，这就是它对国民经济生产活动的总量是由国内生产总值（Gross Domestic Product，即 GDP）来记录的。和过去经常使用的国民生产总值不同之处在于，国内生产总值指标不是按“国民”原则，而是按“国土”原则进行核算的。按照这一原则，凡是在一个国家国土上进行经济活动所取得的成果，都要纳入核算范围。而国民生产总值（Gross National Product，即 GNP），则是在国内生产总值基础上，加上得自国外的要素收入，再加除付给国外的要素收入余额，所得到的数字结果。要素收入则是“分配”领域所重点研究的课题。因此，联合国在建立新 SNA 时，把国内生产总值作为一项重要总量指标，而国民生产总值则是一项补充指标。此外，GDP 的另一个优点，就是它可以直接表示为各种可以逐项计量的货物和服务的价值总量，这样，就可以分别以现行价格和各种固定价格来对它进行考察，进行动态分析，见表 4-3。而国民生产总值中包含的国外净要素收入，严格地说，是很难用“固定价格”计算的。

应该在此说明的是，主要指标的变更，固然反映了在概括地反映国民经济的总量时，人们在选用指标上的努力，但是，从根本上说，新 SNA 所强调的重点，已经不再是某些具体指标，而更强调它们的内部结构。20 世纪 90 年代初，联合国组织专家对 1968 年的国民经济核算体系进行了全面的修订，并提出了《国民经济核算体系（修订草稿）》，供各方面参考。在该书中，这一思想反映得更为明确。该书指出：“SNA 包括一套逻辑一致而完整的宏观经济账户，它们符合一套国际上通行的概念、定义、惯例、分类和核算准则，本体系为以格式化的方式汇编和编排宏观

表 4-3　对国内生产总值的支出

单位：亿元人民币

	按现行价格计算	按 1982 年固定价格计算
1. 政府最终消费支出	1193.66	1086.08
2. 私人最终消费支出	6889.82	4573.91
3. 总资本形成	4220.86	3087.09
A. 储备的增加	580.00	424.21
B. 总固定资本的形成	3640.86	2531.23
4. 货物和服务的出口	1456.09	796.90
5. 减：货物和服务的进口	1447.15	640.79
等于：国内生产总值	11313.28	8903.19

资料来源：根据国家统计局有关资料整理。

经济数据提供了一套完整的核算框架，它是为进行经济分析、政策制定的决策而设计的。一开始就必须强调 SNA 是一个全面的、逻辑一致的建立在经济原理基础上的体系。该体系可以在整个国民经济这一层次上运用，也可以在较低层次的（如国民经济中的各部门）总量水平上运用。尽管本体系包括某些总量数据，如历来相当重视的国内生产总值，但为整个经济计算这样的总量或指标不再是汇编宏观经济或国民核算账户的基本目的。包括在本体系账户中的详细资料构成了一个旨在为各种不同的分析和政策目的服务的宏观经济统计的庞大而全面的数据库，计算一些关键总量和指标只是其中的一个目的。”

4.1.2　国民经济部门分类

为了对国民经济的总量和产业结构进行考察，世界各国普遍都建立了自己的国民经济部门分类，由于各国经济发展中统计制度上的差异，各国的分类也存在着差别。为了促进各国统计工作的发展和进行各种国际比较，联合国于 1968 年公布了“所有经济活动的国际标准部门分类（International Standard Industrial

Classification of All Economic Activities，简称为 ISIC）”，并把这一体系和新 SNA 相结合，使之成为新 SNA 的一个组成部分。对国民经济核算数字的产业结构分析，实际上就是对按 ISIC 分类的各种国民经济核算统计数字的分析。

联合国的 ISIC 的分类共分为四级，第一级部门共分为 9 个大部门：①农、猎、林、渔业；②采矿和采石业；③制造业；④电、气、水业；⑤建筑业；⑥批发和零售商业，餐馆和旅馆业；⑦运输、仓储和通信业；⑧金融、保险和不动产以及商业服务业；⑨政府、社会和个人服务业。大部门还可以进一步细分，如将制造业继续细分为食品、饮料和烟草业；纺织、服装和皮革业；木材制造业；造纸业；化学工业；非金属矿产品业；金属工业；金属加工和机器设备制造业；其他制造业等。这属于第二级分类。第三级和第四级分类则属于对第二级分类的进一步细分类。

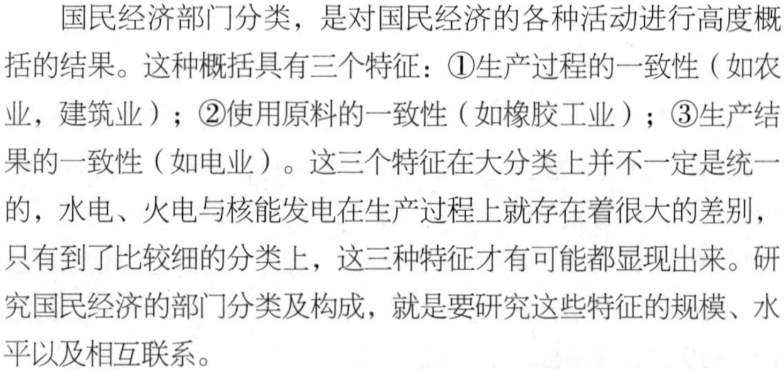

国民经济部门分类，是对国民经济的各种活动进行高度概括的结果。这种概括具有三个特征：①生产过程的一致性（如农业，建筑业）；②使用原料的一致性（如橡胶工业）；③生产结果的一致性（如电业）。这三个特征在大分类上并不一定是统一的，水电、火电与核能发电在生产过程上就存在着很大的差别，只有到了比较细的分类上，这三种特征才有可能都显现出来。研究国民经济的部门分类及构成，就是要研究这些特征的规模、水平以及相互联系。

国内生产总值的部门构成，把国内生产总值反映为国民经济各个部门生产成果的总和。在各个企业的总产出中，扣除原材料等中间投入（不包括折旧），就是各个企业的增加值，这是各个企业在一定的时间里所“生产”出来的部分。表 4-1 按照 ISIC 分类，把整个国民经济分为 9 个大部门，即农、猎、林、渔业；采矿和采石业；制造业；电、气、水业；建筑业；批发和零售商业、餐馆和旅馆业；运输、仓储和通信业；金融、保险、不动产和经营服务业；政府、社会和个人服务业。但是，它不是简单地列出这9个部门的增加值，而是根据各个部门的活动性质和搜集资料中可能遇到的情况，在表式上进行了一些调整。

首先，它考虑到了政府部门的活动的特殊性质，把政府服务生产者从第9个大部门“政府、社会和个人服务业”中分离了出来，在第9项中只反映“社会和个人服务业”，并把前9项相加，得出产业部门增加值的合计。这种处理的好处在于，它既使得表4-1和新SNA的概念保持一致，又使整个国民经济活动能够得到全面反映。联合国《国民经济核算体系（修订草稿）》一书中指出：“产业部门的核心是由基层单位构成的；基层单位的活动是由生产为了按正常地定为弥补成本的价格在市场销售的货物和服务提供资金的。”这一定义，实际上为联合国国民经济核算体系中的“产业”的概念确定了界限，这样，为行使国家政权职能的各种政府部门，如行政、司法等，就不再列入产业部门。在计量了产业部门合计之后，再加上政府部门生产者的增加值，得到的就是国民经济各部门的增加值之和。

但是，这样得到的国民经济各部门增加值之和还不是国内生产总值，仍必须经过一些调整，而其中最主要的调整，是从这一总额中减去银行以及类似的金融机构估算的服务费用，再加上进口税。加上进口税的原因在于进口税实际上是一种间接税，由海关征收，既包括对资本货物的课税，也包括对消费品的课税。而在海关，将进口税按国民经济部门进行分类往往是不太容易的，这种统一处理有利于各国对于国内生产总值部门构成的核算，比较复杂的是对银行和其他类似金融机构的估算的服务费用的处理。

银行和其他类似的金融机构是在市场上主要从事承担负债的、获得金融资产的单位，通常并不销售服务本身。但是，它的活动也是为了弥补成本并获得资金，当然应该在产业部门之内。但是，银行和其他类似的金融机构（以下简称“银行”）的增加

值的计算却是一个比较麻烦的问题，在其他产业部门，只要在总产出中将中间消耗扣除，获得的就是增加值。但是银行的活动，主要是由它们所收到的财产收入超过它们所付出的财产收入之数供给资金的，包括在财产收入中的，基本上是利息。对于其他产业部门（如制造业）来说，它们存款也获得利息（财产收入），贷款要支付利息（财产支出），但它们的这种财产收支活动是在收入支出账户中反映的，在生产账户中不反映。换句话说，这种财产所有权和使用权的分离所造成的收支交易不是它们的“生产”活动，只有雇用工人、进行管理、生产货物或服务获得收入（并缴纳间接税）的活动才是生产活动。但如果把银行的活动（交易）也像其他部门的活动或交易那样处理，由于银行吸收存款或“提供保管服务”根本不收费（反而支付利息）或收费很少，反而要支付各种办公费用，它们的营业盈余或增加值就可能会是负数。

为克服这种异常现象，联合国的新 SNA 提供的处理方法是，对这一部门的增加值做特殊处理，估算一笔服务费用（即增加值）。原则上，估算的服务费用，应该等于银行在货款上以及根据它们掌握的存款所做的投资上收到的收入，超过在这些存款上支付的利息之数。从理论上说，在计算这种服务费用时，不应该计入它们所得到的，由它们自己的资金的投资所产生的财产收入。实际处理上，一般也把这一部分包括在内。

这样计算的结果，对分析国民经济的部门构成，尤其是金融业在整个国民经济中的地位是很有好处的。但是，在计算国民经济活动总量时，由于各部门对于银行部门的支出事实上并没有扣除，而银行部门又把这一部分计入了增加值，这样，就在总量中造成了重复计算。因此，必须在国民经济各部门增加值的“合计”中，扣除“估算的银行服务费用”。

在此之后，再对数字进行一些调整，如调整“统计误差”后，得到的就是国内生产总值了。

4.1.3 国民收入核算与经济分析

在国民收入核算的发展历史上，最值得一提的是西蒙·库兹涅茨所做的工作。早在20世纪20年代初，库兹涅茨就在美国全国经济研究所从事美国国民收入的估算工作，按年编制美国的按综合性生产的观点计算的国民收入。在20世纪20年代末的经济大衰退之后，人们对于国民收入的官方估算开始重视。1932年，美国第72届参议院通过第220号决议，责成商务部计算从1929年到1931年的国民收入。从此，美国商务部开始定期地估算和发布国民收入数字。这是世界上最早由官方进行的国民收入统计之一。

20世纪30年代末，库兹涅茨开始把研究的重点转向国民收入核算领域，并于1941年发表了他的重要著作《国民收入及其构成》。在这本著作中，他研究了国民收入及其构成的概念、性质和含义；研究了怎样利用现有的统计资料来估算国民收入的问题；研究了两次世界大战之间国民收入及其构成所发生的变化，还对早期的国民收入统计资料做了大量的修订工作。在库兹涅茨看来，国民生产总值（GNP）是一个国家在一定时期内生产的货物和服务的总量，因此，必须从总产值中扣除中间消耗部分。他还认为，国民收入除了可以从生产的角度进行估算（得到国民生产总值）外，还可以从收入和支出这两个不同的角度进行估算。由于产品的价格是在市场上形成的，所以，无论是国民生产总值，还是国民收入的分配额或支出额，都应该按市场价格来计算。库兹涅茨把西方经济学界以往的对国民收入的研究又提高了一步，并加以系统化，解决了许多有关国民收入核算的定义、概念和估算方法的问题，建立起了现代的国民收入核算的基本结构。库兹涅茨研究国民收入核算的时候，凯恩斯正从事于宏观经济理论的研究，而在这一理论中所使用的基本流量正是国民收入。

许多西方经济学家认为，在对国民收入的研究方面，如果说凯恩斯进行的是生理学的研究，那么，库兹涅茨从事的则是解剖学方面的研究。后来，许多有关的经济学家都把他称为“国民收入之父”。1971 年，在诺贝尔经济学奖刚设立后不久，他就因为在国民收入核算，经济周期，以及利用经验统计的方法进行经济增长分析等方面所取得的卓越成就，被授予当年的诺贝尔经济学奖。

库兹涅茨于 20 世纪 20 年代在美国取得博士学位。他的博士论文是在美国制度学派的主要代表人物密契尔的指导下完成的，以后又长期在密契尔领导下的全国经济研究所工作，他的思想和工作方法都受到了密契尔很大的影响。在库兹涅茨看来，社会科学最重要的作用就是用过去一代人的经验丰富现在一代人的经验，用其他民族的经验丰富本民族的经验。因而，他十分强调经验归纳对经济学研究的意义，特别是强调经验统计（尤其是国民收入统计）和实证经济分析对经济学研究的意义。他和密契尔都力求通过仔细的计量和数量的分析，把经济学从一种思想体系改造为一门能具体计量的科学。基于这种认识，库兹涅茨始终采用了经验统计的研究方法，对国民收入的历史统计资料以及其他相关资料进行整理、比较和分析。这是库兹涅茨研究工作的一大特色，而对各种经济现象变化发展的趋势及其相互联系进行计量和解释也就成了库兹涅茨所进行的研究的主要内容。

库兹涅茨通过对历史统计资料，主要是对各种国民收入资料的收集、整理、比较和分析，研究了人口、产值、生产率、产业结构、收入分配结构、产品使用结构、国际经济流量等经济变量的变化趋势、变化特点以及相互之间的联系，得出了许多重要的规律性的结论，形成了现代经济增长理论的一个重要方面。

库兹涅茨认为，现代经济增长的特点是人口的迅速增长和人均产出的迅速增长的结合。而在人均产出的增长中，资源投入量的增加所带来的产值增加部分越来越小，科技进步所带来的作用则越来越大。随着经济的增长，第一次产业在国民经济中的比重趋于下降，第二次产业趋于上升，第三次产业也是趋于上升的，但不太稳定。

库兹涅茨认为，产业结构的这种变化趋势，是由科学技术，以及随着经济增长而来的消费结构，外贸结构，收入分配变化所引起的。随着经济的增长，劳动收入在国民收入中的比重趋于上升，财产收入的比重趋于下降，高收入阶层的收入的比重也趋于下降，收入分配出现了平均化的现象。

随着经济的增长，政府支出在国民生产总值中的比重趋于上升，总资本形成的比重也趋于上升，而个人消费支出的比重则趋于下降。在个人消费支出中，食物支出的比重趋于下降，服装支出的比重趋于上升，耐用消费品、医疗保健、娱乐等项支出的比重在明显上升。库兹涅茨利用国民收入资料和其他有关资料所进行的分析，不仅对西方经济学的发展做出了贡献，还为如何利用国民收入统计资料进行经济分析提供了一系列好的方法。

美国经济学家瓦西里·列昂惕夫是另一位在这一领域有所作为的人物。1936 年发表了《美国经济体系中投入产出的数量关系》一文，阐述了他所编制的第一张投入产出表——美国 1919 年投入产出表的编制情况、投入产出理论及相应的数字模型、资料来源和计算方法。这篇论文的发表，预示着经济分析领域中的又一次默默的革命。

列昂惕夫的《美国经济体系中的定量的投入产出关系》发表之际，正值凯恩斯发表《就业、利息和货币通论》，这篇论文讨论的是当时资本主义经济中更受关注的慢性失业问题，引起了巨大的轰动，而列昂惕夫的论文则显得默默无闻。有意思的是，在这两位著名经济学家的著作中，国民收入都是分析的起点。但和凯恩斯不同，列昂惕夫不涉及特定发展阶段的特定经济体系的不均衡的原因，他关心的是经济体系的结构，一种经济的组成部分之间的组合方式和彼此的影响。他编制的是适用于任何发展阶段的任何一种经济体系的分析模型。这就注定了列昂惕夫的方法将得到广泛的运用。

表 4–4 列出的是一个简单的投入产出表。这个表的设计是很巧妙的，表中的行表示产出，列表示投入，可以看出，各个部门的投入恰好等于产出。如果对于最终需求加以细分，得到的就是按支出法计算的国内生产总值。如果对最初投入按部门进行细分，得到的就是按生产法计算的国内生产总值。当然，如果对最初投入按项目进行细分，就可以得到国内生产总值的成本构成。从这个意义上说，投入产出表扩展了对于国民收入的核算。此外，列昂惕夫还提出了一整套对投入产出表进行分析的方法，为深入研究国民经济的产业结构及各部门间的关系，提供了新的工具。现在，对于投入产出表及其方法的研究，已经构成了现代经济学的一个新的分支，国民经济产业结构的研究则是它的一项重要的研究内容。由于投入产出表对于资料的要求较高，在搜集资料方面还有一定的困难，不可能每年都编制投入产出表，而且在时效性方面，它也明显地弱于一般意义上的国民收入核算，因此，它还不能代替国民收入核算。

表 4–4　简化的投入产出表

		中间需求			最终需求	总产出
		A 部门	B 部门	C 部门		
中间投入	A 部门		20	45	35	100
	B 部门	30		30	140	200
	C 部门		80		70	150
最初投入		70	100	75	245	
总投入		100	200	150		450

理查德 · 斯通进一步推动国民收入核算的发展。他运用会计核算的方法，把多种国民经济核算方法结合进一个更加综合的体

系，建立了国民经济核算体系。目前，这一体系在世界各国已经得到了普遍的应用，这为在国际间进行各种经济行为的比较分析提供了一个良好的数据基础，当然也为各国的产业结构分析以及进行与产业结构相联系的各种经济分析创造了条件。

4.2　实证分析："二战"后日本国民生产总值的部门结构分析

日本是通过产业结构调整促进经济发展的一个典范。作为第二次世界大战的战败国又缺乏各种自然资源的日本，能够迅速恢复经济，并且获得举世瞩目的经济增长，这是和它合理的产业政策分不开的。经过20世纪50—60年代的高速经济增长，日本终于步入了西方工业化国家的行列。从20世纪70年代开始，日本的经济增长又开始进入一个新的发展阶段。日本的经济已经从追赶发达国家、以出口为主导进行发展的阶段，进入了以技术和经济资源的积累为背景，向国际发展的新阶段。可以说，日本经济的成长过程，就是产业结构的变动过程，是产业结构高度化的过程。在本节的分析中，我们交替地使用国内生产总值和国民生产总值两种资料，对有关情况进行说明。因为从发展趋势看，国内生产总值及国民经济核算体系将代替旧国民收入统计中的国民生产总值指标，但是在应用中，国民生产总值仍然被广泛使用，以往年份所计算的国民生产总值，也没有都按照国内生产总值的口径重新加以调整。不过，由于在实际计算结果上，这两种指标间的差距并不很大，交替地使用它们进行经济分析，并不至于明显地影响分析结果。

4.2.1　日本产业结构的发展变化

"二战"后的40多年，日本经济大致经历了三个发展阶段，即复兴阶段（1945—1955年）、高速发展阶段（1955—1973年）

和低速成长阶段（1973 年以后）。在完成了经济恢复之后，日本经济就开始走上高速增长的轨道。在这一阶段，日本政府高度重视产业政策的制定和实施，通过不断地调整产业结构，促进日本经济的现代化。

图 4–1 是根据日本《国民经济核算年鉴》中有关国内生产总值部门构成资料列出的日本从 1955—1990 年产业结构变化的情况。在图 4–1 中，整个国民经济的产业部门，按照经济活动行业分类归并成 7 大产业 9 种类型。7 大产业是，农林水产业、矿业、制造业、建筑业、批发零售业、服务业和其他产业（包括电力、煤气、供水，金融保险和不动产业，运输、仓储、通信业等）。制造业又可以继续细分为基础型工业、加工组装型工业、与居民生活相关的工业及其他工业三种类型。其中，基础型工业包括纸浆、造纸、化学、石油和煤炭制品、陶瓷制品、金属冶炼、金属制品工业；加工组装型工业包括普通机械、电气机械、输送机械、精密机械工业等；与居民生活相关的工业及其他工业则包括食品、纺织以及其他制造业。

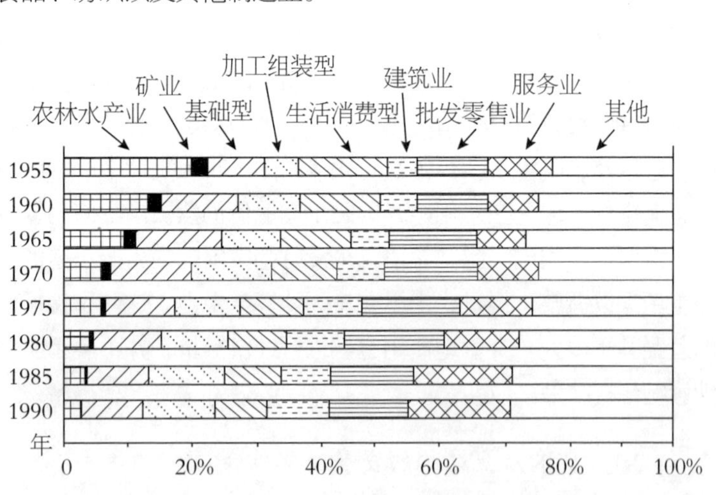

图 4–1　日本产业结构的变化

从图 4-1 中可以看出，从 1955 年到现在，随着日本经济的发展，农林水产业、矿业在国民经济中所占的比重不断降低。这一方面反映了日本的经济发展推动了日本产业结构提升的过程，另一方面，则可以看出日本的自然资源缺乏，在这一方面已经不再具有潜力。

制造业从总体上看，规模只是略有缩小，但内部构成却发生了很大变化。关于这一点，我们将在下一个部分深入讨论。建筑业的比重有较大增长，尤其是在 20 世纪 70 年代，发展较快。批发零售业从比重上看，20 世纪 90 年代和 50 年代差别不大，但从图 4-1 上可以看出，在 20 世纪 70 年代，批发零售业的比重曾有过较大上升，后来又有所下降。

服务业和其他产业的比重，在 30 多年中呈现出较大的增长，这正是工业发达国家产业结构的发展趋势。

4.2.2 日本主导产业和基础产业的发展结构状态

现在，我们利用图 4-1 对日本制造业内部的产业结构变化进行进一步的分析。20 世纪 50 年代中期，在日本的制造业中，比重最大的是与居民生活相关的工业，而加工组装型工业的比重最小。在 1990 年，加工组装型工业成为制造业中比重最大的产业，而与居民生活相关的工业成了比重最小的产业。情况正好反了过来。这种现象，是日本产业发展的结果。

在日本“二战”后的经济发展中，随着经济增长和产业结构的变化，主导产业也在不断地产生和变化。各种主导产业逐渐地为次主导产业创造着机会和条件，整个国家的经济规模也随之扩大。正是在主导产业的更替过程中，以国内市场为基础的出口，获得了向国际市场迅速发展的机会，从而确定一种具有特点的生产体系和销售体系，使日本能够同时享受到国内和国际两个市场，从而促进了日本经济的迅速发展。

“二战”后，用了不长的时间，日本就完成了恢复经济的过程。在这种情况下，日本的经济面临着三大障碍，即电力不足、铁路运力不足和粗钢供给不足。而电力不足则作为主要矛盾首先表现了出来。在这种情况下，日本的电力供给结构开始从以水为主向以火为主转变。而日本政府则利用这种趋势，鼓励火力发电作为第一基础产业进行发展。大容量火力发电站的建设，又培养了日本的仪表工业和自动化机器工业。而这些工业的发展，又促进了随之而来的主导产业——石油加工、石油化工、钢铁生产部门的自动化的发展。

火力发电作为重要基础产业的发展，促进了整个国民经济的良性循环。火力发电机的大容量化，带动了石油加工设备的扩大，并进而造成石油制品成本下降，使得燃料成本也在下降，又进一步促使了火力发电成本的下降，为整个国民经济的发展提供了更廉价的能源。

石油加工和石化产品成本的降低，为日本的石化工业开拓了新的市场，吸引着新的建设投资，同时也引起了对运输工具即船舶的需要。而日本又拥有较为廉价的劳动力，这样，就促进了劳动密集型的造船业的发展，而造船业又对钢铁产生了大量的需求，钢铁工业又在这个基础上发展起来，这样，被称作主导产业的石油加工、石油化工、钢铁、造船等部门也就得到了迅速的成长。

次主导产业，指的是日本的汽车和家用电器产业，它们是在钢铁等原材料产业发展的基础上发展起来的。随着日本基础产业和主导产业的发展，日本的经济也获得了迅速的发展。在这种背景下，一方面，经济、科技等方面的发展已经为技术密集型和资金密集型的新的主导产业的发展创造了良好的物质和技术条件，另一方面，居民收入的提高也为扩大日本的消费市场的规模创造了条件。随着日本居民消费水平的提高，潜在的需求开始变为有效需求，国内市场开始扩大，从供给方面来看，由于提高了原材料的质量和实现了批量生产的体制，使原材料的价格大幅度地下降，进而又使制成品的价格下降，这就为大量供给创造了条件。

国内市场的成功，又促进了日本的产业向海外发展，使得其出口结构也发生了重大的变化。在20世纪60年代初，重化工业产品已经取代轻工业产品，成为日本出口的支柱。1965年后，重化工业产品在出口总额中的比重不断提高，在两次石油危机后，这种势头仍在增强。

但进入20世纪80年代后，日本的产业结构又发生了新的变化。在20世纪70年代初期的第一次石油危机之后，日本的技术潮流已从过去的耗费能源和大型资本设备为中心的重化工业的技术革新，转变为进行知识密集化和技术密集化的电子机械为主的技术革新。而与此相适应的产业结构，则明显地向两个方向发展，一方面是原材料、能源的关联产业相对缩小，另一方面是以电子机械为中心的加工组装工业和支持产业知识密集化和信息化的知识、信息服务产业的扩大。此外，经济的成熟使得基本需求得以满足，并且由此引起消费性需求的高级化及服务需求的扩大。日本经济已经从追赶型产业，向依靠自己的力量开拓尖端领域、推进产业的高级化方向发展。

由于日元汇率从20世纪80年代前期的低汇率转为高汇率，日本在国际竞争中的条件开始恶化，促使日本进一步加速了产业结构的调整。矿业、造船、钢铁、纺织等行业，曾经是日本的优势产业，但由于日元升值，国际竞争力下降，世界性需求减少等原因，就业情况开始恶化。过去吸收就业能力较强的电气机械等加工组装型的制造业，由于出口数量增长缓慢，或进行海外投资在当地生产，吸收就业的能力也开始降低。为了应付这种局面，日本一方面通过内需的扩大以确保中速增长，另一方面则通过制定周密的就业对策来稳定就业，同时，还通过技术革新、扶持和振兴新兴产业等措施，促进产业结构的更新。

4.2.3　促进日本经济增长和产业结构调整的动力

在日本，实行的是“政府主导型市场经济体制”。经济决策中的主体是政府。而政府的宏观经济决策主要体现在经济计划与产业政策上。在经济高速增长时期，日本政府决定的发展目标是实现日本的现代化并赶上欧美水平。而与之相配合的发展战略，就是扬长避短，实现加工贸易立国。因此，长期以来，日本实行了以实现重、化工为基点的产业结构政策，立足国内的资本高积累政策，以及鼓励引进技术和保护本国工业相结合的外经、外贸政策等。日本国民生产总值支出结构见表 4–5。

表 4–5　日本国民生产总值支出结构

（按 1970 年固定价格计算）

	构成（%）			1973 年比 1951 年增长（%）
	1951 年	1960 年	1973 年	
民间	70.9	80.7	82.6	11.7
居民消费	58.1	59.4	50.9	−7.2
住宅投资	2.5	4.4	7.5	5.0
设备投资	7.5	14.0	20.5	13.0
库存增加	2.8	2.9	3.7	0.9
政府	26.8	19.1	17.0	−9.8
经常购入	21.9	12.5	8.0	−13.9
资本形成	4.9	6.6	9.0	4.1
国外净要素收入	2.3	0.3	0.4	−1.9
出口	6.5	7.9	12.5	6.0
进口	−4.2	−7.6	−12.1	7.9
国民生产总值*	100.0	100.0	100.0	—

* 国民生产总值采用四舍五入法计算。

从表 4–5 中可以看出：①从 1951 年经济复兴时期到高速经济增长这一段时间内，民间设备投资同国民生产总值的比率从 1951 年的 7.5%，上升到 1973 年的 20.5%，上升了 13.0%。这就意味着国民生产总值的增长，主要是以技术革新为前提的主导产业的发展带来的。②国际贸易，同期出口和进口分别上升了6.0%和7.9%。主导产业从国内市场扩展到国际市场，这意味着它的增长力有了较大的提高。③住宅投资，从1951年的2.5%上升到1973年的7.5%，即上升了5.0%，这说明日本以衣食为主的消费时代已经转到了以住宅为主的时代。④政府的公共投资的规模已经扩大。

由此可以看出，促进日本经济增长的动力首先是民间的设备投资，其次是出口，再次是住宅和公共投资。

4.2.4 日本产业结构的发展趋势

在日本，影响产业结构变化的因素很多，但最被人们关注的是三个因素，即技术更新、需求动向和国际分工关系的变化。

1. 技术更新。

在技术更新方面，微电子、新材料和生物工程等领域的高新技术，正在不断被开发和推广应用。以电子计算机为特征的革命，大大提高了生产过程的自动化程度。在以加工组装产业为中心的同时，实现了生产率的提高和多品种小批量的生产。与此同时，这一革命还促进了通信等领域的革命，导致了金融、保险、商业、运输等第三次产业的效率化和迅速发展。

制造业和金融、保险、商业、运输等生产率的提高和生产过程中发生的知识密集化，使直接部门的就业者有所减少，而间接部门的就业则有所增加，为直接生产企业提供服务的间接部门也随之获得发展。因此，随着间接部门专业化的发展，从企业外部提供企业内的事业所需服务的需求也在扩大，企业部门的中间性投入中的服务投入将会增大。预计进入20世纪90年代，继微电子之后，精密化学、精密陶瓷、高性能合金等新材料，利用生物工程制造的药品和化学制品的生产将会有较大影响。

2. 需求动向。

在中间需求方面：一方面，节约资源、节省能源将会继续得到进展，原材料和能源的投入量将会减少；另一方面，由于微电子化而使电气机械的投入增加，以及由于劳务化而将使以为事业所服务为中心的劳务投入增加。

在最终需求方面：对于家庭消费，基础性的消费材料和减轻家务劳动负担等方面的满足程度将会提高，今后消费的扩大，将向满足“消遣”和“娱乐”，“迅速”和“增加自由时间”，“安全”和“舒适”等方面发展。由于这些因素并不是各消费领域的原有机能的附加，因此，家庭消费的商品和服务结构在今后的变化，比起过去将不会很急剧。但是，作为社会全体来说，由于余暇时间的增加和终生学习型变化等，对服务的需求将不断扩大。

由于微电子化的变化，电子机械占设备投资的比率正在逐渐上升。

随着住宅和社会基础设施的完善，对办公场所的需求也在增加，因此，对建筑业的需求也在扩大。

表 4-6、表 4-7 和表 4-8，以及图 4-2、图 4-3 反映了日本 20 世纪 80 年代国内生产总值支出和构成的有关情况。

表 4-6 是用固定价格表示的 1981—1990 年日本的国内生产总值的支出情况。之所以采用固定价格，是因为这里反映的是各方面最终需求的变化，不应该把价格变动的因素也包括在内，但在反映产业结构时，由于产业结构是在一定的市场作用下形成的，往往用现行价格进行计算。

表 4-6　1981—1990 年日本对国内生产总值的支出

（按 1985 年固定价格计算）

单位：10 亿日元

	1981 年	1982 年	1983 年	1984 年	1985 年	1986 年	1987 年	1988 年	1989 年	1990 年
1. 政府最终消费支出	27904.4	28468.0	29319.5	30107.2	30623.0	31986.4	32124.0	32815.3	33482.3	34116.0
2. 私人最终消费支出	164476.1	171737.9	177661.2	182529.2	188702.7	195078.9	203335.9	213983.1	223174.1	232581.5
3. 总资本形成	82167.5	81885.5	80049.3	84613.9	90239.3	94051.0	101969.4	116125.5	127335.8	138120.1
A. 储备的增加	1356.7	1190.4	129.9	973.3	2160.0	1780.1	875.7	2978.8	3692.1	2788.1
B. 总固定资本的形成	80810.8	80695.1	79919.4	83640.6	88079.3	92270.8	101093.7	113146.7	123643.7	135332.0
4. 货物和服务的出口	36275.9	36612.7	38358.3	44034.6	46426.0	44153.2	44190.9	47275.4	51574.8	55353.0
5. 减：货物和服务的进口	34555.7	33701.8	32686.9	36097.7	35593.8	36453.3	39305.0	46652.2	54857.6	59571.7
等于：国内生产总值	276268.2	285002.3	292701.4	305187.2	320397.2	328816.2	342315.2	363547.1	380709.4	400598.9

表 4-7　1981—1990 年日本的国内生产总值的支出构成（%）

（按 1985 年固定价格计算）

	1981 年	1982 年	1983 年	1984 年	1985 年	1986 年	1987 年	1988 年	1989 年	1990 年
1. 政府最终消费支出	10.10	9.99	10.02	9.87	9.56	9.73	9.38	9.03	8.79	8.52
2. 私人最终消费支出	59.53	60.26	60.70	59.81	58.90	59.33	59.40	58.86	58.62	58.06
3. 总资本形成	29.74	28.73	27.34	27.73	28.16	28.60	29.79	31.94	33.45	34.48
A. 储备的增加	0.49	0.42	0.04	0.32	0.67	0.54	0.26	0.82	0.97	0.70
B. 总固定资本的形成	29.25	28.31	27.30	27.41	27.49	28.06	29.53	31.12	32.48	33.78
4. 货物和服务的出口	13.13	12.85	13.10	14.43	14.49	13.43	12.91	13.00	13.55	13.82
5. 减：货物和服务的进口	12.51	11.83	11.17	11.83	11.11	11.09	11.48	12.83	14.41	14.87
等于：国内生产总值*	100.00	100.00	100.00	100.00	100.00	100.00	100.00	100.00	100.00	100.00

* 国内生产总值采用四舍五入法计算。

表 4-8 1981—1990 年日本按支出内容分类国内生产总值定基增长速度（%）

	1981 年	1982 年	1983 年	1984 年	1985 年
1. 政府最终消费支出	100.00	102.02	105.07	107.89	109.74
2. 私人最终消费支出	100.00	104.42	108.02	110.98	114.73
3. 总资本形成	100.00	99.66	97.42	102.98	109.82
A. 储备的增加	100.00	87.74	9.57	71.74	159.21
B. 总固定资本的形成	100.00	99.86	98.90	103.50	108.99
4. 货物和服务的出口	100.00	100.93	105.74	121.39	127.98
5. 减：货物和服务的进口	100.00	97.53	94.59	104.46	103.00
等于：国内生产总值					

	1986 年	1987 年	1988 年	1989 年	1990 年
1. 政府最终消费支出	114.63	115.12	117.60	119.99	122.26
2. 私人最终消费支出	118.61	123.63	130.10	135.69	141.41
3. 总资本形成	114.46	124.10	141.33	154.97	168.10
A. 储备的增加	131.21	64.55	219.56	272.14	205.51
B. 总固定资本的形成	114.18	125.10	140.01	153.00	167.47
4. 货物和服务的出口	121.71	121.82	130.32	142.17	152.59
5. 减：货物和服务的进口	105.49	113.74	135.01	158.75	172.39
等于：国内生产总值	100.00	103.16	105.95	110.17	115.97

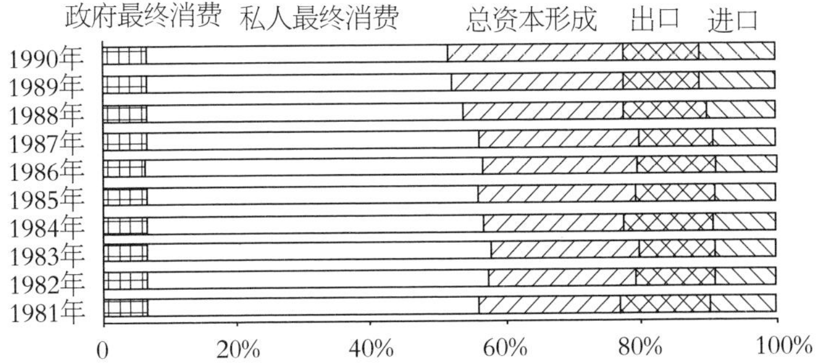

图 4-2 日本 GDP 构成情况

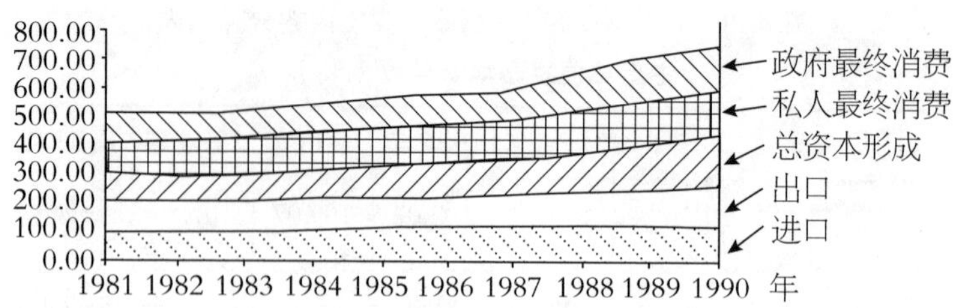

图 4-3　日本 GDP 增长情况

表 4-7 反映的是用表 4-6 的资料计算的国内生产总值的支出构成。从表 4-7 中可以看到，私人最终消费支出在支出中所占的比重最大，在 60%左右，这说明从根本上说，国民经济的发展还是要靠居民的消费来推动的。但是从发展趋势看，这一部分的比重有逐渐缩小的趋势。政府最终消费支出约占国内生产总值支出的 10%，但在逐渐缩小。总资本形成占国内生产总值的比重由 1981 年的 30%左右增加到 1990 年的 34%左右，这说明随着产业结构的升级，对于投资的需求正在不断加大。出口在 20 世纪 80 年代中期经过一段时间的回落，近些年来又开始上升，进口也有所上升，但比较稳定。图 4-2 反映的就是国内生产总值支出构成变化的这种趋势。

表 4-8 反映了国内生产总值及其内部构成的增长情况。从最后一列数字上可以看出，十年来，在各方面最终需求中，作为原材料和成品库存的储备增加项目增长得最快，第二是总固定资本形成即投资，第三是出口和进口。这说明了日本的外向型经济的发展，而居民消费的速度低于投资的发展，但和国内生产总值的增长相接近，这种居民生活的改善节奏，应该说是比较合理的。政府支出增长相对来说比较慢。图 4-2 反映的就是这种增长的趋势。

3. 国际分工。

由于日本的产业已经从追赶发达国家、以出口为主导进行发展的阶段，进入了以技术和经济资源的积累为背景向国际发展的新阶段，在国际分工中，地位也在发生变化。随着日元的升值，东亚的新兴工业国家正在对日本的产业加速追赶。同时，由于电气机械、运输机械等在海外的生产和从海外采购部件的进展，日本的贸易结构将会从加工贸易型向水平分工型转变。

在这种情况下，日本的制造业产业结构调整过程，显示出以下特征：①为了应付贸易摩擦和日元升值，制造业的海外事业开始了较快的发展，许多电气机械、汽车、机床等，正在通过海外生产实现从出口导向型向发展国际性事业方面发展。②在出口方面，过去曾是出口产业的钢铁、造船、纺织等，随着日元的升值、价格竞争力下降，在世界性供给过剩的影响下，开始转为净进口或出口大幅度减少，设备和就业结构已经开始调整。③在国内生产总值的现价构成方面，由于上述国际关系的变化，原材料产业的比重已经开始下降，而以电气机械为中心的加工组装部门的比率，在微电子化的潮流下，正在不断提高。

表 4-9 列出了按现行价格计算的国内生产总值、国外要素收支及国民生产总值的情况，从中可以看出日本近几十年来由国外投资等获得要素收入的情况。

从表 4-9 中可以看到，在 1981 年，日本的要素收入净值还是负数，但到了 1982 年就成了正数，以后一直增长得非常迅速，这说明随着日本经济的发展，它已经从一个主要吸引外国投资的国家发展成为一个进行资本输出的国家，而且在这方面取得的收入已经成为日本经济发展的一个重要方面。

最后，让我们在这些背景分析的基础上，看一看日本产业部门的产业结构的变化情况。在表 4-10 和表 4-11 中，我们使用按现行价格计算的国民经济各产业部门的增加值，以及根据这些资料计算的百分比构成，来反映这种结构的变化。

从表 4-10 和表 4-11 中可以看出近年来日本产业部门结构变化的情况。农业、狩猎业、林业和渔业在 10 年间变化不大，从绝对数上看，只是略有增加，而从比重上，则从 4% 下降到 3%。

表 4-9　日本 20 世纪 80 年代由国外获得的要素收入情况

单位：10 亿日元

	1981 年	1982 年	1983 年	1984 年	1985 年
国内生产总值	257962.9	270600.7	281767.1	300543.0	320418.7
加：得自国外的要素收入净值	−546.4	68.7	311.1	505.2	1137.2
得自国外的要素收入	3837.4	5088.1	4211.4	4953.3	5768.4
付给国外的要素收入	4383.8	5019.4	3900.3	4448.1	4631.2
等于：国民生产总值	257416.5	270669.4	282078.2	301048.2	321555.9
	1986 年	1987 年	1988 年	1989 年	1990 年
国内生产总值	334608.6	348425	371429	396197	425735.5
加：得自国外的要素收入净值	1229.2	2053.9	2302.3	2849.4	2932.1
得自国外的要素收入	5337.5	7607	10123.9	14760.8	18520
付给国外的要素收入	4108.3	5553.1	7821.6	11911.4	15587.9
等于：国民生产总值	335837.8	350478.9	373731.3	399046.4	428667.6

资料来源：日本《国民经济核算年鉴》。

表 4-10　1981—1990 年日本各产业部门增加值

单位：10 亿日元

	1981 年	1982 年	1983 年	1984 年	1985 年	1986 年	1987 年	1988 年	1989 年	1990 年
1. 农业、狩猎业、林业和渔业	9075.4	9238.3	9516.4	9956.9	10213.7	9974.9	9767.5	9753.8	10131.8	10667.1
2. 矿业和采石业	1276.3	1187.8	1071.3	1007.8	958.5	991.8	975.9	1058.1	1054.2	1128.7
3. 制造业	74938.5	78467.5	81747.8	89244.9	94672.6	96262.3	99296.6	106649.5	114455.2	122973.0
4. 电力、煤气和供水	7385.2	7719.8	8792.1	9542.0	10305.4	11332.2	11337.1	11387.3	11279.2	12095.1
5. 建筑业	24547.3	24766.9	23272.9	23993.1	25381.3	26886.0	30129.4	34008.7	37984.6	41739.3
6. 批发和零售贸易、餐馆和旅馆业	38494.1	40426.8	41556.3	41977.3	42835.8	43566.7	45540.0	48009.9	50377.2	54566.4
7. 运输、仓储和通信	16128.6	17095.2	18238.3	19958.2	21086.7	21909.9	22871.1	24220.4	26300.8	27626.5
8. 金融、保险、房地产和工商服务	36709.6	39665.9	42779.3	45645.9	49330.4	52443.3	56962.4	61668.1	67005.1	70013.4
9. 社区、社会和个人服务业	31328.1	34361.7	37286.1	40622.4	46390.9	49787.2	51881.2	54993.5	60562.4	67890.3
合计	239883.1	252929.9	264260.5	281948.5	301175.3	313154.3	328761.2	351749.3	379150.5	408699.8

表 4-11　1981—1990 年日本各产业部门增加值构成（%）

	1981 年	1982 年	1983 年	1984 年	1985 年	1986 年	1987 年	1988 年	1989 年	1990 年
1. 农业、狩猎业、林业和渔业	0.04	0.04	0.04	0.04	0.03	0.03	0.03	0.03	0.03	0.03
2. 矿业和采石业	0.01	0.00	0.00	0.00	0.00	0.00	0.00	0.00	0.00	0.00
3. 制造业	0.31	0.31	0.31	0.32	0.31	0.31	0.30	0.30	0.30	0.30
4. 电力、煤气和供水	0.03	0.03	0.04	0.03	0.03	0.04	0.03	0.03	0.03	0.03
5. 建筑业	0.10	0.10	0.09	0.09	0.08	0.09	0.09	0.10	0.10	0.10
6. 批发和零售贸易、餐馆和旅馆业	0.16	0.16	0.16	0.15	0.14	0.14	0.14	0.14	0.13	0.13
7. 运输、仓储和通信	0.07	0.07	0.07	0.07	0.07	0.07	0.07	0.07	0.07	0.07
8. 金融、保险、房地产和工商服务	0.15	0.16	0.16	0.16	0.16	0.17	0.17	0.18	0.18	0.17
9. 社区、社会和个人服务业	0.13	0.14	0.14	0.14	0.15	0.16	0.16	0.16	0.16	0.17
合计*	1.00	1.00	1.00	1.00	1.00	1.00	1.00	1.00	1.00	1.00

* 合计采用四舍五入法计算。

矿业和采石业从总量和相对数上看，都是下降的。这是随着日本产业结构的现代化所反映出的特征，这种趋势目前还在不断加强。但是，比重的下降并不说明第一产业在国民经济中的地位已经不重要。相反，日本相当重视农业在国民经济中的作用，农产品自给是日本产业政策的一项重要内容，只是随着其他行业的发展，它在国民经济中的比重发生了变化。

制造业的总量增加得比较大，超过 50%，但从比重上却有所下降，由 31% 下降到 30%。到现在为止，制造业仍然是日本国民经济中最重要的生产部门。电力、煤气和供水的比重比较稳定，一直都保持在 3% 左右，这说明作为日本经济起飞初期第一主导产业的电力等工业，始终与日本的经济保持了同步的发展，这一点，对发展中国家来说，是一条很好的经验。建筑业在这个时期内有一段比重下降的阶段，但从 1988 年后，又重新恢复了发展。这一领域发展是与资本投资联系在一起的，在表 4–7 中，我们可以看到，从 1982 年以后，总资本形成确实经过一段低谷，然后又重新回升，而这对产业部门的产业结构，当然也会产生直接的影响。

运输、仓储和通信在产业部门中所占的比重，始终十分稳定，在 7% 左右，也和国民经济保持了同步发展。金融、保险、房地产和工商服务以及社区、社会和个人服务业的比重是上升的，这正是发达国家经济发展所体现出来的一个特征。即第三次产业将随着经济的发展不断加重其在国民经济中的地位，通过对产业部门的细分类，这一点现在看得更清楚了。在这两个行业中，金融、保险、房地产和工商服务的比重 10 年间稳步上升，到 1989 年，上升到 18%，比 1981 年上升了 3%，1990 年略有下降，仍为 17%。上升更为显著的是社区、社会和个人服务业，10 年间上升了 4%，这说明随着日本居民生活质量的提高，对于服务方面提出了更高的要求。

4.3 实证分析：韩国国民生产总值部门结构分析

韩国是一个由落后国家向新兴工业化国家发展的比较典型的范例。在韩国的经济发展中，产业结构的调整和政府产业政策的制定一直是政府经济政策的一个重点，这对我们很有启发意义。在原来的亚洲“四小龙”中，韩国是人口最多、经济规模最大的国家，它的经济发展，与作为都市经济的新加坡和中国香港的发展有很大的不同，它本身的经济形成了一个比较完整的体系。这样，就给它的经济发展带来了一定的难度。在这种情况下，韩国能取得目前的成就，应该说是很不容易的。

4.3.1 不均等发展战略和五年计划

韩国的经济是在朝鲜停战以后发展起来的。在美国的扶持下，只用了不长的时间，韩国就恢复了自己的经济。从 20 世纪 60 年代开始，韩国进入经济高速增长阶段，从 1963 年到 1979 年，韩国的年平均经济增长率达到了 10%，这使韩国迅速地从一个农业国发展成为一个新兴的工业化国家。在这一时期，韩国制订并完成了四个五年计划，通过对产业结构的不断调整，促进国民经济的高速发展。20 世纪 50 年代，韩国虽然也曾企图通过政府干预发展经济，但是并不成功。到了 20 世纪 60 年代。韩国开始实行五年计划时，提出了“不均等发展战略”思想。所谓不均等发展战略，简单地说，就是根据不同时期国民经济各部门发展的需要，有计划地优先发展一些部门，以促进整个国民经济的高速发展。在财力和物力有限的情况下，这种决策确有可取之处。

第一个五年计划（1962—1966 年）时期，韩国经济发展的基本目标是：为了克服 20 世纪 50 年代畸形的消费性经济结构，大力发展替代进口产业的工业部门，重点开发能源、交通和通信等主要社会基础设施的建设，建立肥料、水泥和纺织等工业以代替消费品的进口。在“一五”计划期间，韩国国民经济各部门的增长情况分别为：工矿业年均增长16%，农林水产业年均增长5.3%，电力、交通及公用事业增长8.1%。在国民生产总值中的比重，农林水产业由37.4%下降到31.7%，工矿业由19.1%上升为25.7%，电力、交通、公用事业由43.5%下降为42.6%。

第二个五年计划（1967—1971年）的基本目标是，进一步促进产业结构的现代化和自立经济的确立。其重点是大力谋求工业结构的现代化，着手开发钢铁工业和石油化工工业，使韩国经济逐步实现开放体制化，加速面向国外的工业化过程，促进进口产品的国产化，使出口产品大幅度增加。与此同时，开始重视粮食自给和山林绿化问题。

“二五”计划期间，国民经济各部门的增长速度分别是：工矿业年均增长19.9%，农林水产业年均增长1.2%，社会公用事业及服务业增长12.5%。国民经济结构发生明显变化，农林水产业占国民生产总值的比重由31.7%下降为24.2%，工矿业由25.7%上升为29.9%，社会公用事业及其他服务业由42.6%略增为45.9%。

1972年后，西方发达国家又进行了一次较大规模的产业结构调整，资本密集型产业的比较利益出现了向新兴工业化国家转移的趋势，而劳动密集型产品的出口，受到了工资比韩国更低的东盟国家的竞争。在这种情况下，韩国决定将重化工业定为这一阶段的“成长战略产业”，并于1973年提出了“重化工业宣言”，迅速将产业政策从“轻纺出口工业刺激型”转变成为“重化学工业刺激型”，强化重化工业部门的优惠税制。在重化工业政策的促进下，韩国通过第三、第四个五年计划的实施，使其经济的重化工业化从20世纪60年代后期的40%提高到20世纪80年代初的55%。

第三个五年计划（1972—1976年）的中心任务是“开发农渔业经济，迅速扩大出口，建设重化学工业”。其基本目标是：

①在稳定的基础上使经济继续增长，实现“增长、稳定和均衡调和”；②改善产业结构和国际收支，实现主要粮食自给，发展重化工业，确立“自立经济结构”；③开发汉江等四大河流，扩充国内主要公路网，对土地实行综合开发等。

第四个五年计划的目的是按照“增长、均衡、效率”的原则，确立“自立经济结构”。具体内容包括：①产业结构的现代化；②国际收支的平衡；③粮食基本自给；④地区内积累作为主要投资来源；⑤实现充分就业。

由于 1979 年开始的世界性第二次能源危机的冲击和韩国各种内部矛盾的激化，“四五”计划进行得并不顺利。从各部门看，农业发展比较缓慢，年均增长率仅为 1%，制造业增长为 10%，并达到计划中预定的 15%的目标。

为了摆脱困境，韩国政府反省了过去的产业政策，开始进行新的产业结构调整。这次调整的中心内容是在继续保持某些劳动密集型产业的优势的同时，加速劳动密集型和资本密集型产业向技术、知识密集型产业的转变。

1982—1988 年，韩国开始实行第五个五年计划，把“政府主导型”经济过渡到“民间主导型”经济，把政府积极干预经济改为放手由市场自动调节。计划的重点是改善国际收支，调整国民经济，使其结构合理化，扩大社会开发等。

在第六个五年计划（1987—1991 年）期间，韩国仍然把“调整产业结构，实行技术立国”作为基本目标之一。其总的指导思想是，适应国内外条件的变化，通过主动调整消除产业政策和产业结构上的弊病，加速由初级劳动密集、资本密集产业向技术、知识密集型产业转变，推进产业的合理化，提高技术水平和生产效率，增强竞争能力，通过新的经济起飞，由新兴工业化国家向先进工业化国家迈进。其具体战略性综合考虑是维持目前经济的稳步增长并着眼于将来：①对于传统的有坚实基础的纺织、水泥、石油、家用电器、汽车、造船等工业，拟通过技术升级实现产品精、深加工而使之高级化、多样化，提高国产化率和附加价值率，使它们继续发挥出口主力产业的作用。②把尚处于引进或吸收改良阶段的精密化学、精密机械、电子计算机、航空等产业，在今后相当长时期内作为主导产业加以重视和培育，使其成为 20 世纪末以前最大的出口产业。③把新能源、新材料、信息和生物工程等新兴产业作为“未来产业”。

4.3.2 产业政策

在发达市场经济国家，产业政策经常指的是政府对产业增长目标的干预。产业政策在促进经济发展中的作用是无可置疑的，但人们同时又认为，政府对经济的干预有可能导致资源配置的扭曲，影响市场机制的发挥。但在韩国发展过程中，产业政策实际上包括了更广泛的内容，它包括促进工业化和出口的一系列措施。通过上节的分析，我们已经看到，在韩国的经济发展中，产业政策发挥了重要作用。

按照所强调的重点的不同，韩国的产业政策分为三个不同的阶段：20 世纪 60 年代的促进出口的政策，20 世纪 70 年代促进重化工业的政策以及 20 世纪 80 年代的贸易自由化和结构调整政策。

1. 出口导向的工业化过程。

从 20 世纪 60 年代到 70 年代初，在工业化的第一阶段，产业政策的主要目标是积极地促进出口。在这一阶段，韩国利用了贸易、汇率、金融手段等一系列措施，促进出口的增加。以汇率改革为例，在 1961 年，韩元对美元的比率从 1 美元兑换 65 韩元降到 1 美元兑换 130 韩元，1964 年，又下降到 1 美元兑换 256 韩元。自此以后，汇率就一直作为促进出口的一项重要措施，直至 20 世纪 80 年代中期。对于出口企业进口原材料的关税优惠和出口的产品的纳税减免方面也采取了一系列优惠措施，刺激了韩国企业发展出口产品的积极性。

2. **促进重化工业发展的政策**。

1973年，韩国政府宣布将产业政策的重点从鼓励出口转到发展一些战略产业，并在1973年到1979年期间执行了这一政策。这是韩国工业化过程的第二阶段，韩国政府选择钢铁、石油、机械、电子和运输产业作为关键产业，采取了一系列商业和财政金融措施来促进这些产业的发展。韩国政府实行这种战略转移，有几方面的原因，首先是由于国际市场条件的恶化，使得韩国认识到它必须减少对进口原材料和机器设备的依赖以保证自己的比较利益。经过1973年的石油危机之后，在世界出口市场上，韩国面临着更严峻的国际竞争，尤其是日本在钢铁、汽车、电子等产业领域的成功，迫使韩国对于发展战略产业予以更大的重视。同时，新的技术进步，工资水平的提高，随着收入水平的提高对于重化工产品的需求的提高等因素，都要求韩国重新调整自己在发展重化工业方面的产业政策。

但是，战略重点的转移并不意味着韩国不再重视以前实行过的鼓励出口的战略。而是要随着对重化工业的重视，把出口导向战略和重化工业的发展结合起来，不像过去那样，仅强调轻纺工业在出口中的作用。

表4-12列出了韩国在这一时期及这一时期之后的产业结构，同时还列出了和日本、美国比较的情况。

从表4-12中可以看出，从1970—1985年，农林水产业在国民经济中所占的比重迅速下降，由17.7%下降到7.7%，表现了国家经济发展的产业趋势。制造业的比重在15年间提高了10%左右，而在制造业内部，重工业的比重在增加，轻纺工业的比重在降低，重工业在国民经济总产值中的比重从1970年的11.9%上升为1980年的26.3%，和日本的水平相当。与此同时，轻工业的比重从24.8%下降到24.7%。整个国民经济产业结构，出现了和美、日等发达国家接近的趋势。不过，在服务业方面，韩国当时还没有出现比重加大的明显趋势。

表 4-12　韩国产业结构及国际比较情况

（按总产值计算）

	韩国			日本	美国
	1970 年	1980 年	1985 年	1984 年	1977 年
农林水产业	17.0	8.3	7.7	2.6	3.5
采矿和采石业	1.1	0.3	0.7	0.3	2.1
制造业	40.3	51.0	50.0	41.4	41.4
（轻工业）	28.4	24.7	21.7	11.8	18.3
食品和饮料	15.9	10.7	9.1	4.7	5.5
纺织品和制革	7.1	8.4	7.3	2.0	8.8
羊毛和毛制品	1.4	1.1	0.7	1.0	1.5
纸制品和印刷	1.4	1.6	1.8	1.2	1.0
非金属产品	1.4	1.9	1.8	1.2	1.0
其他	1.2	1.0	1.0	1.7	0.5
（重化工业）	11.9	26.3	28.3	29.6	23.1
化工和石油制品	5.9	12.6	11.4	5.9	6.8
基本金属	2.0	5.1	4.9	4.9	2.9
机器设备	4.0	8.6	12.0	18.8	13.4
电力、煤气和供水	1.2	2.2	2.3	2.6	2.9
建筑业	8.6	8.0	8.1	8.0	4.7
服务业	31.8	27.7	31.2	43.8	47.3
批发和零售	9.0	7.1	6.6	9.0	10.5
运输、仓储和通信	5.5	5.9	5.9	5.1	5.7
金融、保险、房地产	3.2	3.6	6.9	11.9	14.7
公共行政和防务	3.7	3.6	3.3	2.6	5.6
其他	10.4	7.5	8.5	15.2	10.8
总计	100.0	97.5	100.0	98.7	101.9

资料来源：韩国银行：《关于投入产出表的分析报告》。

从总体上看，韩国工业化的第二期战略是成功的，为韩国经济的进一步发展和产业结构升级奠定了基础。当然，在执行过程中，也有一些负面的影响，如由于官僚主义的判断失误，某些领域的投资过大，对一些关键产业过分鼓励，以致造成了某些方面

经济发展上的不平衡。

3. 贸易自由化和产业结构调整。

韩国20世纪80年代的经济发展是伴随着一些产业的扩张和另一些产业的收缩进行的。20世纪80年代初，韩国在国内外都面临着比较严重的问题。在国内，由于对重化工业的某些过分的财政上的支持造成了重工业发展的一些不平衡和结构扭曲，使得一部分生产能力不能充分利用，效率不高；在国际上，第二次石油危机造成的情况恶化已经开始影响韩国经济。在这种情况下，韩国在20世纪80年代初出现了多年来的第一次经济负增长。在1980年到1981年间，韩国的通货膨胀率达到了26%，随着韩国商品国际竞争性的减弱，1980年，韩国在国际收支的经常账户上的收支逆差达到了53亿美元。

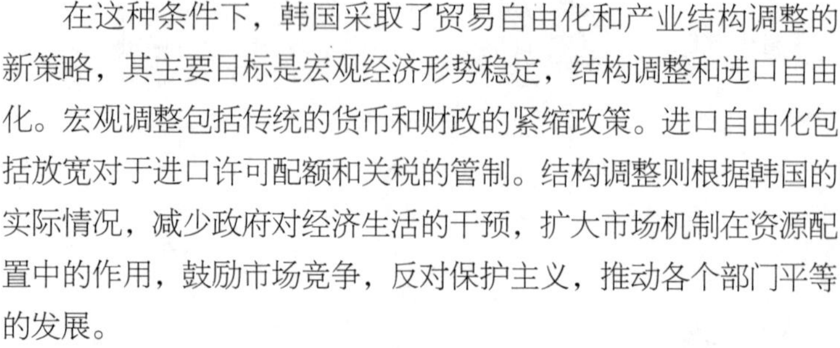

在这种条件下，韩国采取了贸易自由化和产业结构调整的新策略，其主要目标是宏观经济形势稳定，结构调整和进口自由化。宏观调整包括传统的货币和财政的紧缩政策。进口自由化包括放宽对于进口许可配额和关税的管制。结构调整则根据韩国的实际情况，减少政府对经济生活的干预，扩大市场机制在资源配置中的作用，鼓励市场竞争，反对保护主义，推动各个部门平等的发展。

减少政府对经济生活的干预，包括减少对于资金分配的干预，取消许多种类的优惠贷款。具体地说，包括以提高利息率的方式，减少对个别行业的利息补贴，将商业银行的股份出售给私人持股者，减少对重化工业和大企业的支持来增加对于中小企业的扶持。

在克服了20世纪80年代初期的困难之后，韩国经济重新取得了增长的强劲势头。从1982年到1985年，韩国的平均经济增长率达到了9%，从1986年到1988年，甚至超过了12%。在这些年里，社会价格稳定，对外贸易出现盈余，1988年，贸易盈余达到118亿美元。贸易盈余加速了贸易自由化的过程，减少了对出口的补贴，更为重要的是改变了韩元不断贬值的局面，出现了升值。

4.3.3 韩国经济的近期发展趋势

20 世纪 80 年代后，韩国经济的发展仍然很快，但随着产业政策的调整，支出结构发生了一些变化。表 4-13、表 4-14 和表 4-15 列出了韩国 20 世纪 80 年代以来最终需求方面的有关情况。表 4-13 是以固定价格反映的国内生产总值支出以及具体内容。表 4-14 是根据表 4-13 的资料计算的国内生产总值的支出构成，表 4-15 反映的是国内生产总值的定期增长速度。从表 4-14 可以看到，80 年代以来，韩国的政府最终消费支出是逐步下降的，但下降的幅度不大。私人最终消费支出下降幅度较大，从 1982 年的 62.27% 下降到 1991 年的 56.57％。在总资本形成方面，比重变化较大，由 1982 年的 29.17％上升到 1991 年的 46.12%，这说明随着韩国经济的发展，对于建设投资方面的需求正在不断增加，这对经济发展是一个有力的推动。在出口方面，在头几年，出口的比重是增加的，到 1988 年达到最高点，并在这一过程中使进出口逐渐由逆差变为顺差，但从 1988 年之后，又开始出现出口下降的局面，而且重新出现了逆差。而从进口上看，比重是稳步增加的，这说明韩国的贸易自由化政策已经开始发挥作用。图 4-4 就反映了韩国最终需求方面的这种变化趋势。表 4-15 反映的是韩国国内生产总值的定基发展速度，它的结果被描述在图 4-5 中。从图 4-5 中可以看出，国内生产总值以及各个方面的增长是比较稳定的。图 4-6 列出的是国内生产总值中有关项目的环比增长速度，从图 4-6 中可以看出，在 1985 年，韩国经济增长的速度有所降低，虽然政府和私人最终消费支出比前一年有所增长，但投资和净出口的增长有所放慢。在 1989 年，投资比起前一年几乎没有增长，但出口却有很大增长。而在大多数年份，经济增长都比较稳定。

表 4–13　韩国 1982—1991 年对国内生产总值的支出

（按 1980 年固定价格计算）

单位：10 亿韩元

	1982 年	1983 年	1984 年	1985 年	1986 年	1987 年	1988 年	1989 年	1990 年	1991 年
1. 政府最终消费支出	4569.1	4810.9	4835.0	5145.2	5795.3	6195.9	6775.3	7433.8	8095.2	8838.7
2. 私人最终消费支出	26798.0	28815.8	30538.3	32046.4	34093.3	36933.5	40559.5	44986.8	49633.9	54206.6
3. 总资本形成	12553.3	14745.0	17492.1	17769.1	19652.0	23130.2	26641.9	32200.9	38101.8	44189.7
A. 储备的增加	−266.9	−271.9	874.6	413.4	−367.9	818.5	1330.4	2605.7	1401.3	3120.1
B. 总固定资本的形成	12820.2	15016.9	16617.5	17355.7	20019.9	22311.7	25311.5	29595.2	36700.5	41069.6
4. 货物和服务的出口	15637.9	18054.0	19854.7	20279.5	25648.1	31187.1	35088.8	33749.7	35168.4	38612.1
5. 减：货物和服务的进口	16763.3	18593.4	20464.7	20124.1	23852.7	28484.2	32140.1	37367.9	42733.0	50183.2
统计误差	240.8	−88.7	−382.9	−441.7	−273.4	−551.2	−659.4	−43.5	102.9	156.3
等于：国内生产总值	43035.8	47743.6	51872.5	54674.4	61062.6	68411.3	76266.0	80959.8	88369.2	95820.2

表 4–14　韩国 1982—1991 年的国内生产总值的支出构成（%）

（按 1980 年固定价格计算）

	1982 年	1983 年	1984 年	1985 年	1986 年	1987 年	1988 年	1989 年	1990 年	1991 年
1. 政府最终消费支出	10.62	10.08	9.32	9.41	9.49	9.06	8.88	9.18	9.16	9.22
2. 私人最终消费支出	62.27	60.36	58.87	58.61	55.83	53.99	53.18	55.57	56.17	56.57
3. 总资本形成	29.17	30.88	33.72	32.50	32.18	33.81	34.93	39.77	43.12	46.12
A. 储备的增加	−0.62	−0.57	1.69	0.76	−0.60	1.20	1.74	3.22	1.59	3.26
B. 总固定资本的形成	29.79	31.45	32.04	31.74	32.79	32.61	33.19	36.56	41.53	42.86
4. 货物和服务的出口	35.34	37.81	38.28	37.09	42.00	45.59	46.01	41.69	39.80	40.30
5. 减：货物和服务的进口	38.95	38.94	39.45	36.81	39.06	41.64	42.14	46.16	48.36	52.37
统计误差	0.56	−0.19	−0.74	−0.81	−0.45	−0.81	−0.86	−0.05	0.12	0.16
等于：国内生产总值 *	100.00	100.00	100.00	100.00	100.00	100.00	100.00	100.00	100.00	100.00

* 国内生产总值采用四舍五入法计算。

表 4-15　韩国 1982—1991 年按支出内容分类国内生产总值定基增长速度（%）

	1982 年	1983 年	1984 年	1985 年	1986 年	1987 年	1988 年	1989 年	1990 年	1991 年
1. 政府最终消费支出	100.00	105.29	105.82	106.95	126.84	135.60	148.20	162.70	177.17	193.45
2. 私人最终消费支出	100.00	107.53	113.96	111.21	127.22	137.82	151.35	167.87	185.22	202.28
3. 总资本形成	100.00	117.46	139.34	120.51	156.55	184.26	212.23	256.51	303.02	352.02
A. 储备的增加	100.00	101.87	−327.69	−152.04	137.84	−306.67	−498.47	−976.2	−525.03	−1169.01
B. 总固定资本的形成	100.00	117.13	129.62	115.57	156.16	174.04	197.43	230.85	286.27	320.35
4. 货物和服务的出口	100.00	115.45	126.97	129.68	164.01	199.43	224.38	215.82	224.89	246.91
5. 减：货物和服务的进口	100.00	110.92	122.08	120.05	142.29	169.92	191.73	222.92	254.92	299.36
统计误差	100.00	−36.84	−159.01	−183.43	−113.54	−228.92	−273.85	−18.05	42.73	64.91
等于：国内生产总值	100.00	110.94	120.53	127.04	141.89	158.96	177.22	188.12	205.34	222.65

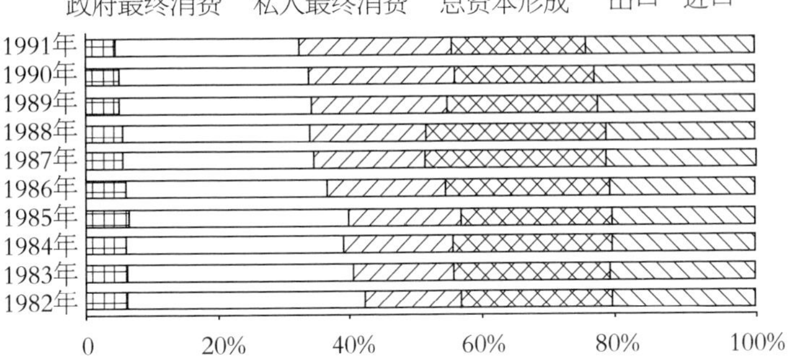

图 4-4　韩国 GDP 支出构成

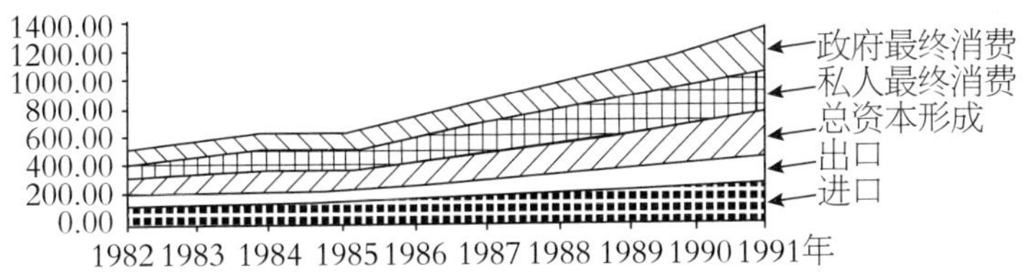

图 4-5　韩国 GDP 增长情况

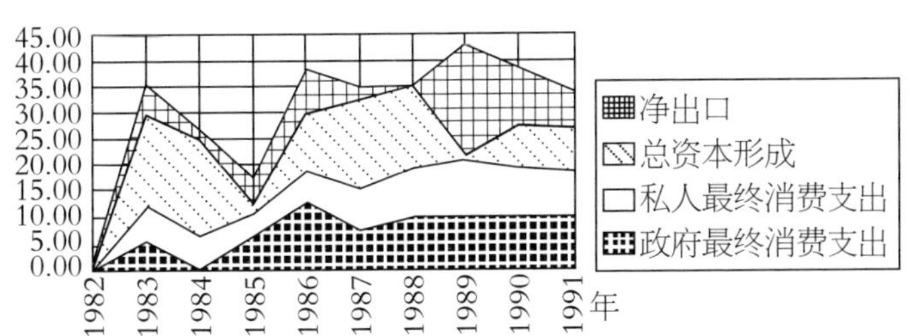

图 4-6　韩国 GDP 环比增长情况

最后，让我们看一下在需求发生了种种变化的情况下，韩国的产业部门构成发生了些什么变化。表 4–16 和表 4–17 列出了韩国 1982—1991 年增加值以及增加值构成的情况，结合表 4–17 和图 4–7，我们可以看出韩国近十年来各部门构成的变化趋势。可以看出，农业、狩猎业、林业和渔业以及矿业的构成近十年来有了明显的下降，由于资源的限制，矿业和采矿业的比重现在已经很小，但农业、狩猎业、林业和渔业在产业部门中还占一定比重，约 9%，高于日本，显示出韩国的产业结构仍在不断的提升过程之中。

制造业在 20 世纪 80 年代中期的比重有过一段时间的增加，但在末期则已有回落。电力、煤气和供水业的比重变化不大。建筑业在近十年发展很快，比重由 1982 年的 9.05% 上升到 1991 年的 17.07%，这说明韩国投资增加促使了经济的发展。

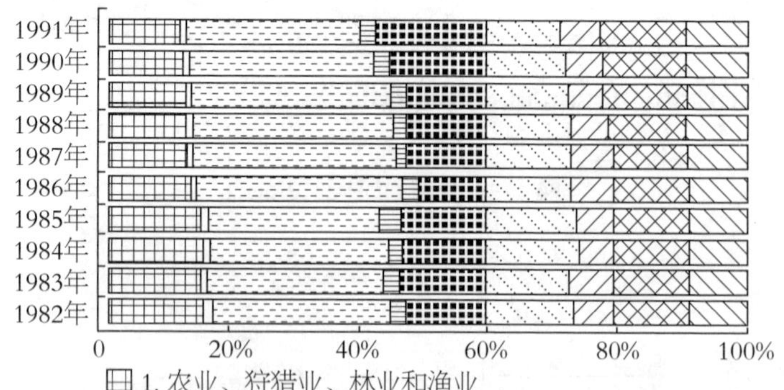

图 4–7　韩国产业部门构成

表 4–16　1982—1991 年韩国各产业部门增加值

单位：10 亿韩元

	1982 年	1983 年	1984 年	1985 年	1986 年	1987 年	1988 年	1989 年	1990 年	1991 年
1. 农业、狩猎业、林业和渔业	7731.5	8292.6	9181.2	10158.0	10728.6	11353.3	13493.9	14457.8	15583.5	16714.8
2. 矿业和采石业	772.6	873.1	977.8	1098.2	903.2	916.2	924.5	813.1	788.1	896.9
3. 制造业	14996.2	17301.7	20019.4	21285.1	29579.4	34903.3	41620.8	44650.0	49894.7	57069.8
4. 电力、煤气和供水	1159.0	1514.0	1937.9	2276.3	2897.4	3196.6	3364.6	3463.4	3611.9	4256.9
5. 建筑业	4221.5	5075.4	5683.0	6246.1	6646.2	8069.2	10328.9	13931.2	22884.1	32058.0
6. 批发和零售贸易、餐馆和旅馆业	6906.8	7743.7	8872.1	9721.6	11681.9	13918.4	15809.0	16720.0	18878.3	22038.9
7. 运输、仓储和通信	4616.5	5277.4	5789.6	6210.9	7118.3	8126.1	9240.1	10437.0	12115.0	14650.3
8. 金融、保险、房地产和工商服务	4462.3	5873.1	6701.6	8018.4	11041.4	13172.6	16688.5	19869.3	25069.6	31442.6
9. 社区、社会和个人服务业	1760.5	2112.9	2406.6	2663.9	3836.3	4250.0	4905.1	5796.4	7108.1	8676.2
合计	46626.9	54063.9	61569.2	67678.5	84432.7	97905.7	116375.4	130138.2	155933.3	187804.4

表 4–17 1982—1991 年韩国各产业部门增加值构成（%）

	1982 年	1983 年	1984 年	1985 年	1986 年	1987 年	1988 年	1989 年	1990 年	1991 年
1. 农业、狩猎业、林业和渔业	16.58	15.34	14.91	15.01	12.71	11.60	11.60	11.11	9.99	8.90
2. 矿业和采石业	1.66	1.61	1.59	1.62	1.07	0.94	0.79	0.62	0.51	0.48
3. 制造业	32.16	32.00	32.52	31.45	35.03	35.65	35.76	34.31	32.00	30.39
4. 电力、煤气和供水	2.49	2.80	3.15	3.36	3.43	3.26	2.89	2.66	2.32	2.27
5. 建筑业	9.05	9.39	9.23	9.23	7.87	8.24	8.88	10.70	14.68	17.07
6. 批发和零售贸易、餐馆和旅馆业	14.81	14.32	14.41	14.36	13.84	14.22	13.58	12.85	12.11	11.74
7. 运输、仓储和通信	9.90	9.76	9.40	9.18	8.43	8.30	7.94	8.02	7.77	7.80
8. 金融、保险、房地产和工商服务	9.57	10.86	10.88	11.85	13.08	13.45	14.34	15.27	16.08	16.74
9. 社区、社会和个人服务业	3.78	3.91	3.91	3.94	4.54	4.34	4.21	4.45	4.56	4.62
合计*	100.00	100.00	100.00	100.00	100.00	100.00	100.00	100.00	100.00	100.00

* 合计采用四舍五入法计算。

批发、零售贸易、餐馆和旅馆业与运输、仓储和通信的比重是逐渐下降的，但金融、保险、房地产和工商服务的比重有明显上升，社区、社会和个人服务业只是略有上升。从总体上看，第三产业的比重变化不大，从这一点上看，韩国的产业结构向发达国家转化的过程，发展得并不是很快。

4.4 中国20世纪80年代末的产业关联结构的发展

在日本和韩国之后，中国自20世纪70年代末起，也开始进入经济高速发展时期。通过经济体制改革和对外开放，使中国的经济发展焕发了活力。中华人民共和国成立之后，中国的经济发展走过了一条曲折的道路。首先，在很多年中，经济建设并没有成为工作的重点。其次，在经济工作中强调的只是某些领域的发展，表现在统计上，就是对工农业总产值的考核，而把其他领域（如商业、建筑业、交通运输业、通信业、服务业）的发展和考核放在次要位置上。在工农业中，优先发展的是重工业。这种产业政策为中国独立的国民经济体系奠定了基础。但同时，由于与人民生活和重工业发展相关的其他部门的发展没有得到应有的重视，重工业实际上并没有得到很好的发展。人民生活的改善当然也只能是十分有限的。从这个意义上说，尽管中国在改革开放之前有过几个五年计划，但实际上在这个时期内中国谈不上有真正意义上的产业政策。

改革开放以后，中国开始重视产业结构的调整和产业政策的制定与实施。中国已经不再把优先发展重工业视为发展经济和赶超先进国家的唯一途径，而开始强调发展与人民生活密切相关的农业、轻纺工业和其他日用消费品的生产，强调重工业的发展必须和消费品的生产相适应，同时，鼓励以流通领域为主的第三产业的发展。在这一产业政策下，中国的经济获得了迅速的发

展，居民的生活获得了明显的改善，而消费品的生产又刺激了投资的扩大，带动了整个国民经济的发展。同时，中国积极地扩大了与世界各国的经济和贸易合作，一方面积极扩大出口，另一方面，则通过引进技术、吸引外国投资等措施，鼓励产业结构的现代化。

在这一节中，我们将简单地通过对中国的产业部门的细分类的考察，分析中国近年来产业结构的变化趋势。表 4–18 是根据中国国际信托投资公司国际研究所《对中国新 SNA 总量数字估算》（蔡志洲主持）中公布的数字列出的中国各产业部门增加值的情况，表 4–19 和图 4–8 则是根据表 4–18 的数字加工的结果。从图表中可以看出，中国近十年来农业的产出额有较大增长，但比重却有比较大的下降，这说明随着中国的工业化过程，与农业发展相比，其他产业获得了更快的发展。但和日本、韩国相比，中国的农业、狩猎业、林业和渔业的比重还比较大，这说明中国的产业结构还处于经济发展的较低阶段。矿业和采石业的比重有所降低，但中国的情况与日本和韩国不同，中国的自然资源远比这两个国家丰富，矿业和采石业比重的降低，仅表明中国经过结构调整，对于国内矿物资源的依赖性比过去有所降低。

制造业的比重基本上没有变化，但如果对制造业内部的产业结构进行分析，我们将会发现在这一部门内部，细分类部门的构成已经发生很大变化。这一方面的分析，我们将在其他章节进行。电力、煤气和供水业的比重在 20 世纪 80 年代中期有所下降，但到 20 世纪 90 年代初比重又恢复到 20 世纪 80 年代初的水平，由于能源方面中国一直比较紧缺，不能认为这种发展令人满意。建筑业比重的逐渐增长，反映了国民经济在投资方面的增长的需求。

表 4-18　1982—1991 年中国各产业部门增加值

（按现行价格计算）　　单位：亿元人民币

	1982 年	1983 年	1984 年	1985 年	1986 年	1987 年	1988 年	1989 年	1990 年	1991 年
1. 农业、狩猎业、林业和渔业	1802.63	2013.77	2345.52	2597.89	2853.66	3365.67	4007.83	4386.99	4834.84	5350.97
2. 矿业和采石业	206.90	228.18	256.52	329.52	386.57	465.47	499.48	554.90	645.93	739.13
3. 制造业	1829.45	2017.63	2356.59	2917.10	3381.76	3973.99	5073.48	5676.37	6381.15	7039.84
4. 电力、煤气和供水	113.25	124.90	145.88	180.37	205.95	214.32	255.51	285.06	356.53	451.87
5. 建筑业	222.29	273.60	318.57	420.36	533.59	685.40	829.25	808.19	884.33	1087.22
6. 批发和零售贸易、餐馆和旅馆业	176.83	190.19	315.46	538.36	566.11	708.33	903.63	1033.19	947.41	1104.23
7. 运输、仓储和通信	238.41	267.84	329.03	409.25	482.74	560.94	676.71	900.04	1150.01	1233.90
8. 金融、保险、房地产和工商服务	110.71	151.55	192.39	243.00	332.38	393.10	550.71	780.12	809.29	990.77
9. 社区、社会和个人服务业	271.50	305.28	374.09	422.39	492.84	549.43	742.59	857.92	994.76	1038.74
合计	4971.97	5572.94	6634.05	8058.24	9235.60	10916.65	13539.19	15282.87	17004.25	19036.67

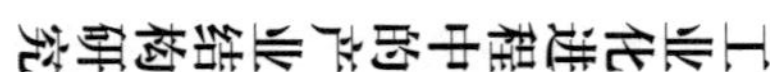

表 4-19　1982—1991 年中国各产业部门增加值构成（%）

	1982 年	1983 年	1984 年	1985 年	1986 年	1987 年	1988 年	1989 年	1990 年	1991 年
1. 农业、狩猎业、林业和渔业	36.25	36.13	35.30	32.24	30.90	30.83	29.60	28.71	28.43	28.11
2. 矿业和采石业	4.16	4.09	4.01	4.09	4.19	4.26	3.69	3.63	3.80	3.88
3. 制造业	36.80	36.20	35.47	36.20	36.62	36.40	37.47	37.14	37.53	36.98
4. 电力、煤气和供水	2.28	2.24	2.20	2.24	2.23	1.96	1.89	1.87	2.10	2.37
5. 建筑业	4.47	4.91	4.79	5.22	5.78	6.28	6.12	5.29	5.20	5.71
6. 批发和零售贸易、餐馆和旅馆业	3.56	3.41	4.75	6.68	6.13	6.49	6.67	6.76	5.57	5.80
7. 运输、仓储和通信	4.80	4.81	4.95	5.08	5.23	5.14	5.00	5.89	6.76	6.48
8. 金融、保险、房地产和工商服务	2.23	2.72	2.90	3.02	3.60	3.60	4.07	5.10	4.76	5.20
9. 社区、社会和个人服务业	5.46	5.48	5.63	5.24	5.34	5.03	5.48	5.61	5.85	5.46
合计*	100.0	100.0	100.0	100.0	100.0	100.0	100.0	100.0	100.0	100.0

* 合计采用四舍五入法计算。

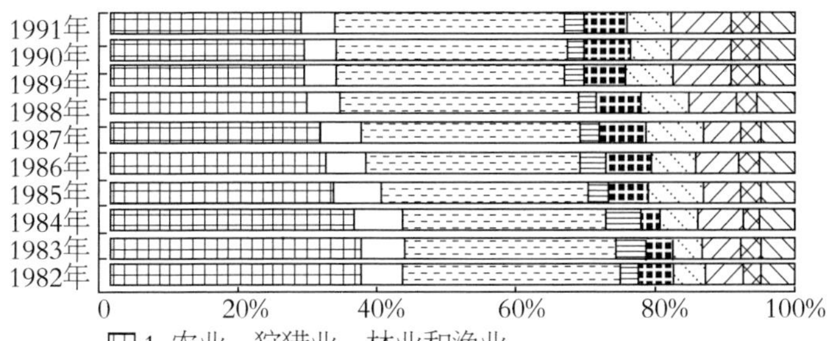

1. 农业、狩猎业、林业和渔业
2. 矿业和采石业
3. 制造业
4. 电力、煤气和供水
5. 建筑业
6. 批发和零售贸易、餐馆和旅馆业
7. 运输、仓储和通信
8. 金融、保险、房地产和工商服务
9. 社区、社会和个人服务业

图 4-8　中国产业部门构成

批发、零售贸易、餐馆和旅馆业的比重有较大提高，这说明中国鼓励流通领域发展的战略已经取得了成效。运输、仓储和通信以及金融、保险、房地产和工商服务的比重增加得也很快，这表明随着中国的现代化过程，为工商业服务的一系列服务部门已经发展了起来。但在社区、社会和个人服务业方面，比重改变得不大。

接着，让我们考察影响这种产出结构的需求方面的变化。表 4-20 列出的是中国 1982—1991 年对国内生产总值的支出的情况，表 4-21 和表 4-22 则是对这些资料进行加工后所得到的结果。从表 4-21 中可以看出，在 20 世纪 80 年代，从整体上看，政府最终消费支出的比重有所扩大，私人最终消费支出的比重有所缩小。而对于资本投资，在 20 世纪 80 年代中期有过一段上升，然后又基本上恢复到 20 世纪 80 年代的水平。而出口和进口的情况都是基本稳定，略有上升。

表 4-20　1982—1991 年中国对国内生产总值的支出

（按 1982 年固定价格计算）　　单位：亿元人民币

	1982 年	1983 年	1984 年	1985 年	1986 年	1987 年	1988 年	1989 年	1990 年	1991 年
1. 政府最终消费支出	543.73	600.0	749.10	895.54	10123.30	1086.08	1150.22	1193.70	1342.33	1458.03
2. 私人最终消费支出	2824.20	3056.32	3487.25	3955.23	4235.07	4573.91	5010.65	5116.56	5438.66	6155.31
3. 总资本形成	1497.40	1673.57	1830.40	2438.64	2698.22	3087.09	3687.80	3948.57	3455.81	3648.30
A. 储备的增加	267.00	287.00	288.54	552.52	535.69	424.21	598.42	1152.19	940.64	716.38
B. 总固定资本的形成	1230.40	1386.57	1541.86	1886.12	2162.53	2531.23	3089.38	2796.38	2515.17	2931.92
4. 货物和服务的出口	441.70	446.41	512.58	564.28	641.81	796.90	912.86	920.84	1039.79	1389.85
5. 减：货物和服务的进口	345.56	364.30	438.82	648.95	590.32	640.79	788.20	871.67	744.36	1045.42
等于：国内生产总值	4961.47	5412.00	6140.51	7204.74	17108.08	8903.19	9973.33	10308.00	10532.23	11606.07

表 4-21　1982—1991 年中国的国内生产总值的支出构成（%）

（按 1982 年固定价格计算）

	1982 年	1983 年	1984 年	1985 年	1986 年	1987 年	1988 年	1989 年	1990 年	1991 年
1. 政府最终消费支出	10.96	11.09	12.20	12.41	12.78	12.20	11.53	11.58	12.74	12.55
2. 私人最终消费支出	56.93	56.47	56.79	54.96	52.88	51.37	50.24	49.64	51.62	52.99
3. 总资本形成	30.18	30.92	29.81	33.80	33.69	34.67	36.98	38.31	32.83	31.49
A. 储备的增加	5.38	5.30	4.70	7.66	6.69	4.76	6.00	11.18	8.93	6.17
B. 总固定资本的形成	24.80	25.62	25.11	26.14	27.00	28.43	30.98	27.13	23.87	25.24
4. 货物和服务的出口	8.90	8.25	8.35	7.82	8.01	8.95	9.15	8.93	9.87	11.96
5. 减：货物和服务的进口	6.97	6.73	7.15	8.99	7.37	7.20	7.90	8.46	7.07	9.00
等于：国内生产总值*	100.00	100.00	100.00	100.00	100.00	100.00	100.00	100.00	100.00	100.00

* 国内生产总值采用四舍五入法计算。

表 4–22　1982—1991 年中国按支出内容分类国内生产总值环比增长速度（%）

	1982 年	1983 年	1984 年	1985 年	1986 年	1987 年	1988 年	1989 年	1990 年	1991 年
1. 政府最终消费支出	0.00	10.42	24.77	19.55	14.27	6.14	5.91	3.78	12.45	8.62
2. 私人最终消费支出	0.00	8.22	14.10	13.71	6.81	8.00	9.55	2.12	6.29	13.18
3. 总资本形成	0.00	11.77	9.37	33.23	10.64	14.41	19.45	7.07	−12.41	5.77
4. 货物和服务的净出口	0.00	−4.27	−5.63	−37.80	22.77	15.61	−8.45	−9.72	27.52	−6.78
货物和服务的出口	0.00	1.07	14.82	10.09	13.74	24.16	14.55	0.87	12.92	33.67
5. 减：货物和服务的进口	0.00	5.33	20.46	47.89	−9.03	8.55	23.00	10.59	−14.61	40.45
等于：国内生产总值	0.00	9.10	13.45	17.49	11.00	11.18	12.02	3.36	2.20	10.26

再看一下经济的环比增长情况。从总的情况来看，在20世纪80年代，中国的经济发展得非常好，除了1989年和1990年两个年份经济增长受到了一些挫折外，一直处于高速发展状态。从具体发展看，各个方面最终支出的增长幅度虽然不很稳定，但消费、投资、出口和进口的增长，与整体的经济发展基本上是同步的。在前一些年，政府支出增加的幅度快于居民消费，但在近几年，居民消费的增长速度有所提高。在出口方面，除了1982年和1989年增长比较缓慢之外，其他各年的增长率都在10%以上，这说明中国发展外向型经济的努力是卓有成效的。和日本等国相比，中国的居民消费的增长，明显地低于国内生产总值的增长，但总资本形成的增长幅度却不是很大。从中国目前的情况看，发展外向型经济，保证投资的增长幅度，仍然是两个需要把握的关键，它们将是中国经济未来发展的保证。

中国和日本、韩国同处于东北亚地区，不久以前又都是比较典型的农业国家，文化背景、自然条件方面又有很多共同之处。但由于这些国家在国际经济和政治生活中的不同位置，日本、韩国已经先于中国进行了经济起飞，在经济发展上先行了一步，这使中国在国际经济竞争中暂时处于劣势，但这一点反过来又是中国的优势，中国可以借鉴它们在经济发展和产业结构调整中的经验，做到后来者居上。

根据日本和韩国发展的经验以及中国的具体情况，我们认为，中国的经济要保持长期的高速发展，完成由农业国到新兴工业化国家，再由新兴工业化国家到发达国家的过渡，首先当然应该通过经济改革，调动各方面的积极性的方法，保持经济增长的强劲势头。在这种前提下，在需求方，应使政府和私人最终消费支出的增长幅度略低于国内生产总值的增长，逐渐加大总资本形成的份额，与此同时，发展外向型经济，出口的增长就高于进口的增长。在产业部门结构方面，目前的利用人力和自然资源的优势优先发展轻纺工业的战略无疑是正确的，在此基础上，应该重点发展能源产业的建设，并长期保持能源和国民经济的增长相同步的局面。由于世界性科技革命浪潮的掀起，我们不一定要走日本等国先发展重化工业，再发展高科技产业的道路，而可以相互兼顾地发展两种产业。就目前情况看，可根据不同地区的优势，选择某一个行业作为重点。第三次产业的发展是发达国家经济发展的一个特征，但从中国及有关国家的经验看，第三次产业中，中国还是应该优先发展为生产服务的行业，如交通、通信、金融等。为居民生活的服务只需和私人最终消费支出的增长相适应就可以了。在产业政策的制定方面，中国应该学习有关国家的经验，建立目标明确、阶段性强的产业经济政策，这样，我们就能有重点地发展一些对中国经济发展有战略意义的产业，从而促进中国的经济全面发展。

第5章　产业结构转换：第一次产业剩余劳动力的历史性转移

前面几章考察了三大产业及部门之间的结构演进的历史逻辑联系，以及这种三大产业及部门间的联系对于经济发展的意义。从本章起则在前几章考察的基础上，分别考察第一次、第二次和第三次产业各自在经济发展的特殊阶段上所面临的特殊历史约束条件，考察不同产业的发展在工业化加速时期所面临的主要矛盾，所应起或能起的历史作用的特点。

经济发展中，尤其是工业化加速时期，农业在国民经济中的结构位置的演变，矛盾集中于农业剩余劳动力的转移。因而，许多发展经济学家常常把二元经济的转换描写为农业劳动力的转移过程。在这一发展阶段上之所以发生农业剩余劳动力的大量出现并向非农部门转移，一般说来无外三个原因：一是农业劳动生产率的提高使之具有对劳动力规模的排斥性；二是市场需求中最终需求比重下降尤以对农产品需求比重下降显著，这一点可以部分地由恩格尔系数得到解释；三是对于人口大国尚存在农业劳动力增长速度与耕地的有限性的矛盾。在中国现阶段的结构转换中，这种来自农业剩余劳动力的压力极其严重，成为约束结构转换的重要因素。

5.1　现代经济理论与中国现阶段农村剩余劳动力的现实

费希尔-克拉克假设（The Fisher-Clark hypothesis）是现代

经济学关于结构转换过程中农村剩余劳动力转移问题最早的系统考察。

费希尔（A. G. B. Fisher）首先指出，劳动力转移不仅是个总量命题，更是一个结构问题。1935年他在《物质进步的经济含义》一文中，[1]对于经济增长、产业结构与劳动力转移三者间的关系提出了三点假设：①一国的经济发展水平可以用农业劳动力比重高低来衡量；②经济发展水平的变动可以用三大产业间的结构高度来标志；③产业结构演进必然同时是就业结构变化的过程，而就业结构变动主要是农业劳动力的结构性转移。

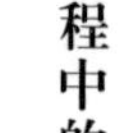

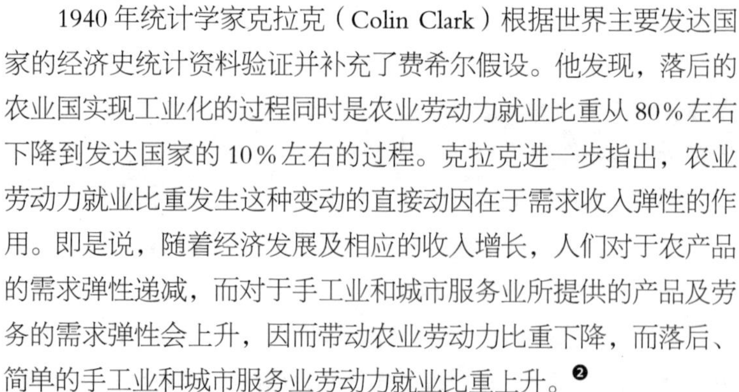

1940年统计学家克拉克（Colin Clark）根据世界主要发达国家的经济史统计资料验证并补充了费希尔假设。他发现，落后的农业国实现工业化的过程同时是农业劳动力就业比重从80%左右下降到发达国家的10%左右的过程。克拉克进一步指出，农业劳动力就业比重发生这种变动的直接动因在于需求收入弹性的作用。即是说，随着经济发展及相应的收入增长，人们对于农产品的需求弹性递减，而对于手工业和城市服务业所提供的产品及劳务的需求弹性会上升，因而带动农业劳动力比重下降，而落后、简单的手工业和城市服务业劳动力就业比重上升。[2]

如果说，费希尔强调的是发达国家历史上产业结构转变中出现的劳动力从第一次产业向第二次产业转移的普遍性，那么，克拉克更关注不发达国家实现工业化过程中所发生的劳动力从第一次产业向第三次产业直接转移的趋势。如果说费希尔假设中就业结构的转换必须以资本积累和技术进步为前提，那么，克拉克所描述的就业结构转变则包含这样的可能，即第一次产业劳动力向

---

[1] 费希尔：《物质进步的经济含义》，载《国际劳工评论》1935年7月号，第5—18页。

[2] 克拉克著：《经济进步的条件》，纽约圣马丁出版社1940年版，第5章。

第三次产业，尤其是向第三次产业的落后生活服务部门转移时，并不必然要求资本积累和技术进步。应当说，克拉克的补充提高了对发展中国家农村剩余劳动力转移问题的解释能力。

到20世纪60年代，西蒙·库兹涅茨根据40多个国家的统计数据，对经济发展中的劳动力就业结构变化做出了时间序列分析和横截面结构分析，尤其是将经济人口流动的短期分析与长期分析统一起来，进一步证实了费希尔–克拉克假设。他指出，在经济发展过程中，由于产业间发展的差异与人口就业结构分布的差异不一致，由于城市和农村人口增长率的差异与城乡经济增长率的差异不一致，所以，必然导致农村劳动力长期结构性转移；这种冲突并非偶然，也并非经济发展中某一截面的短期现象，而是产业结构演进历史逻辑的必然，是工业化过程的长期趋势；同时，这种转移并非仅仅是一种经济现象，而是具有广泛历史内容的社会现象。

当代西方经济学中关于农村剩余劳动力结构性转移问题最著名的解释，是在二元经济假设下展开的。人们最为熟悉的，一是刘易斯（A. Lewis）的“劳动无限供给条件下的二元经济发展模型”，其着眼点在于，依靠资本积累和现代城市工业部门的扩张，吸纳农村剩余劳动力；[1] 二是托达罗（M. P. Todaro）关于乡村到城市的移民模型，其着眼点在于，承认城市现代工业部门对农村剩余劳动力有吸纳力，但更强调城市工业部门吸纳力的不足，因而认为必须增加对农村的投入，提高农民的收入和福利，改善农村生活条件和劳动条件，从而协调劳动力的城乡转移。显然，尽管他们都是在承认农村、城市二元经济假设下展开的讨

[1] 与刘易斯模型相类似的还有费景汉–拉尼斯模型，区别在于后者还注意考察了农业劳动力转移程度、速度与农业本身发展间的关系。参见费景汉–拉尼斯（J. C. H. Fei and G. Ranis）：《经济发展的一种理论》，载《美国经济评论》1961年9月号。

论，但刘易斯强调农村剩余劳动力向城市现代部门转移，托达罗则强调农村城镇化以就地吸纳剩余劳动力。

刘易斯模型建立在三个基本假定上：①农业的边际劳动生产率为零，甚至为负数，即农业劳动力的转移不会影响农业产出；②转移出来的农业劳动力的工资是体制性工资，其水平由农业的人均产出水平规定，比城市工业部门劳动力工资低30%左右；③城市工业中利润的储蓄倾向高于农业收入中的储蓄倾向。在以上假设下，刘易斯将工业化过程中农村劳动力转移划分为两个阶段，在第一阶段，根据第一个和第二个假设，即农村劳动力转移的机会成本为零，农村剩余劳动力对城市工业的供给价格低，且在二元体制下为外生的固定参数，也就是这种体制工资不变，因而，工业发展可持续从农业获得无限的廉价劳动供给，并在劳动供给价格与劳动边际生产率差额中获得巨额利润；又根据第三个假定，工业利润中储蓄倾向高，用于再投资的比重大，从而再提高城市工业发展对农村剩余劳动力的吸纳能力，由此产生一种累积性效应，这种累积性效应持续作用，使劳动力转移进入第二阶段。在第二阶段，由于经济发展水平的提高，出现了两个条件，一是伴随农业劳动力转移，农业劳动力的边际生产率提高，若继续转移农业劳动力就可能出现农产品短缺，进而使农产品价格上升，使农业劳动力的供给价格上升；二是随着工业对农村剩余劳动力的吸纳，工业劳动力的边际生产率下降，以致达到工、农业劳动边际生产率相等。这样，二元经济就转为一元经济，此后的劳动力流动问题就不再是一个二元经济下经济发展中的农村剩余劳动力转移问题，而是按照新古典理论解释的由边际生产率规定工资水平，以引导劳动力配置的问题。❶

托达罗对刘易斯模型提出了批评。他认为刘易斯的模型过于

❶ ①参见刘易斯：《劳动无限供给条件下的经济发展》，载《现代国外经济学论文选》（第八辑），商务印书馆1984年版。

简单和抽象，没有考虑农村劳动力能否在城市找到稳定的并且合乎收入预期的工作的可能。托达罗模型建立在两个基本假定下：①农村向城市移民的决定因素不是现行实际收入的差异，而是城乡间劳动力预期收入的差异；②决定城乡间预期收入差异的变量有两个，一是城乡间实际收入的差异，二是农村劳动力在城市就业的可能及机会。就业可能性问题构成托达罗模型与刘易斯模型的显著区别，刘易斯拟定农村劳动力在城市就业不存在摩擦，城市工业有充分的资本积累吸纳农村剩余劳动力；而托达罗则认为农村剩余劳动力在城市往往要等待很久才可能获得稳定的就业，这种等待必然会影响农村劳动力的转移。他认为，城乡收入差异净值的预期值大于零时，农村劳动力会向城市转移，小于零时便可能返回农村，等于零时城乡劳动力转移处于均衡。因此，发展中国家在结构转换时期要实现城乡间劳动力转移的均衡，无外通过两个基本途径实现，一是使城市劳动力实际收入变小，或者使在城市找到工作的概率降低，或者两者同时变小，以使农村劳动力对在城市就业的收入总预期变小，这个变小的过程可以通过市场机制，也可以通过政府干预实现；二是增加农村居民的收入，以提高农村对劳动力的吸引力。此外，与上述两个基本途径相联系，还可以通过改变农村剩余劳动力转移成本值来调节流动，即除改变流动的机会成本外，还可改变农村劳动力转移的风险、摩擦等，以抑制转移的规模、速度。

严格地说，刘易斯模型和托达罗模型都难以解释中国农村劳动力转移的现实。

刘易斯模型的三个基本假定在中国现阶段是不成立的。①关于农业边际劳动生产率为零的假设在中国难以真正成立。因为按照这一假设，在农业劳动力转移过程中，农业的总产出水平至少不应下降，但在中国恰是一方面农村尚有大批待转移的剩余劳动力，另一方面自 1984 年以来，随着农业劳动力转移，相应的农业产出水平处于停滞、下降、波动状态。这说明至少在现阶段，

从总体上看中国农业劳动边际生产率并不为零。况且，刘易斯所说的农业劳动力是均质的，而中国农村劳动力的非均质性突出，先转移或具有较强转移能力的恰是素质较高的劳动力。这就更加影响了农业产出水平。②关于体制工资不变的假定也不符合中国实际。在中国农村劳动力向城市转移过程中，劳动力供给价格是上升的。因而城市吸纳劳动力的工资成本在上升，这必然影响城市工业的利润水平和积累能力的扩张。③关于城市工业利润具有较高的边际储蓄倾向的假定，在中国并不明显。在中国现阶段，一方面资金短缺，另一方面依靠企业利润积累再投资吸纳的劳动力并不多，农民进城就业大部分是自筹资金或进入不需要多少投资的行业，而非制造业。因此，在二元经济假定下，依靠城市工业的扩张解决中国农村剩余劳动力的转移是不现实的。

托达罗模型同样解释不了中国的现实。首先，他强调通过发展农村经济来提高农民收入，同时减少农村劳动力对城市的向心力，以协调农村劳动力转移。这对于一个发展中的小国，[1]在人口规模特别是农村人口规模不大，农业与非农产业的就业结构差距所导致的不同产业人口规模差异不大的条件下或许可行，但对于中国这样一个人口众多，特别是农村人口规模巨大，农业与非农业人口规模差距显著的发展中国家来说，要在短期或不长的时期里，通过对农业、农村增加投入，普遍提高农民收入并显著改善农村生活、劳动、福利条件，并使之达到能有效抵消城市对农村剩余劳动力吸引力的程度，所需投入额之巨是难以想象的。其次，从托达罗协调劳动力城乡转移的途径看，重要的方面是增大转移成本，包括降低在城市的就业概率，减少对城市就业的预期收入，降低在城市工作的实际收入，从而增加劳动力转移的费用，加剧转移劳动力内部竞争，抑制转移规模。这种方式尽管可

[1] 托达罗模型也的确是对发展中小国（如肯尼亚等）研究的结果。

能取得短期城乡间劳动力转移的均衡，但却是以造成社会不稳定为代价的，因而托达罗本人也未将其列为基本途径。在中国，农村剩余劳动力规模之大，若想以这种消极途径来协调农村劳动力转移，在短期里或许能取得一定效果，但由此带来的社会不稳定性及种种矛盾冲突的后果将不堪设想。

5.2　中国现阶段农村剩余劳动力转移的特殊性及面临的矛盾选择

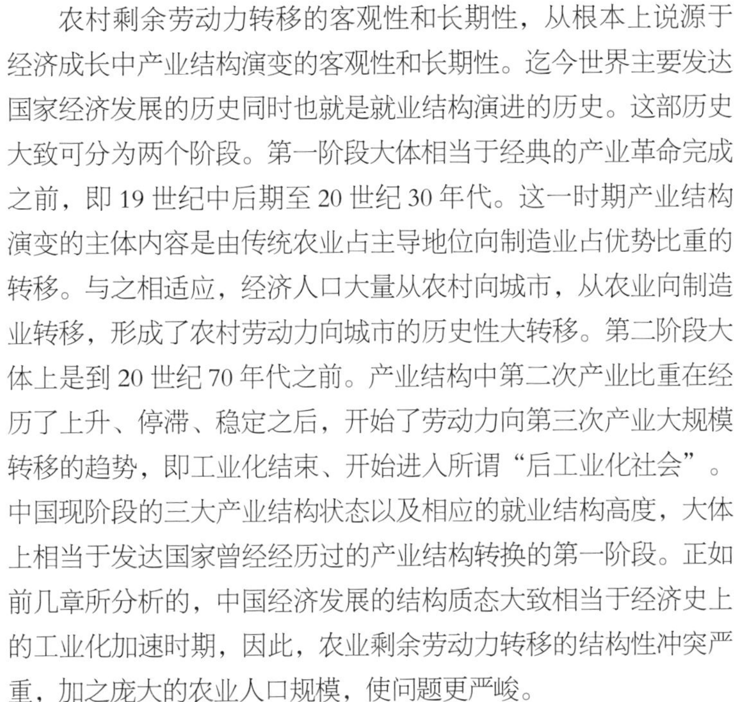

农村剩余劳动力转移的客观性和长期性，从根本上说源于经济成长中产业结构演变的客观性和长期性。迄今世界主要发达国家经济发展的历史同时也就是就业结构演进的历史。这部历史大致可分为两个阶段。第一阶段大体相当于经典的产业革命完成之前，即19世纪中后期至20世纪30年代。这一时期产业结构演变的主体内容是由传统农业占主导地位向制造业占优势比重的转移。与之相适应，经济人口大量从农村向城市，从农业向制造业转移，形成了农村劳动力向城市的历史性大转移。第二阶段大体上是到20世纪70年代之前。产业结构中第二次产业比重在经历了上升、停滞、稳定之后，开始了劳动力向第三次产业大规模转移的趋势，即工业化结束、开始进入所谓“后工业化社会”。中国现阶段的三大产业结构状态以及相应的就业结构高度，大体上相当于发达国家曾经经历过的产业结构转换的第一阶段。正如前几章所分析的，中国经济发展的结构质态大致相当于经济史上的工业化加速时期，因此，农业剩余劳动力转移的结构性冲突严重，加之庞大的农业人口规模，使问题更严峻。

5.2.1　中国现阶段农村剩余劳动力转移的特殊性

1. 特殊的发展背景。

现阶段中国农村剩余劳动力的转移首先是来自发展的动因。

从中国三大产业相互间的就业结构看，与英、法、美、日、德等国相比较，无论是结构相似性系数，还是结构变化值反映的结构变化速度，或是三大产业的比较劳动生产率结构，均与发达国家工业化加速时期极为接近（参见本书第 2 章、第 3 章）。这一发展时期的突出特点是农业剩余劳动力大量形成并迅速向非农产业转移。到现在中国农业劳动力占全社会劳动力比重由 20 世纪 50 年代初的 83%以上降至 60%左右，再加之新增农业劳动力规模的扩张，意味着中国农村至少有 2 亿多剩余劳动力亟待转移。若以 10%作为工业化完成标志的农业就业比重，那么，再考虑到新增劳动力因素，意味着中国在实现并完成工业化过程中必须处理近 5 亿以上的农村剩余劳动力转移。规模之大，时期之长在人类经济发展史上是空前的。[1]

2. **特殊的体制背景**。

中国正处于深刻的体制变革之中，一方面使以往长期以行政性体制强制滞留于农村的隐性流民迅速变为显性剩余劳动力，仅农村家庭承包制的变革，便使近 2 亿农民相对于农业成为剩余劳动力；另一方面，在体制转轨中，原有计划体制受到根本触动，新的市场机制尚未成熟，农村剩余劳动力的流动缺少宏观有效调控的同时，自身也缺乏自我约束和自我调节的功能，从而对社会产生极大冲击，使之具有极大的不确定性。

3. **特殊的土地制度原因**。

当前中国农村劳动力转移不同于以往，突出的一点在于他们不是因为失去土地而是由于均分土地权利所导致。家庭承包制一方面，提高了农业生产率，使农业以乘数速度排斥劳动力；另一方面，扩大了农民对自身劳动的支配权，并且获得了对土地的独立耕作权、经营权，从而使农民获得了自由流动的可能。这种由

[1] 参见齐伟、平新乔：《对中国经济发展过程中流民的考察》，载《经济研究》1989年第6期。

于得到土地权利而形成的流动不能不具有以下特点：①流动大多未割断与土地的联系，因此其流动在相当大的程度上仍受土地耕作的制约，带有季节性和不稳定性；②土地承包制为流动提供了一种社会保险，不仅对农民来说，流动风险不大，而且对社会来说，也提高了承受能力，这无疑是对流动在制度上的支持；③由于农业季节性，使得兼有土地的农民的流动，特别是农闲时的流动，机会成本不大，这不能不给农民流动以积极影响。

4. 特殊的流动目标导向。

中华人民共和国成立以后也曾有过较大的农村劳动力流动，但目标导向大都出于非经济目标，实现方式主要依靠行政力量，而当前的重要特点却在于，农民主要是出于更高的收入预期目标进行转移。收入极大化目标使农民的流动不能不具多样性、广泛性、分散性。既然是出于收入目标，那么，确有部分农民向发达地区中心城市流动，但同时也有部分农民按"寻租"准则流动，形成较发达地区农民向欠发达地区流动，欠发达地区农民向不发达地区流动的梯度移动，只要能比流入地区居民竞争意识、素质高，从而有更多的收入机会，便会形成流动，由此造成的社会经济、政治、文化问题更为复杂。

5. 特殊的职业特征。

以往的流动基本上不伴随产业结构的深刻变化，传统体制下劳动力的行政性流动与产业结构刚性并存，最终或者是产业结构刚性排斥流动，或者是流动强化原有产业结构矛盾。当前则不同，一方面它是结构剧烈变动的产物，另一方面由于体制、发展、技术、社会文化和要素市场等多方面原因，使得农民进入城市工业部门和现代第三次产业部门时，面临几乎难以跨越的"高门槛"，从而迫使农民不得不从两方面寻找出路：一是在制造业中选择离土不离乡的乡镇企业就业，以对抗城市工业部门对过剩农业劳动力的排斥；二是在城市第三次产业中选择少有或无人问津的传统落后的部门就业，以克服资金等要素市场的缺陷。由此，当前流动造就的是既非严格意义上的第二次产业，又非严格意义上的第三次产业的“亚部门”，或称“非正式产业”，这种产业具有极强的不稳定性，因而其就业者的职业稳定性极弱。

5.2.2 协调农村剩余劳动力转移问题的若干选择

现代经济学关于发展中国家农业劳动力转移的解释，如著名的刘易斯（A. Lewis）的“劳动无限供给条件下的二元经济发展模型”和托达罗等人（M. P. Todaro）的“乡村变城市的移民模型”，都有其严格的理论假定，而这些假定在现实中，至少在中国发展现实中很难成立，因而对中国流民问题缺乏足够的解释能力。必须从中国农村剩余劳动力的特殊性出发，思考协调农村剩余劳动力的制度和政策安排。

1. 是通过市场机制来疏导还是通过计划体制回归来抑制?

这是协调中国当前劳动力转移首先遇到的一个体制选择问题。历史地看，在效率提高适度发展基础上现代产业吸纳农民有两个特点，一是吸纳的过程与工业企业追求利润极大化的目标相统一；二是吸纳的过程是企业与劳动力之间市场竞争趋于均衡的过程。也就是说，在市场经济条件下，真正解决工业对农民的吸纳问题，首先，要使企业产权清晰，进而企业纯收入中的储蓄（积累）倾向提高，使企业有能力、有需要根据盈利目标的要求来吸纳或排斥劳动力，使吸纳过程与效益提高统一为一体；其次，吸纳过程本身应是市场作用空间拓宽的过程，同时也是剩余劳动力在市场约束下发挥自我调节能力的过程。总之，是市场主体和市场机制发育的过程。通过建设社会主义市场经济机制来协调剩余劳动力，至少需要两方面极其艰苦的体制安排：一是深化企业改革，特别是企业产权制度改造，在产权制度上加强企业利润中再积累的动力，以提高企业对劳动力的吸纳力，在产权界定的基础上使企业利润目标与就业需求目标统一起来，形成企业利用廉价劳动力的利益冲动。任何损害企业积累倾向的措施，包括现有企业职工人均收入极大化目标倾向，过多摊派甚至平调企业资产的行政倾向等，都会损害企业对劳动力的吸纳力，并且使企业对劳动力的吸纳脱离企业效益目标的约束。二是完善市场体系，包括劳动力市场体系，使劳动力转移过程与市场经济制度对传统体制的改造进程相统一。事实上，只有劳动力市场机制逐步完善才可能有对农村劳动力转移的宏观调控效率的提高及秩序的完善。力图以回归传统计划体制的方式来解决现阶段的农村劳动力转移问题是不切实际的，同时也必然是要付出高昂的发展代价和体制代价的。

2. 是以提高劳动生产率还是以提高单位资本产出率为吸纳的经济条件?

中国现阶段三大产业间产值结构与就业结构高度是不尽一致的，几十年来第二次产业产值比重的提高并未伴随第二次产业就业比重的上升，这说明第二次产业的发展（尤其是在改革前）基本上是在城乡分割中完成的。如果要求产值结构与就业结构同步，则需城市工业大量吸纳农村劳动力，并且要求工业劳动力增加速度超过工业发展的速度，但这意味着工业劳动生产率的下降，或者意味着工业中资本劳动密集度降低。可见，我们面临产值结构与就业结构的统一同工业劳动生产率、资本劳动密集度提高之间的尖锐矛盾。在人口众多、资本不足的发展中大国，对于农村剩余劳动力的解决，首要的（至少是在产业结构转轨期内是首要的）是应追求单位资本产出率或单位资本利润极大化目标，而不是追求人均劳动生产率目标。即在劳动力价格相对低廉的条件下，以劳动替代物质资本，使工业部门在其他条件不变而劳动生产率降低、资本劳动比率降低的条件下仍能提高单位资本的利润率。中国乡镇企业对劳动力的吸纳力强，同时市场竞争力不断提高的重要原因即在于此。

3. 是单纯依靠发展劳动密集型产业吸纳劳动力还是同时强调劳动力的平等市场竞争来拓宽社会对劳动力的吸纳力？

实现劳动对资本的替代面临三个困难：①技术二元性状态难以改变，先进技术部门难以在短期内甚至也不可能改变为劳动密集产业，从而难以实现农业劳动力向先进产业部门的转移；②在体制上缺乏劳动替代资本的价格条件，要刺激工业企业吸纳劳动力，应降低劳动的相对价格（与利润相对而言的工资），但中国十几年来工业企业中劳动成本上升速度超过利润上升速度，这就难以鼓励企业主动以劳动替代资本；③单纯追求劳动密集型产业与技术进步趋势相矛盾。可见，工业发展本身并不一定会自然解决农村劳动力转移问题，发展先进产业，本身对农村劳动力有技术排斥力；发展劳动密集型产业，在体制不变的条件下，也只能在相当有限的范围内缓解“农村剩余劳动力”现象。因此，重要的是要进行体制改造，使农村劳动力相对于城市劳动力，至少在劳动密集型产业中，拥有平等的竞争、择业权利，唯有如此，才可能通过竞争和流动，使劳动的相对价格降低，即使劳动成本降低，使企业具有以劳动替代资本的利益冲动和可能。

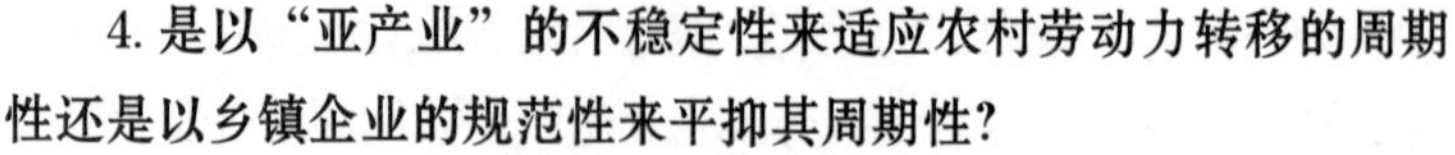

4. 是以“亚产业”的不稳定性来适应农村劳动力转移的周期性还是以乡镇企业的规范性来平抑其周期性？

“亚产业”在中国的主要组织形式即乡镇企业，中国农村劳动力转移基本上是进入乡镇企业或城市中非正式部门。一方面，若长期以这两种形式作为解决农村剩余劳动力转移的基本途径，则真正意义上的二元结构便仍会长期存在；另一方面，乡镇企业及城市非正规部门本身具有不稳定性，在这些领域中的就业者极易受经济周期的影响而失业，从而加剧整个国民经济的周期性。因此，一方面，必须在体制和政策上大力扶植乡镇企业发展，使之尽可能成为正规产业，获得稳定发展、成长、扩张的社会条件，切实成为长期稳定地吸纳农业剩余劳动力的产业基础，切不可一遇经济困难，尤其是一遇城市国有企业面临困境，便在原料、市场、资金等诸方面强行排斥乡镇企业。中国的乡镇企业目前不仅在工业产值上已占50%，成为中国经济增长的生力军，更重要的是在中国长期社会经济发展上不可或缺，突出表现便是在结构转换中对农村劳动力的强有力的吸纳，这是关系到中国稳定和工业化真正实现的重要力量。[1]另一方面，乡镇企业本身也需要在产权上、在管理制度上进一步市场化、货币化，以更快地提高规模经济效益并适应市场竞争。现阶段中国乡镇企业之所以表现出比国有企业更适应市场，重要的原因在于其产权界区较清晰，排他性较明确，但这种产权上的清晰是以长期自然村落经济中的土地界区为基础。乡镇企业是离土不离乡的企业，乡镇企业的资产及受益者是由村落土地关系界定，进而必然辅之以一定的自然血缘关系为纽带联结而成的主体，因此其资产界区的排他性的形成是以资产（尤其是土地）在村落、在本乡镇与他乡镇、与他方不可交易，或交易费用极高为代价的。劳动力在不同乡镇企业之间是难以通过市场机制流动的，更不要说相互进入彼此产权界区，除非以婚嫁或其他特殊方式方可进入。这就使乡镇企业在要素流动上发生困难，甚至形成某些地区资本过密而无以转移、某些地区劳动过密而寻求不到资本等矛盾。因此乡镇企业的正规化进程首先是在产权界定基础上使产权运行市场化，从而以资产为纽带形成企业规模，在发展乡镇经济的同时，扩张对劳动力的市场吸纳力。

[1] 据统计，现在乡镇企业吸纳农村劳动力约1.2亿人，占农村剩余劳动力50%左右（参见《人民日报》1995年1月6日第10版）。国内一些学者甚至明确将乡镇经济与农业、城市工业并列为三元经济，认为这种经济状态的三元化构成中国农村劳动力转移的显著特征。（参见陈吉元等：《中国的三元经济结构与农村剩余劳动力转移》，载《经济研究》1994年第4期）。问题在于，一方面如何真正从经济发展和体制政策安排上使乡镇工业经济切实成为“一元”，另一方面如何解释农村内部的“二元经济”现象。

5. 是以增大农村剩余劳动力流动成本还是以缩小农民收入与对城市预期收入差距来抑制转移规模?

现阶段城乡收入预期值差异与抑制农村剩余劳动力是有矛盾的。只要城乡收入预期值存在差异，农民就会向城市流动。当前城乡间收入期望值差异主要是由两方面体制因素造成：一是工农业产品的差价，特别是粮、棉价格远低于均衡价格位置；二是政府财政对城镇居民的各种补贴及福利。对于滞留在城市的农民来说，他们并不期望获得财政补贴，但进城后的劳动收入在相当大的程度上避开了工农业产品价格差价损失。问题在于，进城做工或经商的农民的收入期望中隐含了城市居民的补贴，他们的收入目标参照系一旦加进城市补贴、福利及各种机会的因素，就会与在农村务农的期望收入产生较大差异，从而吸引大量农民，尤其是年轻农民进城。可见，财政补贴尽管并未直接决定城乡间人口迁移，但在间接意义上仍是促进农民进城的因素。所以，控制转移规模，一方面必须触动目前占各地方财政约50%以上的补贴，在体制上使城乡间建立平等的交易关系；另一方面，必须采取多种措施缩小城乡收入预期值差异，缩小这一差异从长期来说，必须在发展政策上向农村倾斜，提高农村收入及福利水平，特别是对农产品价格的控制须审慎，应稳妥地使农产品价格进入市场均衡价格位置；从短期来说，尤其是在非常时期，则可以采取提高农业劳动力转移成本的措施，包括对弃农进城者征收农用土地税，甚至规定收回土地承包权的期限（使之进城有机会成本和风险），征收城市基础设施使用税，在为农民进城提供服务的前提下，增加城市财政税费收入，对进城农民收入加强管理，严格个人收入调节税等。当然，增加劳动力转移成本的措施只能是过渡性的，根本还在于提高农村生活质量和收入水平，从发展意义上提高其转移的机会成本。

第 6 章　产业结构转换：工业化中第二次产业演进结构特征

如果说，工业化加速时期产业结构演变最根本的特征，从一方面看是农业效率提高并大量向非农产业转移劳动力，那么，从另一方面看则更主要是现代工业部门的迅速成长。工业化作为经济发展一定历史阶段的本质内容，其实质在于按照经济史发展的内在逻辑，在第一次产业成熟的基础上，历史地推进现代工业的发展，使之成为带动整个产业结构高度化进程和经济发展质态水平提高的主要力量。因此，考察工业化过程中产业结构的转移，必须考察作为第二次产业的工业制造业本身的结构演进。❶

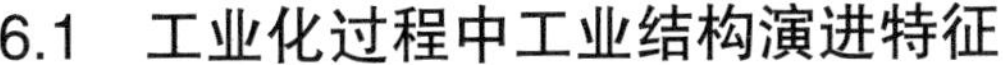

6.1　工业化过程中工业结构演进特征

6.1.1　霍夫曼定理关于工业内部结构变化趋势的说明

霍夫曼定理关于经济发展中工业内部结构变化的分析，是后来被人们广泛运用的一种方法。即使在今天，人们也还普遍承认其解释能力。需要特别指出的是，霍夫曼定理运用的资料及假定

❶　一般地说，工业并不等同于制造业，即不等同于第二次产业，在统计口径上也不一致（见世界银行《世界发展报告》的说明），但工业无疑是制造业中最主要并最活跃的部分，因此，考察第二次产业内部结构变化，重点是解释制造业中的工业内部结构变化。

的经济条件，随着经济史的发展已发生了深刻的变化，因而，我们一方面需要通过经济发展史的比较进一步印证霍夫曼定理于当代的适用性；另一方面在运用这一方法解释中国实际时，必须对其假定条件做出合乎现实的修正。

1931 年德国经济学家霍夫曼（Waltber Hoffmann）在其《工业化的阶段和类型》一书中，对各国经济发展史上工业化过程中工业结构的演进规律进行了开拓性研究，他根据近 20 个国家的历史数据，分析了制造业中的消费资料工业和生产资料工业（以轻、重工业来划分）之间的净产值比例关系的变化，然后概括出有代表性的比值，根据这一代表性的比值来划分工业化的阶段，从而把工业结构特征与工业化过程的阶段划分联系起来。他的这一思想被称为霍夫曼定理。即随着工业化的进程，消费资料工业净产值与生产资料工业净产值之比是不断下降的；反过来说，这一比值越低，工业化便越深入，因而可以用有代表性的比值来区分工业化阶段。

消费资料工业与生产资料工业净产值（附加值）的比值被称为“霍夫曼比例”，即

$$霍夫曼比例=\frac{消费资料工业净产值}{资本品工业净产值}$$

通过分析近 20 个国家的统计数据，霍夫曼求出有代表性的“霍夫曼比值”，并据此将工业化过程分为四个阶段：

工业化第一阶段：霍夫曼比例 =5（±1）

工业化第二阶段：霍夫曼比例 =2.5（±1）

工业化第三阶段：霍夫曼比例 =1（±0.5）

工业化第四阶段：霍夫曼比例<1

霍夫曼比例的意义在于从工业结构内部的分析上，把握产业结构高度化进展程度，进而把握发展阶段，说明产业结构演变中是如何实现初级产品生产比重优势被中间产品、最终产品替代，劳动密集型产业比重优势被资本、技术密集型产业替代的。因为资本品工业与消费品工业相比，具有资本、技术密集的特点，同时资本品工业比例增大意味着工业加工程度深化，中间产品和最终产品比例扩大。所以，霍夫曼比例越低，说明资本品工业规模越发展，相应地消费品工业比重越小，工业结构乃至整个产业结构高度越高。在工业化第一阶段，霍夫曼比例等于5（波动区间为 ±1），说明消费品工业生产远高于资本品工业；在工业化第二阶段，霍夫曼比例等于2.5（波动区间为 ±1），说明与消费品工业相比，资本品工业发展速度加快，但在规模上仍小于消费品工业；在工业化第三阶段，霍夫曼比例等于1，说明资本品工业发展速度进一步加快，使规模赶上了消费品工业，二者相当；在工业化第四阶段，霍夫曼比例小于1，说明资本品工业规模超出消费品工业规模。

依据这种划分标准，霍夫曼对近20个国家的工业化进行阶段划分，认为在当时（20世纪20—30年代）处在工业化各阶段上的国家分布是：

工业化第一阶段：巴西、智利、印度等；

工业化第二阶段：日本、荷兰、丹麦、加拿大等；

工业化第三阶段：英国、瑞士、美国、法国、德国等；

工业化第四阶段：无。

6.1.2 关于对霍夫曼定理的批评与修正

霍夫曼定理提出之后，产生了广泛的影响，同时也有许多批评。最有力的诘难应当说来自西蒙·库兹涅茨的验证。库兹涅茨以美国经济发展史为考察对象，发现在美国经济发展中资本形成占国民生产总值的比例在长期里是稳定的，因此，不能说随着经济发展资本品工业有着加速、优先增长的趋势。[1]

[1] 参见杨治编著：《产业经济学导论》，中国人民大学出版社1985年版，第61页。

为坚持霍夫曼定理，同时又能解释库兹涅茨的诘难，人们对霍夫曼定理进行了修正。其中有代表性的是日本经济学者盐野谷祐一的修正。

（1）盐野谷祐一修正了霍夫曼的工业分类法，认为霍夫曼实际上是用轻、重工业划分替代消费品工业和资本品工业划分，并且采用“75%以上的用途”作为划分标准，这样不仅有遗漏，而且有些行业难以确定其归属。因此盐野谷祐一认为：消费品工业与资本品工业同轻重工业划分并不相等，应分别划分并加以考察。

（2）盐野谷祐一认为以净产值计算不严谨，因为净产值指标不包括转移的中间投入。因此，应以总产值指标进行计算。

进行上述修正之后，盐野谷祐一重新计算了美国、日本、瑞典、丹麦等国的霍夫曼比例，考察了霍夫曼比例变化与经济发展水平的关系，得出以下结论：

（1）严格地以消费品工业和资本品工业总产值计算，而不是按轻、重工业净产值计算，美国、瑞典等国的长期时间序列显示，制造业中的资本品工业比重大体处于稳定状态，不具加速增大的趋势。这种霍夫曼比例的计算结果与库兹涅茨的统计验证结果是一致的。

（2）但是，若以轻、重工业的总产值来计算，则各国普遍存在一种趋势：在经济发展一定阶段上，即工业化初期，重工业比重是显著增大的，即霍夫曼比例呈下降趋势。这说明霍夫曼定理（以轻、重工业比例计）是成立的。

之所以在消费品工业对资本品工业比例长期稳定不变的同时，重工业对轻工业的比例却上升；之所以按消费品工业与资本品工业划分计算的霍夫曼比例不变（进而霍夫曼定理不成立）与按轻、重工业划分计算的霍夫曼比例变化（进而霍夫曼定理成立）两者可以统一，人们普遍认为是由于重工业内部的消费资料生产和资本品生产比例关系的变化所致。因为霍夫曼的年代，现实生活中重工业与资本品工业基本上是等同的，所以不存在以轻、重工业划分计算与以消费品、资本品工业划分计算的差异。但霍夫曼以后的经济发展表明，重工业内部并非完全是资本品生产，消费品生产在重工业内部逐渐生长并日益占有较大的比例。因此，按轻、重工业划分进行考察，重工业比例显著上升，但若按消费品、资本品工业划分进行考察，由于重工业也提供部分消费品，从而弥补了轻工业中消费品生产比重下降部分，使得消费品工业与投资品工业比重保持稳定状态。

（3）在盐野谷祐一的计算中，日本的霍夫曼比例（1869—1954 年）呈明显下降趋势，从 11.4 降至 4.6，说明在工业化初期霍夫曼定理是适用的。盐野谷祐一进行分析指出，在人均国民收入水平未超过 200~300 美元（按 1950 年价格计算）的发展阶段上，即工业化初期和进入工业化加速时期，霍夫曼比例（消费品总产值比投资品总产值）随经济发展水平提高而下降；当人均国民收入水平超过这一界限之后，工业化进程中的霍夫曼比例趋于稳定。❶

6.1.3 工业结构在不同发展阶段演进趋势的历史验证

我们把工业分为三类，即传统加工工业，包括食品工业、纺织工业等；劳动对象生产工业，包括原材料、能源、燃料工业等；机械制造业。由此来考察主要工业发达国家不同发展阶段上三类工业结构关系的变化特点。

选取英国、美国、德国、法国、日本这五国为样本，其经济发展史表明这样的趋势：

❶ 上述分析是盐野谷祐一在《美国和瑞典的工业增长模式》中做出的。原载[日]《经济研究杂志》第5卷，第1期，1964年6月。转引自杨治编著：《产业经济学导论》，中国人民大学出版社1985年版，第61—63页。

在各主要工业发达国家工业化进程的第一阶段（大致从工业化起步至1899年前后），传统加工工业在工业比重中规模最大，增长速度也最快；其中在初期传统加工工业增长速度及比重居首位，而到期末则退居第二位，劳动对象工业比重及增长速度由期初占第二位上升为第一位；机械制造业规模和速度均为第三位。在工业化第二阶段（大致从20世纪初开始至50年代），机械制造业增长速度和产值比重逐渐上升为第一位；劳动对象工业和传统加工工业则分别退居第二、第三位；不过与劳动对象工业相比较，传统加工工业增长速度放慢，产值比重下降的幅度更为显著。

在工业化第三阶段（大致从20世纪50年代开始），机械制造业的增长速度和比重在工业中仍居首位；而劳动对象工业增长速度减慢和产值比重降低的幅度增大；传统加工工业经过改造后，其增长速度减慢及产值比重降低的幅度变小，传统加工工业的比重和增长速度取代劳动对象工业的位置，居第二位，后者退居第三位。

上述趋势在各国经济发展中具体表现如下：

在英国，1812—1881年，按净产值计算的劳动对象工业（包括采掘工业和钢铁工业），在工业结构中的比重由10.3%上升为17.8%；机械金属加工制造业比重从6.7%上升为7.5%；传统加工工业（纺织、食品工业）比重由37.8%下降为31.5%。这里传统加工工业比重居首位，但呈下降状态，劳动对象工业比重次之，但增加速度加快；机械制造业居末，速度也不如劳动对象工业。1881—1924年，包括钢铁制品和机器制造及船舶车辆制造的制造业在工业中的比重上升到14.9%，以采掘和钢铁为代表的劳动对象工业比重下降至15.1%，传统加工工业（食品、纺织）比重再降至21.2%。1929—1953年，英国机器制造、电子和造船工业增长1.87倍和0.2倍，采矿业却下降了14%。[1]

在美国，1839—1899年按不变价格计算的采矿业产值增长54倍，而全部制造业才增长31.9倍；1899—1929年，采掘工业生产指数增长2.7倍，加工工业增长2.73倍，在加工工业中重加工工业（主要作为劳动资料生产的）比重从39.9%上升为52.6%，主要作为消费资料生产的轻加工工业比重则从60.1%降至47.4%；从1929—1953年，美国全部生产指数增长1.27倍，属于劳动对象工业的采矿业和冶金业只分别增长0.71倍和0.92倍，属于劳动资料工业的机器制造业和运输机器制造业则分别增长2.2倍和2.26倍，属于传统加工工业的纺织、制革和食品工业分别增长0.76倍、0.15倍和0.7倍。[2]

在德国，工业化初期也是采煤、冶金等劳动对象工业发展快于机器工业，而后则相反，以1936—1957年为例，德国设备制造业工业生产指数提高1.85倍；采矿业只提高0.52倍；全部原料工业（包括化学工业）提高1.04倍；消费品生产工业提高1.11倍；同期德国整个工业的年均生产指数为1.25倍。[3]

在法国，工业初期劳动对象工业发展快于机器制造业，但1898—1924年情况发生了变化，工业生产指数中，机器制造业增长3.76倍，发展最快；冶金工业增长2.31倍；属于传统加工工

❶ 参见《主要资本主义国家经济统计集》，世界知识出版社1962年版，第205—206页；《第二次世界大战后资本主义国家经济状况（统计汇编）》，世界知识出版社1962年版，第874—875页。

❷ 数据引自：《美国历史统计》（1975年），第293页；《主要资本主义国家经济统计集》，第52、56、61页；《第二次世界大战后资本主义国家经济状况（统计汇编）》，第874—875页。

❸ 参见樊亢、宋则行主编：《外国经济史》（第2册），人民出版社1981年版，第110页；《第二次世界大战后资本主义国家经济状况（统计汇编）》，世界知识出版社1962年版，第926—927、331页。

业的纺织业只增长 0.02 倍。❶

在日本，进入工业化加速期后，发展最快的同样是机器制造业，1937—1957 年，机器制造业生产指数增长 2.53 倍，而冶金工业只增长 1.35 倍，采矿业增长 0.2 倍，食品烟草工业增长 1.02 倍，纺织业反而下降 4%。❷

自 20 世纪 50 年代以后，发达工业国的工业生产结构中制造劳动资料的机械（电子）工业比重仍居首位，劳动对象工业比重下降速度加快，传统加工工业比重下降速度放慢。见表 6-1。

表 6-1　1955—1974 年发达国家工业生产动态和结构

		全部部门	煤炭工业	石油、天然气采掘工业	矿石采掘业	电力煤气生产	冶金工业	机器制造业	化学工业	纺织工业	缝纫制鞋业	食品加工业
年均增长速度（%）		5	−1.9	2.9	3.1	7.4	3.9	5.6	8.0	3.2	2.7	3.7
比重（%）	1955 年	100	2.7	3.3	1.0	4.3	8.5	31.3	9.0	5.2	4.3	11.4
	1963 年	100	1.8	2.7	1.0	5.4	7.0	32.2	11.7	4.7	4.1	10.8
	1970 年	100	1.2	1.8	0.9	7.1	7.3	35.5	12.2	4.0	3.5	9.7
	1974 年	100	0.8	1.7	0.9	7.6	7.2	36.2	13.2	3.7	3.1	9.3

资料来源：伊·普·法明斯基：《科学技术革命对资本主义世界经济的影响》，人民出版社 1979 年版，第 54 页。

❶ 参见樊亢、宋则行主编：《外国经济史》（第2册），人民出版社1981年版，第110页；《第二次世界大战后资本主义国家经济状况（统计汇编）》，世界知识出版社1962年版，第926—927、331页。

❷ 参见樊亢、宋则行主编：《外国经济史》（第2册），人民出版社1981年版，第110页；《第二次世界大战后资本主义国家经济状况（统计汇编）》，世界知识出版社1962年版，第938—939页。

6.2 中国现阶段工业内部结构状态

我们先来认识中国现阶段工业内部结构状态，同时应用已修正并经说明的霍夫曼比例来分析中国现阶段工业结构已达到的经济发展史阶段性，并把中国现阶段的工业结构特征置于一般的国际经济史的比较中加以阐示。

表 6–2 反映的是中国轻重工业在工业总产值中的结构关系。见表 6–2。

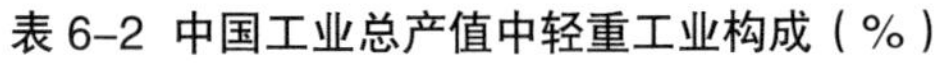
表 6–2 中国工业总产值中轻重工业构成（%）

（以工业总产值为 100）

部门 年份	轻工业部门	重工业部门
1952	64.5	35.5
1956	57.6	42.4
1965	51.6	48.4
1978	43.1	56.9
1984	47.4	52.6
1989	48.9	51.1
1992	37.9	42.4

资料来源：《中国统计年鉴》（1990），中国统计出版社 1991 年版，第 59 页；《中国经济年鉴》（1993），经济管理出版社 1994 年版，第 719 页。

从总的趋势看，中国工业结构也表现出工业化初期的重工化趋势，应当说这是符合工业结构演进的一般趋势的。从 20 世纪 50 年代的重工业产值比重 40%左右上升到 20 世纪 80 年代的 50%以上，这是中国工业化发展的重要标志。

问题在于，这种重工业比重的上升程度是否与中国现阶段的经济发展水平相适应？这是值得认真研究的问题。结构变化包括

工业内部结构高度的演进必须与结构效益统一起来，才能够适应经济发展的要求并推动发展，否则便是“虚高度”。关于中国产业结构效益问题，我们将在下一节讨论，这里仅就中国工业结构中重工业比重上升幅度与发展中国家一般水平相比，简单地考察中国重工业比重变化的特点。

与发展中国家相比，中国重工业比重提高相对于中国所处的经济发展水平阶段而言（以人均国民收入水平做标志），一个突出的特点是重工倾向更强烈。20 世纪 80 年代初韩国和巴西的工业结构中的轻重工业比例与中国现阶段较接近，尤其是韩国的轻重工业比重与中国现阶段状态相似，其轻工业产值占工业制造业产值比重为 45.7%，重工业比重为 54.3%；巴西轻工业和重工业比重则分别为 36.1%和 63.9%。[1]但是，20 世纪 80 年代初韩国和巴西的人均国民收入却是中国同期的 5 倍，即使以中国现在的人均国民收入水平与其 20 世纪 80 年代初相比，也有很大差距，但中国与其轻重工业产值结构却较接近。这从一个侧面反映出中国工业发展中的重工倾向较一般发展中国家更强烈。[2]

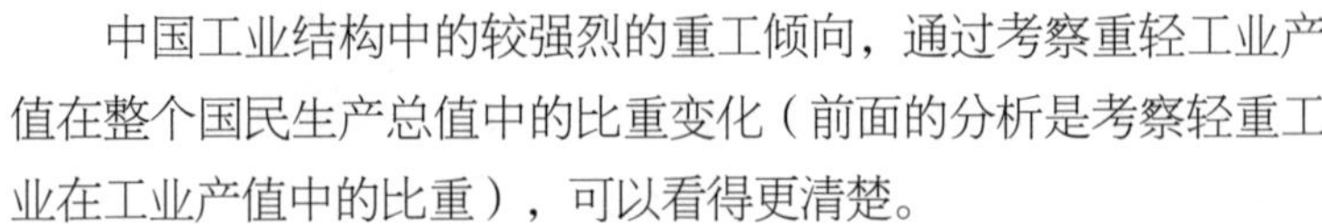

中国工业结构中的较强烈的重工倾向，通过考察重轻工业产值在整个国民生产总值中的比重变化（前面的分析是考察轻重工业在工业产值中的比重），可以看得更清楚。

表 6-3 是中国轻重工业在国民生产总值中的比重关系。

把表 6-3 的数据与钱纳里等人所作的一般大国模型中的轻重工业比重变化加以对比，可以发现，在钱纳里等人的一般大国模型中，当人均国民收入在 400 美元阶段（中国现在大体处于这一阶段），重工业产值占国民生产总值（GNP）比重大约比轻工业产值占国民生产总值比重低 3 个百分点；而中国现阶段重工

[1] 参见《经济理论与经济管理》1991年第2期，第24页。

[2] 这种相比较而言更强烈的重工倾向是否有利于经济发展，还需进一步研究证实，不能简单地断言。

业产值占国民生产总值的比重不仅低于轻工业产值比重，却反而高于轻工业产值比重，1978 年竟高于 6.7 个百分点，到 1989 年虽然经过 10 年的调整，但仍高出 1.02 个百分点。当然，这种比之于世界一般结构状态更高的重工比重倾向，是否有利于发展，是否需要调整，怎样确定其幅度等仍是有待研究的。这里只是一般性地指出中国轻、重工业比重上存在这样的特点，且不论其价值判断上的优劣，因此这种判断需要大量的长期的实证材料才可证明。

表 6–3 中国轻重工业产值在国民生产总值中的比重（%）

部门 / 年份	工业产值占 GNP 比重	重工业产值占 GNP 比重	轻工业产值占 GNP 比重
1978	48.6	27.65	20.95
1984	47.9	24.56	23.34
1989	44.6	23.76	21.84

资料来源：根据《中国统计年鉴》（1990）第 33、59 页数据计算整理而得。

那么，即使以中国具有较强重工倾向下的轻重工业比例关系为分析对象，中国现阶段工业中的轻、重工业结构大体上处于怎样的发展高度？我们通过霍夫曼比例的分析来考察。

我们以轻重工业产值分别代表霍夫曼比例公式中的消费资料生产工业产值和生产资料生产工业产值，近似地求出中国工业霍夫曼比例。正如我们在本章 § 6.1.1 关于霍夫曼定理分析中所指出的，一方面，为准确反映轻、重工业比重，应以总产值指标进行计算，而不应用净产值指标；另一方面，轻重工业划分并不能完全准确地替代消费品工业和投资品工业的划分，因为轻工业中也包含投资的生产，尤其是重工业中包含部分消费品生产。但是，在工业化初期以及加速期，轻重工业划分基本上是与消费品工业及投资品工业划分相吻合，差别是随着工业化深入而发生的。正因为如此，霍夫曼在他所处的年代进行霍夫曼比例计算时才自觉不自觉地用轻重工业划分代替消费品和投资品工业的划分，而这一点又为尔后的学者所证明是成立的。所以，我们以轻重工业总产值指标来计算中国现阶段工业霍夫曼比例。把中国轻重工业产值比重有关资料代入霍夫曼比例公式，计算结果见表6-4。

表 6-4　中国工业霍夫曼比例

年份	1952	1957	1960	1965	1978	1980	1984	1989	1992
霍夫曼比例	1.817	1.222	0.502	1.066	0.757	0.894	0.904	0.874	0.8938

资料来源：根据《中国工业经济统计资料 1949—1984》第 95—106 页，《中国统计年鉴》（1990）第 419 页，《中国经济年鉴》（1992）第 719 页数据计算。

根据霍夫曼关于工业阶段的划分，霍夫曼比例 =1（±0.5）期间为工业化第三阶段，即 20 世纪 20—30 年代英国、瑞士、美国、德国、法国等工业发达国家工业化所处阶段，也是工业化加速高潮阶段。中国现阶段正处于这一阶段上，即霍夫曼比例 =1（±0.5）阶段，1980 年以来，中国工业霍夫曼比例大体在 0.8~0.9。

尽管在 1960 年和 1978 年中国霍夫曼比例达到 0.502 和 0.757，但这并不意味着中国工业化的深入，不意味着中国工业化进程已超越了霍夫曼比例工业化第三阶段。因为，这两个时期恰是中国国民经济结构受到严重破坏，国民经济最为困难的时期，这种霍夫曼比例的低谷，不仅不能说明中国工业化的加强，反而说明在轻重工业关系上存在严重失误，超越经济发展的内在逻辑，片面地超经济地强行发展重工业，致使霍夫曼比值的降低严重脱离了中国工业发展阶段的历史规定。在这两个霍夫曼比例低谷期之后的两次国民经济大调整，实际上便是对结构，尤其是对农、轻、重比例关系的调整，这种调整的效果也反映在尔后的霍夫曼比例的回升上。

因此，撇开一时的超经济干预结构的严重失误，应当承认，中国霍夫曼比例在20世纪50年代处于1.817~1.222，所反映的工业化霍夫曼阶段大体是20世纪20年代日本、荷兰、丹麦、加拿大等国的水平，即霍夫曼比例=2.5（±1）的工业化第二阶段；从20世纪80年代初至90年代初，中国工业化进入霍夫曼比例=1（±0.5）阶段，即霍夫曼工业化阶段划分的第三阶段，相当于美、英、法、德等国20世纪20—30年代的水平。这种工业结构历史高度的判断与前面关于三大产业结构历史高度的判断基本上是一致的。❶

6.3 工业化加速时期工业结构性扩张的突出障碍

工业化加速期的工业急速扩张，除受第一次产业发展基础的历史性约束外，就其本身发展而言，突出的障碍在于两方面：一是工业扩张中的资本形成和筹措问题；二是工业扩张中的主导产业形成和发育问题。对于主导产业问题我们将在后面设专章进行讨论，这里仅就资本（金）形成障碍展开分析。

对于当代发展中国家而言，推进工业扩张进而带动整个产业结构演进，其基本障碍便是资本（金）形成不足。这种不足，一

❶ 从与发达国家的历史比较上看，似乎按霍夫曼比例划分的中国现阶段工业结构高度的历史阶段稍高于三大产业的结构高度所处历史阶段，但一方面差别不大，尤其是放在长期历史比较中差异几乎不存在，只不过一个是相当于发达国家20世纪20年代以前，一个是相当于发达国家20世纪20年代以后的高度，就经济历史内容的含义来说并无多大差异。另一方面，正如已讲到的，我们关于霍夫曼比例的计算是在承认中国重工业比重较一般趋势有更快发展倾向的基础上进行的，由此而划定的工业化阶段可能会稍高些。

方面由于经济发展水平的落后使国民收入可能的积累相对于工业化加速的资本（金）需求严重失衡；另一方面，由于资本（金）-产出率水平的低下使矛盾更为突出。此外，由于体制上的原因，发展中国家普遍存在的财政功能及货币功能的欠缺，也使资本（金）形成发生困难。这些失衡、矛盾和困难，在中国都程度不同地存在。

6.3.1 工业化加速时期资本形成的特点

资本形成对于工业化加速时期的工业扩张及由此带动的经济增长有着至关重要的意义，可以说是整个产业结构高度演变的关键。

早在20世纪30—40年代，英国经济学家R. 哈罗德和美国经济学家R. 多马在考察实现均衡增长的条件，解释发达工业国经济增长与失业间的关系时，以其著名的哈罗德-多马模型指出了资本形成规模对于工业化进展的重要意义。[1] 由哈罗德-多马模型，一些学者得出了一些对于认识工业化过程中资本形成同题极有意义的新结论。W. 罗斯托认为，一国工业化程度，可以用投资在国民收入中所占比重来衡量：在前工业化的末期，净投资大约在5%；当经济进入起飞阶段，净储蓄率在10~20年一直保持在10%左右；同时由于资本-产出的边际比率在经济起飞阶段达到3~3.5之间，因而产出增长率会从起飞前的1.6%（5%/3）增长到3%（10%/3.5）左右，相应人均产出也会增长。[2] 刘易斯也有相同看法，他认为，经济发展理论的中心问题是要理解

---

[1] 参见哈罗德：《基本的动态定理》，载《Macroeconomic Theory: Selected Readings》，第428—450页；哈罗德著：《动态经济学》，商务印书馆1981年版，第2、3章；多马著：《经济增长理论》，商务印书馆1983年版，第1、3、4章。

[2] 参见W. W. 罗斯托著：《经济成长的阶段》，商务印书馆1963年版；《从起飞进入持续增长的经济学》，四川人民出版社1988年版。

一个由原先的储蓄和投资占不到国民收入的 4% 或 5% 的社会，如何变为一个自愿储蓄增加到国民收入 12%~15% 以上的社会。这一问题之所以成为中心问题，是因为经济发展的中心事实上是迅速的资本积累，否则，便无法解释任何工业革命。

显然，人们是把必要的资本形成规模作为实现工业化的必要条件。当然，由于各国历史特点，这个必要规模在量上具有一定的不确定性。西方学者把自愿储蓄在国民收入中的比例视为 15% 以上，在中国如何确定这一比例仍有待深入考察。但保持一定规模的资本形成是实现工业化的基本条件，使储蓄率进而积累率有较大幅度的上升（一般比工业化加速前至少提高 10 个百分点）是实现结构转换的重要前提，这是不容怀疑的。

认识工业化过程中资本形成的特点，有必要重新探讨主要发达国家工业化历史上资本形成过程。

1. 英国工业化过程中资本形成问题的重新考察。

人们通常认为，英国工业化初期的资本形成主要是依靠海外掠夺和圈地运动，即所谓资本原始积累过程。但仅仅停留在这种认识上是不够的，因为这些收入并不是直接转化为工业投资，并不直接形成资本，其间有许多社会过程，而通过这一系列中间环节来形成资本净投入是一个艰难的过程。

（1）英国来自海外掠夺的收入究竟是怎样转化为工业投资的？大体上有四种途径，使海外掠夺的收入转化为工业投资，进而推动了其产业结构演进和经济工业化的历史过程。

第一，海外掠夺收入中有一部分用于购买消费品，从而为英国工业发展提供了更大的市场，对促进英国工业生产起到了一定作用。如果以这些收入购买国内工业企业生产的消费品，那么这部分收入通过市场转化为企业的收入，从而为企业主形成资本再投入创造基础。但英国海外掠夺的收入通过这种途径转化为资本的作用并不十分突出，因为拥有海外掠夺收入的人所购买的消费品主要是奢侈品，而当时英国市场上的奢侈品主要是从法国、意

大利进口，所以，购买消费品的海外收入又流到外国。即使购买的是英国生产的消费品，由于当时并不是直接向工业企业购买，而是向商人购买，这样就又形成一个问题：这部分收入到商人手中以后，能否、怎样转化为对工业的投资？

第二，一部分海外收入以各种形式流入国库。这里需要说明的是，如果流入国库的收入通过政府财政手段直接或间接用于工业投资，那么，显然会提高工业化过程中的资本形成能力。但是，当时的英国政府并不是如此，并不举办政府国营企业、公共工程，政府财政收入主要用于军事与行政；政府的主要经济作用并不是表现在帮助工业资本家扩大投资方面，而是表现在帮助商人向海外扩张方面。

第三，一部分海外收入进入英国金融市场，成为英国借贷资本的重要组成部分。从理论上说，进入金融市场的收入当然可以支持工业投资，但当时英国金融市场还很不发达，因而不能把这个途径对英国工业化过程中资本形成的作用估计过高。

第四，一部分海外商人、奴隶贩子用所获海外收入直接投资，创办工厂。如当时利物浦的一些棉纺织厂、炼铁厂就是这样兴办的。但由于当时海外掠夺能够比在国内进行工业投资得到更多的利润，因此，这些人对国内工业投资热情并不高，也不普遍。

从上述四方面途径来看，英国工业化过程中资本形成并没有得到来自海外掠夺的收入十分有力的支持，尽管这些收入是存在的，但并没有充分转化为工业投资。

（2）圈地运动与资本形成。圈地运动对英国工业化中的资本形成起了怎样的作用呢？

第一，圈地运动促进了英国的羊毛生产，因而促进了毛纺织业的发展。但是，毛纺织业并不是英国工业化的主要工业部门，而且，尚缺乏统计资料说明资本是如何从毛纺织业转向铁路、钢铁、煤炭等工业运输业部门的。

第二，圈地运动使生产者与生产资料分离。不能否认，这会扩大英国的国内市场，但是，既然分离之后，这些人便一无所有，那么他们的购买力究竟能有多大呢？他们还不是工业化时期的主要的商品购买者。因此，如果说，生产者与生产资料的分离对于制度创新具有直接的社会意义，那么，对于经济发展中的资本形成并无多大的直接意义。

（3）工业本身利润积存是英国工业化过程中资本形成的主要途径。“二战”后的许多研究表明，英国工业化时期许多大工业资本家是从小资本家经过几代人发展起来的。在很长一个时期里，资本形成率较低，而且资本形成率的提高也很缓慢。与此相适应，英国国民收入年增长率也很缓慢。英国工业化实现过程中的资本形成主要是经工业本身缓慢地提高资本形成率而促成的（见表 6-5）。

表 6-5 英国资本形成率的变化

时期	统计范围	资本形成率（%）
1770—1800 年	英格兰和威尔士	6.5
1820—1850 年	联合王国	9
1905—1914 年	联合王国	14

与表 6-5 相适应，英国国民收入年增长率也很缓慢，见表 6-6。

表 6-6 英国国民收入年增长率*

时期	统计范围	国民收入年增长率（%）
1700—1740 年	英格兰和威尔士	0.3
1740—1770 年	英格兰和威尔士	0.9
1770—1800 年	英格兰和威尔士	1.5
1875—1900 年	英格兰和威尔士	2.5

* 资料所反映的年代有些重叠，这是由于资料来源是由几个人的历史记录提供的。

从表 6-5 和表 6-6 的两组数据中，可推算出英国在 18 世纪末至 19 世纪末近 100 年当中，资本 / 产出系数是在 4 以上；英国大约从 19 世纪 20 年代起储蓄率才达到 10% 左右，到 20 世纪初达到 14%；但与此同时，由于资本 / 产出比例系数上升了，使得国民收入增长率提高速度不快。

2. 美国在 19 世纪的资本形成。

（1）美国在 1805—1900 年的净资本形成。在 19 世纪前 4 个 10 年，美国用于投资的净国民产值占全部净产值的比重不过 6%~7%；而在南北战争前 10 年，投资率达 12%；从南北战争到第一次世界大战期间，投资率达到 18%~20%。显然，投资率的这种逐步的、稳定的、较大幅度的上升，构成 19 世纪美国经济发展的最显著特征，见表 6-7。

表 6-7　美国 1805—1900 年净资本形成

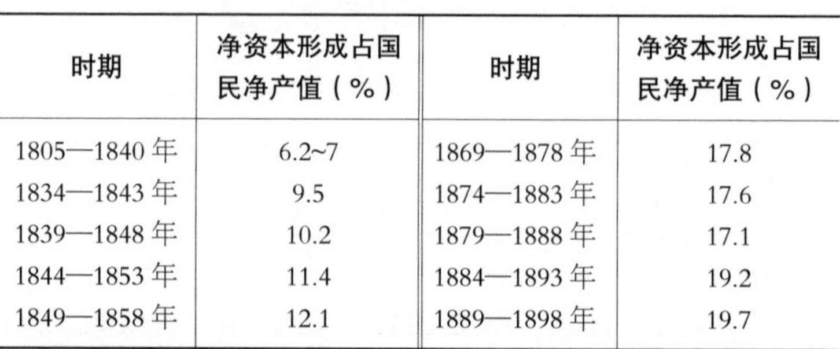

时期	净资本形成占国民净产值（%）	时期	净资本形成占国民净产值（%）
1805—1840 年	6.2~7	1869—1878 年	17.8
1834—1843 年	9.5	1874—1883 年	17.6
1839—1848 年	10.2	1879—1888 年	17.1
1844—1853 年	11.4	1884—1893 年	19.2
1849—1858 年	12.1	1889—1898 年	19.7

资料来源：H.N. 沙伊贝等：《近百年美国经济史》，中国社会科学出版社 1983 年版。

（2）美国 1799—1899 年实际净国民产值增长率。这一历史时期美国实际净国民产值增长率状况与有些学者估计的有所不同。按这些学者的估计，在现代化开始阶段，资本 / 产出系数会在 3~3.5 之间摆动。如果美国的资本 / 产出系数是 3~3.5 之间的值，那么，美国在 19 世纪头 40 年的经济增长率只会在 1.8%~2.3% 之间（6%~7% /3~3.5）；而到 19 世纪后几十年，经济增长率会在 5.6%~6.6% 之间（19% /3）。但是事实上，美国在南北战争前经济增长率达到最高值，南北战争后经济增长率没有达到 4% 以上，见表 6–8。

从表 6–7 和表 6–8 的两组数据，可以得出两个重要结论：第一，由于在 19 世纪后 50—60 年中，美国的增长率趋于下降，而投资率却趋于上升，因此，资本 / 产出系数就远不是稳定的，而必定是上升的。第二，在 19 世纪上半叶，美国的资本 / 产出比率必定是远远低于 3.0~3.5；假定在 1840 年前投资率只有 6.5%，而经济增长率达到 4%，那么经济运行中的资本 / 产出系数的平均值必然只在 1.6 左右（6.5% /4%）。

表 6–8　1799—1899 年美国净国民产值增长率（%）

时期	国民净产值增长率	人均国民净产值增长率
1799—1838 年	4~4.5	1~1.5
1839—1854 年	4.9	1.7
1854—1874 年	3.3	0.7
1874—1899 年	3.7	1.6

资料来源：同表 6–7。

（3）美国在 1840—1900 年的资本存量对净国民产值的比率。美国的资本 / 产出比率在 19 世纪后 50—60 年中是呈上升趋势的，这就抵消了资本形成率（投资率）上升对经济增长率的促进作用。同时，事实也表明，从长期看，资本 / 产出系数并不是一个常数，而是一个变数。这说明用哈罗德 – 多马模型来解释 19 世纪美国经济史是无力的。见表 6–9。

相比较，索洛模型对 19 世纪美国经济史的解释更有力量。[1]他的基本观点是，在市场经济中，由于资本、土地、劳动这几种生产要素的相对价格会发生变化，因此，人们会改变对同一产出量的资本投入量，调整资本 / 产出系数。这就是说资本 / 产出系

[1] 参见索洛：《对经济增长理论的一个贡献》，载《经济学季刊》1956年第70期。

表 6-9 1840—1900 年美国资本存量对净国民产值的比率

时期	资本存量对净国民产值的比率（%）
1840 年	1.6
1850 年	1.8
1880 年	2.4
1890 年	3.3
1900 年	3.7

资料来源：同表 6-7。

数不是一个常数，而是各种要素相对价格的函数。承认资本 / 产出系数是一个变数，就容易解释 19 世纪美国的经济增长率随投资率上升而出现下降的情况。

从上述关于英美工业化时期资本形成情况的简单分析中，我们可以做出以下三点推论：①实现工业化需要大规模的资本形成，但资本形成又是一个极其困难、极不确定的历史过程。②工业化所需要的资本形成主要的、也是较稳定的来源是工业自身的利润再投入，其他方面的作用都是间接的、不稳定的。正因为如此，工业化初期，即工业自身尚很不发达时期，资本形成提高率是很迟缓的，这种迟缓性是与结构高度化、工业化进程的历史艰巨性相适应的。③如果由于种种原因，特别是由于效率不高或者由于要素相对价格扭曲，那么，资本 / 产出比率将较高，较高的资本 / 产出比率一方面会抵消资本形成率提高对经济增长的积极作用，另一方面为保持较高的经济增长率就必须有更高的资本形成率的提高速度做基础。而效率低下和要素相对价格扭曲恰恰是工业化初期常见的现象，这无疑为实现工业化过程中的结构高度化进一步增加了资本不足的束缚强度。

6.3.2 工业化加速时期资本形成的途径和机制

1. 资本形成的途径。

在国民收入总量既定的条件下，如何使之有效地形成资本，在途径上存在多种方式，并且各种方式间存在相互替代性。从根本上说，一国资本形成途径的选择取决于其经济体制特征并直接反映体制特征。

历史上各国工业化过程中资本形成途径是不同的。比如，英国工业化中资本形成的途径主要靠原始积累基础上工业资本自身的积累；而在西欧其他国家则没有资本原始积累，而是靠银行系统为工业发展提供大量信贷；在俄罗斯帝国，19世纪既无资本原始积累也无大银行系统为工业提供信贷，政府是运用税收从国民收入中取得大量资本，并以这些政府岁入来进行工业投资，同时辅之以吸收国外资本；在当代拉美国家，主要是运用金融机构去动员并配置储蓄，以形成工业资本积累；而在撒哈拉以南的非洲国家则相反，主要是运用财政机制去动员储蓄。

无论以怎样的途径形成工业资本，最终都是在国民收入中形成储蓄。就储蓄形成的方式而言，主要分为自愿储蓄与强迫储蓄两大类。强迫储蓄的特点是由政府发动的储蓄，主要形式为征税、摊派政府债务、政府低价收购农产品、没收地主财产转为政府债券、无偿或低价征用农村劳动力、通货膨胀等。对于处在工业化中的发展中国家，面对资本不足的压力和金融市场机制不完备的现实，极易采取强迫储蓄措施来筹集工业发展所需资本。在中国也不例外，可以说其他国家工业化发展史上采取的强迫储蓄的主要方式，在中国现阶段几乎都出现过或仍在采用。强迫储蓄的利处在于，在工业化初期，在资本来源有限且不具有效的金融市场机制的条件下，可以通过强迫储蓄较快地在政府手中形成资本积累，并集中投向极需发展的工业领域，较迅速地形成工业化基础。这一点不仅被一些国际经验证明，也为中国工业化初期的

实践所证明。但强迫储蓄不能持久，不能成为支持整个工业化进程的积累方式。因为强迫储蓄的弊端突出：①它会伤害农业，使第二次产业的发展脱离三大产业结构演进的历史逻辑规定；②它会挫伤微观主体的投资积极性，抑制市场力量的资本形成功能；③采取通货膨胀造成实际消费下降而实际储蓄上升的同时，还可能使人们将本来用于储蓄的收入尽快转为现期消费，以减少通货膨胀带来的损失，这样又会降低资本形成率。更进一步，通货膨胀会给资本形成带来严重障碍，它使投资和储蓄行为变异，在通货膨胀压力下，消费者倾向于多消费少储蓄，投资者则追求那些价格随通货膨胀上涨的资产，如房地产、黄金、珠宝等，而不是追求生产性的资本投资；通货膨胀会使人们产生更高的通货膨胀预期，要求提高工资、增加补贴，从而产生成本推动的更高的通货膨胀，使投资趋于低潮；通货膨胀会歪曲价格信号，从而使投机盛行，投机中的机遇代替了竞争而成为增加收入的主要途径，对稳定投资极为不利。

因此，对于一个资本（金）短缺，又期望在不长的时期里较快完成工业化的发展中国家来说，不是主要依靠提高工业企业效率，依靠工业自身的积累，依靠自愿储蓄来形成工业发展资本，而是力图以强迫储蓄，以牺牲农业发展，以通货膨胀来剥夺社会的方式来提高资本形成率是不切实际的，也是不可能长久的。这不仅会破坏经济发展的历史逻辑，而且会破坏正常的经济运行秩序，使工业结构性扩张难以真正实现。这一点不仅为国际经济发展史所反复证明，更是几十年来中国经济发展实践反映出来的深刻经验教训。

2. 资本形成的机制。

从经济史的归纳看，工业化过程中资本形成的体制条件，无外两大类：一为财政主导型，尤以中央财政主导资本形成；二为市场主导型，即以金融市场来组织资本形成。前一类体制条件下极易并且一般都发生了强迫储蓄。问题恰在于，作为工业化过程中的国家，面临的不仅是工业化未完成的发展现实，而且往往同时面临市场机制尚在发育中的体制现实，因此又难以有效地运用市场机制来组织资本形成。理论分析表明，通过金融市场来组织资本形成更有效率，这是由于金融机制的“中介效应”。在资本形成过程中，金融机制可以增大资本密度，提高资本边际产量；可以降低单位资本的转移成本；可以分散储蓄风险，提高资产的灵活性。但金融中介的这些作用都需以完备的市场条件为前提，尤其以市场决定利息率为条件。❶

中国作为一个经济双重转轨的发展中国家，在面临极大的资本不足压力的同时，同样面临市场机制不完备的体制障碍，使资本形成发生困难。经济转轨中中国资本形成机制上的特点集中表现在以下两方面。

（1）经济转轨中财政调控能力降低使资本形成，尤其使本应由财政组织的社会先行资本及基础产业资本投入能力削弱。

在经济体制改革过程中，传统的调控方式发生了很大的变化，在传统方式受到冲击但却未完全失去其作用，新的调控方式开始萌生但却仍极不完备的条件下，一方面分配权利分散化为国民经济带来了一定的活力，但另一方面财政，特别是中央财政对于居民收入增长的调控能力严重受损，从而给资本形成带来极大影响。这种影响主要体现在以下三方面。

第一，企业在分配方面权利的扩大严重冲击了传统体制下中央财政对国民收入初次分配的调控能力。

以城镇国有企业为例，在全面实行企业承包过程中，企业在分配权利上有着相当大的作用空间。一方面承包后企业留利水平和比重大大提高，据统计，到 1985 年国有企业留利比重已从 1979 年的 12.2％上升为 38.6％，1983 年、1984 年甚至超过

❶ 金融机制对资本形成的“中介效应”分析，可参见刘伟著：《经济发展与结构转换》，北京大学出版社1992年版，第137—145页。

39%，有的地区，有的部门、行业和企业还要远远高于这一全国平均水平。这样，中央财政对企业利润分配的直接调控能力下降，进而对资本形成调控能力减弱。另一方面，企业留利中用于生产发展的比重偏低，自20世纪80年代以来，连续多年企业留利中用于生产发展的比重在20%~30%，而用于职工福利、奖金的比重则一直在70%~80%，只是到1985年之后，留利中用于生产发展的比重才提高到40%，但仍远低于用于奖金和福利支出的比重。

上述情况说明，在财政对国民收入初次分配，特别是对企业内部分配调控力减弱的同时，由于企业财产关系不清，市场发育不完备等多方面的原因，企业自身积累的动力并不充分，从而严重威胁着资本形成。

至于对农业生产者收入的调控，近几年来，由于农副产品市场逐渐放开，特别是由于农民收入相对优势的变化，使得财政过去通过农产品价格和农业税进行统一调控的能力受到削弱。因为农民相对收入优势转移，使之收入相当大的部分来自非农产业，甚至更多地来自国民收入再分配领域，而传统的调控方式恰恰不适应这种变化，新的以国民收入再分配为调控重点的财政分配机制还很不完备，这就不能不使对农民收入调控具有极大的不确定性。尤其需要注意的是，在这种不确定的环境中，如果再加之产业政策的不清晰、资源流动市场机制不完备，那么农民手中的收入便既难以真正流回农业，也无法真正成为工业积累，无法进入城市现代产业部门。这些收入或者被消费掉，或者至多只能进入城镇亚产业部门，而这些亚产业部门既不是产业结构高度化所要求的，也具有极强的不稳定性，难以成为支持工业化发展的资本形成。

第二，财政调控不适应整个经济向市场化方向的转移，不适应由对国民收入初次分配为直接调控重点向对国民收入再分配为间接调控重点的转移。

随着经济体制改革的深入，中国经济市场化程度有所提高，这就使得长期以来以财政为主要渠道的资本形成途径和方式产生了极大的不适应性。尤其重要的是，与这种财政主导型资本形成产生不适应经济生活需要的同时，金融市场体系发育又极不成熟，从而使得收入既不能通过财政，也不能通过金融市场有效地形成储蓄并转化为投资，使资本形成受阻。一方面人们很难通过金融市场组织资本，很难通过金融市场进行投资；另一方面金融市场在强烈的数量信号规定下很难实现其在资本形成中的“中介效应”，这是由于金融市场不发育，财政调控力减弱所形成的必然结果。与此同时，劳动力市场的不完备，使得劳动力所面临的市场竞争压力减弱。当财政放松对企业职工收入直接控制的同时，当企业由于产权界区不清因而形成短期行为倾向的同时，劳动力流动的刚性使劳动者收入攀比心理急剧扩张，收入刚性严重，从而支持着消费迅速增长，威胁着必要的资本形成。

由于生产者、消费者选择独立性的增强，特别是由于整个经济的放活，国民收入再分配领域日益成为更多居民收入的主要来源；再加之多种经济成分并存的体制条件，更使得原有的以初次分配为重点的财政调控能力受到挑战，税种、税率、税制等都有一系列的不适应性、不合理性，一套适应不同经济成分、不同产业部门、不同经济活动的税收体制仍有待确立，从而使得财政税收受到严重影响。几年来，财政收入增长始终赶不上居民收入和国民收入及劳动生产率的增长速度，这不能不使财政形成资本的能力降低，至少没有实现应有的提高。

第三，在财政收入减少、调控能力减弱的同时，财政所负的经济、社会责任不减，削弱了财政组织资本的能力。

说到底这是一个体制问题，而不仅仅是一个调控方式问题。在改革过程中，对企业不断放权，但由于国家与企业间的财产关系并不清晰，因而国家虽然保留着对财产的所有权，但却在相当大的程度上放弃了对财产的支配经营权；企业虽然掌握着相当大部分的对财产的支配权，但却不能也不会对财产负最终的经济责任。应当说，这是所有权与经营权两权分离的改革思路最深刻的弊端。[1]由此，许多本来该由企业负的责任仍然最终落在财政上。中央与地方财政也存在类似情况，地方财政权限扩大的同时，并未真正负起相应的责任，许多责任仍要依靠中央财政承担。权利与责任的失衡不能不影响财政，特别是中央财政的组织资本的能力。此外，由于传统体制的惯性，由于长期历史遗留下来的现实，许多公共、福利、保险性支出本来应由企业、个人负责，但在企业分配权利扩大、劳动者收入提高的过程中，这些支出责任并未相应地转移，仍压在财政上。即使在直接的投资领域也存在财政负担过重的情况，投资中的大部分要依靠财政组织，再加之部门、地区间的攀比，在财政收入增长速度降低的条件下，财政很难有效地体现产业政策的要求，很难按照产业结构高度化进程要求组织和运用资本。因此，为克服这一矛盾，不仅需要深化微观机制的改革，特别是从财产关系上明确企业的权利和相应的责任，而且需要清理财政的权利和责任，将不应由财政承担的责任连同权利一道转移出去。这种功能性的改造，对于转变资本形成的主导型体制条件，即由财政主导转向金融市场主导，是十分必要的。

在中国现阶段，财政疲软对于资本形成的影响还不仅体现在上述三方面。除上述三方面外，中央财政与地方财政实行财政包干也使资本形成具有相当大的不确定性，一方面减弱了中央财政对资本形成和使用的直接调控能力；另一方面地方政府财政收入中形成积累的比例很难保证在必要的水平上，而且即使形成积累，在其使用中由于地方本身的封闭性，大都是按照本地区的直接需要，特别是按照本地区财政收入增长的要求进行投资，使地

[1] 关于这一问题的分析可见刘伟、平新乔：《所有权·产权·经营权》，载《经济理论与经济管理》1988年第5期。

方的投资结构严重偏离整个产业结构演进的要求。此外，企业留利中用于生产发展的部分，由于财政对其失去控制能力，同时又由于市场竞争的不充分，企业财产权、责、利不清晰，因而相当一部分企业留利中的积累用于非生产性基本建设，非生产性投资比重提高迅速。这也是对工业化过程中的资本形成和有效投入的严重影响。

（2）“反中介”机制形成与投资不足。正如前面已指出的，金融机制作为资本形成的中介，具有中介效应，即能提高资本形成能力，这在以金融机制为资本形成的基本途径的经济中效果更为明显。所谓反中介，即指经济中存在阻碍金融机制有效发挥中介效应的因素，进而削弱资本形成能力，这在金融市场不发达的条件下更为明显。在中国现阶段反中介效应对投资的威胁是极为突出的。

第一，金融机构非企业化，使利息率难以真正成为资金的价格，再加之资金短缺下的信贷数量配额，使金融中介效应难以发挥。

金融市场的中介效应首先必须通过金融机构服务才能实现。如果金融机构并非是真正独立的经营实体，而只是政府的行政附属部门，那么，银行信贷利率便不能不由政府行政性控制，这种行政利率很难保证其反映资金的市场价格。只要存贷款利率不反映资金的稀缺程度，并且这种不反映资金稀缺程度的利率在行政干预下得以维持，那么，经济中就必然出现资本化不足的倾向，就不能不降低储蓄率，降低资本密度，使金融中介效应无以发挥。中国的情形恰是如此。

与此同时，面对资金严重短缺的条件，政府除对利率进行直接控制外，还对信贷数额进行控制，从而使投资贷款者同时面对扭曲的资金价格信号和数量信号，使资金运行出现严重的非市场均衡状况，阻碍金融市场功能的发挥。

如果在资本形成不足的同时，企业作为借贷者其效益不高，收益率甚至低于折现率；而同时又由于财产制度的规定，使企业不可能真正在市场竞争中破产；加之信贷数量配额的保护，企业可能脱离资金使用效益而争得计划贷款配额。这就更威胁着金融机构的活动，甚至威胁到银行体系的生存，除非政府在保护企业的同时，给银行以同样的行政支撑。但这将以效益的巨大损失为代价。

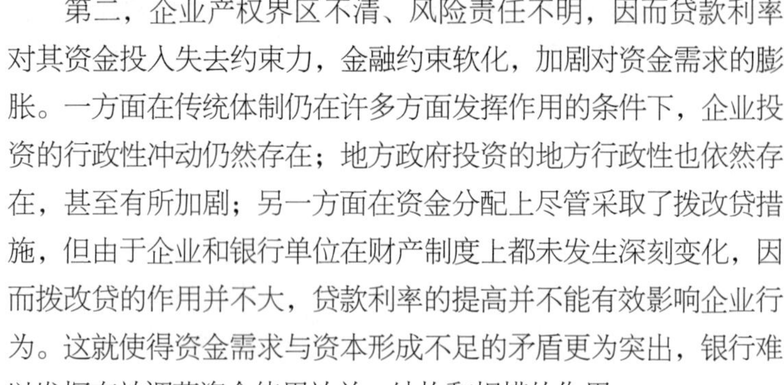

第二，企业产权界区不清、风险责任不明，因而贷款利率对其资金投入失去约束力，金融约束软化，加剧对资金需求的膨胀。一方面在传统体制仍在许多方面发挥作用的条件下，企业投资的行政性冲动仍然存在；地方政府投资的地方行政性也依然存在，甚至有所加剧；另一方面在资金分配上尽管采取了拨改贷措施，但由于企业和银行单位在财产制度上都未发生深刻变化，因而拨改贷的作用并不大，贷款利率的提高并不能有效影响企业行为。这就使得资金需求与资本形成不足的矛盾更为突出，银行难以发挥有效调节资金使用效益、结构和规模的作用。

在这种条件下两种情况极易发生，一是出现资本“黑市”，非金融机构参与金融活动，包括民间信贷以及企事业单位间的资金串换等。而这些活动又并未被真正纳入金融市场体系，这就不仅冲击着原有的金融秩序，而且使金融中介的作用发挥过程更显混乱。二是产生资金双轨价，即计划贷款利率和非计划贷款利率。一方面这种资金双轨甚至多轨价格，在社会财产界区不清的情况下很难克服产业结构转换的刚性，即高利率并不能遏制长线部门、企业的贷款冲动；另一方面会严重破坏金融市场秩序，使金融中介效应无以有效实现。特别需要指出的是，与信贷数量配额相伴而生的资金双轨价，还能使信贷配额分配权力本身商业化、货币化，瓦解金融市场秩序，破坏统一金融市场的发育。

第三，金融机构资本转移成本上升，既威胁金融机构的存在与发展，又严重削弱金融中介效应。通过金融机构来分配、转移资本是需要支付成本的，金融中介效应与金融机构的转移成本密切相关。因为金融中介效应核心在于通过金融机构的服务，使资本所有者能够获得比不借助于金融机构更高的利息收益，可以分散储蓄风险，提供资产的灵活性，使之更愿意进行储蓄，提高资本形成能力。但是资产拥有者得到的利息，又是由资本的边际产量减去金融机构转移成本（包括金融单位正常利润）所得差规定，这样，金融机构转移成本的大小便直接关系到资产拥有者实际所得，关系到其储蓄冲动的强弱，关系到整个社会资本形成能力的大小。

应该说，中国现阶段金融机构转移成本是十分高昂的，而且在这种高昂的转移成本中，银行利润所占比重有所下降，甚至出现负值。导致这一状况的原因是多方面的，较直接的原因主要在于：首先，资金短缺条件下银行机构之间展开“储蓄大战”，盲目吸收储蓄，对储户许以厚利，而又难以保证贷款的使用效率，无法保证资本边际产出率的提高，从而大大提高了银行经营成本；其次，地方政府形成储蓄热情，尤其是在中央采取抽紧银根措施之后，为减少资金不足对地方工业的资金供应压力，为在宏观紧缩环境中保有一块资金来源，以支持本地经济增长，维护地方政府财源，地方政府对吸收存款表现出极大的热情，进而不计成本，不计资金使用的宏观、微观效益；最后，面对通货膨胀的压力，为稳定货币、稳定物价，政府要求金融机构积极吸储，为尽量减少通货膨胀对储蓄存款的冲损，保证储蓄热情，银行便不能不大量补息。但问题在于，存款利息不断提高的同时，贷款利率的提高却受到企业效率的强硬限制，资本的边际产量提高迟缓。由此，银行本身的生存和发展便受到严重威胁，使经济同时面临保护货币和保护银行的双重任务。

因此，为有效地提高中国经济转轨过程中资本形成能力，以支持工业化的实现，首先，必须转变财政在资本形成中的功能，厘清财政的权利和责任，使财政性组织资本确实具有“高功能资本”的作用，即财政投资具有带动社会投资和为产业结构演进所要求的投资进行组织、动员以及保险的作用。其次，必须在提高财政调控效率的同时，把资本形成的主体任务转移给金融市场，为此，必须积极培育和发展金融市场体系，逐步放松对金融市场的数量信号和行政信号的约束，切实使之发挥金融中介效应。最后，必须努力降低金融机构的转移成本，深化金融机构改革，特别是深化其财产关系的改革，使其信贷、吸储活动受自身利益的强有力的直接约束，以市场竞争压力迫使转移成本降低，在保护企业与保护银行，保护通货与保护银行之间做出适时适度的选择。当然，这些提高资本形成能力和效率的追求，又都必须以提高企业效率、提高企业资本边际产量为基础，以整个宏观投资结构，特别是以产业结构高度化进程为约束。而这些方面条件的创造，则需要整个经济改革的深化和产业政策的有效实施。

第 7 章　产业结构转换：第三次产业发展的双重目标

“第三次产业”[1]的发展是经济发展史逻辑进程中极为重要的内容，是当代产业结构演进的突出特征。问题在于，对于一个处于工业化加速时期并且同时面临市场机制培育历史任务的国家，第三次产业的发展应居何等历史地位，结构转换中应如何对待第三次产业？这是需要根据经济史的演进规律和各国具体经济成长水平及体制条件进行深入考察的命题。

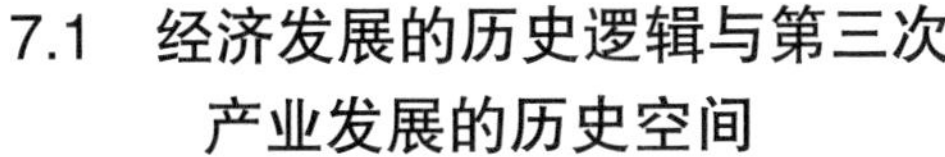

7.1　经济发展的历史逻辑与第三次产业发展的历史空间

中国现阶段就结构高度而言正处于工业化加速时期，即以工业制造业的迅速发展带动整个产业结构剧烈演变的时期；就发展目标而言，以人均国民生产总值作为标志，则正处于 500 美元向 1000 美元发展的过程中。特别需要指出的是，一切发达国家经济史上的三次产业间的逻辑推进，均主要是一种经济成长现象，而并不较多地涉及经济类型和经济体制的变化。包括中国在内的当代发展中国家，在当代完成工业化的历史任务所面临的便不仅是

[1] 三大产业的划分，本来就具有历史逻辑次序的规定，范畴本身就是作为经济史学的概念提出的。“第一次”（Primary）、“第二次”（Secondary）、“第三次”（Tertiary）具有逻辑进展层次意义，不同于“第一”（First）、“第二”（Second）、“第三”（Third）。

产业结构的转换，同时包含着经济发展类型和经济体制的转换。双重历史使命集中在同一历史空间，这样第三次产业的发展就不仅具有经济成长的意义，而且更具有经济类型和体制改革的历史意义。也就是说，这种历史条件下的第三次产业的发展不仅要受经济成长阶段的逻辑规定，而且要受市场机制发育的历史规定，因为第三次产业中相当大的部分就是围绕市场机制，围绕为社会提供市场服务展开的。因此，我们必须从经济发展结构演进的阶段性和市场经济机制发育的历史要求两方面来考察现阶段中国发展第三次产业的历史空间。

7.1.1 工业化加速时期经济成长对第三次产业发展的历史规定

这种历史规定主要来自对发达国家经济史的概括，来自发达经济与不发达经济的结构对比。这种历史规定主要体现在第三次产业在结构高度演进上的两方面特点中。

一方面，在工业化加速时期，三次产业结构演变中主要是第二次产业比重的迅速扩大，第三次产业在这一阶段比重提高的幅度和速度相对不显著。西蒙·库兹涅茨曾选取 59 种类型的国家数据，考察人均国民生产总值为 500~1000 美元（1958 年美元）阶段的三大产业结构变化特征，发现在这一阶段伴随第一次产业加速下降，第二次产业就业比重总的上升率为 375%，而第三次产业就业比重仅上升 277.8%，相差近 100 个百分点；产值比重上，第二次产业上升 171.35%，而第三次产业仅上升 45.52%，相差 3 倍多。[1]H. 钱纳里等人在库兹涅茨研究的基础上，进一步把不发达经济到发达经济的过程划分为 6 个阶段，根据世界银行的统计资料，用多元回归分析里昂惕夫投入产出模型，建立多国平

[1] 参见西蒙·库兹涅茨著：《各国的经济增长》，商务印书馆1985年版，第111、120页。

均的（标准的）工业化过程模型，系统地表达了在工业化过程中三次产业结构上的演变规律。发现在人均国民收入140~2100美元（1970年美元）发展过程中（钱纳里6个发展阶段的前4个阶段），第二次产业提供的人均国民收入在整个人均国民收入构成中的比重由15%上升到36%，增加了21个百分点；而同期第三次产业在人均国民收入构成中所占的比重仅由36%上升到39%，只上升3个百分点，按不变价格计算，第三次产业的比重几乎未变。[1]单纯就经济成长而言，或者说从发达国家的经济成长史看，不考虑体制因素，第三次产业在增长速度上超过第二次产业，是后工业化进程开始的特征，而不是工业化的特征。世界银行统计资料表明，以人均国民生产总值水平为标志，在20世纪50年代以1000美元为标志界限值，在20世纪70年代以3000美元为标志界限值，在20世纪80年代以7000美元为标志界限值，第二次产业比重才呈现出由上升到下降的状态，相应第三次产业在增长速度上开始超越，在比重上开始缩小以往与第二次产业形成的差距。[2]

另一方面，在工业化加速时期，第三次产业比重不仅变化率不高，而且其比重变化对于经济增长的作用相对第二次产业而言较低。库兹涅茨曾以部门反应弹性值来计量产业部门结构变动对经济增长的不同作用。[3]根据部门反应弹性值公式，输入57个

---

❶ 参见H. 钱纳里、S. 鲁宾逊、M. 赛尔奎因著：《工业化和经济增长的比较研究》，上海三联书店1989年版，第56—78页。

❷ 参见世界银行编：《1987年世界发展报告》，中国财政经济出版社1987年版，第46—51页。

❸ 部门反应弹性值$E_i=a_i+[(a_i-1)/r]$（i=1，2，3，…，n）。式中E_i为第i部门的部门反应弹性值，a_i为第i部门在报告期与基期的产值占国民生产总值比重之间的比率，r为人均国内生产总值在基期与报告期之间的增长比率。参见西蒙·库兹涅茨著：《各国的经济增长》，商务印书馆1985年版，第118—119页。

国家的资料，计算出部门反应弹性值为：当人均国内生产总值为70~300美元阶段，三次产业的部门反应弹性值依次是0.56、1.37和1.21；当人均国内生产总值为300~1000美元阶段，三次产业的部门反应弹性值依次为0.30、1.36和0.98；在整个人均国内生产总值为70~1000美元发展过程中，三次产业的部门反应弹性值依次为0.44、1.36和1.11。显然，第二次产业的部门反应弹性值在这一过程中始终居首位。根据部门反应弹性值的含义，值越大，该部门的比重变化对于整个增长的作用程度就越大。这表明在300~1000美元发展阶段，第二次产业的比重提高对于经济增长率提高的作用最显著，第三次产业比重变化对经济增长率作用相对不显著。在库兹涅茨这种比较静态的横截面考察的基础上，钱纳里等人运用基本的新古典增长方程，计算出各部门的增长率，再由各部门增长率的加权平均给出整个经济的增长率，代入世界银行统计数据，求出各类型国家的各部门贡献的平均值，并把这种平均值引入经济发展过程的动态分析，考察各部门对于经济增长的作用程度是如何随着结构高度的演进而变动的。他们把产业结构变化过程分为三个阶段：在第一阶段（实现人均国民生产总值400美元以前），经济增长主要由初级产业和传统第三次产业支撑，这两个产业的比重变化对整个经济增长具有突出意义；在第二阶段（实现人均国民生产总值400~2100美元阶段），经济增长主要由急速上升的第二次产业所支撑，工业部门比重的扩展对经济增长所起的作用最突出，并且这种作用程度不断提高，在这一阶段，第三次产业的贡献先是上升，但到人均国民生产总值达到560美元之后，服务业比重增长对经济增长的贡献作用程度提高，速度开始停顿并稍趋下降；在第三阶段（人均国民生产总值超过2100美元之后），经济进入发达状态，第二次产业比重变化对经济增长的贡献由于其产品的需求弹性降低而趋于下降，第三次产业比重的增长对整个经济增长的贡献进入相对稳定的持续上升状态，整个经济结构开始形成后工业化

特征。[1]

上述两方面特征表明，在工业化加速时期，单纯从经济成长的阶段性规定来看，产业结构的演进主要表现为第二次产业比重的上升，第三次产业无论是在比重结构的扩张上，还是在结构效益上，即比重扩张对整个经济增长的贡献，相对于第二次产业，均处于次要地位；第三次产业的扩展必须建立在第二次产业进展的基础上，无论是在就业、产值结构比重存量上，还是在比重的增加速度上，第三次产业在工业化加速时期均不可能取代第二次产业的领先地位。

7.1.2 工业化加速时期市场化进程对第三次产业发展的历史规定

当代还未完成工业化的发展中国家所面临的历史任务绝不只是推动以结构转换为标志的经济成长，为实现这一经济成长，当代发展中国家还面临着经济发展方式的转换，即建设市场经济体制的使命。这种双重转轨并行的历史条件，使当代发展中国家在工业化加速时期第三次产业的发展不能简单地遵循发达国家的经济历史演进逻辑。这一点对于中国这样一个处于工业化加速时期，同时又处于从集中计划体制向社会主义市场经济体制转换中的国家来说，尤其重要。

在发达国家的经济史上，一般是首先经历了商业革命，实现了经济的市场化，进而以市场经济体制为依托实现产业革命，使得工业化过程和第三次产业的发展集中地表现为一种市场化之后的经济成长。第三次产业的发展主要受经济成长本身的逻辑规定，尤其是在工业化加速时期，发达国家历史上第三次产业的发展中基本不受体制演变的影响。在发达国家历史上工业化加速时

[1] 参见H. 钱纳里、S. 鲁宾逊、M. 赛尔奎因著：《工业化和经济增长的比较研究》，上海三联书店1989年版，第52、95—98页。

期从期初到期末，第三次产业按不变价格计算在人均国民收入中的比重几乎不变，结构地位只是略有上升，远不像第二次产业比重变化显著。这一方面固然是工业化加速时期产业结构演变的内在逻辑规定；另一方面，也表明在进行了商业革命准备尔后进入产业革命的资本主义发达国家的历史上，在其进入工业化加速期之前，第三次产业的发展伴随着商业革命的完成已达到了一定规模，或者说围绕建立市场体制，围绕提供商业市场服务所需要的第三次产业部门已经建立，制度创新的供给对经济增长的贡献已不十分重要，相应地围绕制度创新所需要的第三次产业的一系列部门的比重扩张对经济增长的贡献程度的提高也就不十分显著。事实上，迄今的经济发展，没有哪一产业的发展与市场机制的发育联系得如同第三次产业发展与市场化进程那样直接和紧密。第三次产业的发展在相当大的程度上，在相当广泛的范围内，就是为着直接发育市场机制，为着第一、第二次产业的发展，为整个社会提供市场服务，如金融业、法律事务服务业、商业、保险业、信息业、邮电通信业、交通运输业等，无不直接构成市场机制的硬件和软件。根据钱纳里等人的回归分析，在人均国民收入140~2100 美元的发展过程中，在三大产业各自在人均国民收入构成中所占比重的变化上，第二次产业比重上升幅度最大，上升 21 个百分点，而第三次产业比重仅上升 3 个百分点。可是，在这一过程的始点，即 140 美元的时点上，第三次产业提供的人均国民收入占整个人均国民收入的比重就已达到 36%，比第二次产业所占人均国民收入的比重高出 21 个百分点（第二次产业所占人均国民收入比重此时为 15%）；在这一过程的终点，即人均国民收入 2100 美元时点上，尽管第二次产业占人均国民收入的比重提高了 21 个百分点，由 15% 上升为 36%，提高速度为三大产业之首，但在比重存量上仍低于第三次产业（第三次产业提供的国民收入占人均国民收入的比重此时为 39%）。[1]在库兹涅茨的产业部门反应弹性值的分析中，尽管在工业化加速阶段（人均国内生产总值 300~1000 美元阶段），第二次产业部门反应弹性值最大，高出第三次产业部门反应弹性值 0.38，说明这一阶段第二次产业比重的提高对经济增长的作用最显著，但在达到 300 美元之前，在工业化加速期之前的人均国内生产总值 70~300 美元阶段，第三次产业部门反应弹性值与第二次产业相比，仅差 0.26，表明在工业化加速期之前，第三次产业比重提高对于经济增长的作用与第二次产业相比的差距，明显小于进入工业化加速期后的差距。可见，在发达国家的发展历史上，无论是在第三次产业的结构比重上还是在第三次产业比重扩张的结构效益上，在进入工业化加速期之前，均已达到了一定的高度。这种高度的形成，历史地与其商业革命和市场体制的确立联系在一起，从而使其进入工业化加速期之后，第三次产业的扩张较少地来自体制转换的要求，更多地直接来自经济成长本身的要求，进而在比重上表现出一种稳定的甚至是不变的状态。

当代发展中国家在工业化未完成的同时，大都未完成体制的市场化，这在中国尤其典型。因此，第三次产业的发展除必须接受工业化进展的发展条件规定外，还必须适应市场化体制转换的要求。这是中国现阶段第三次产业扩张所面对的基本历史条件。

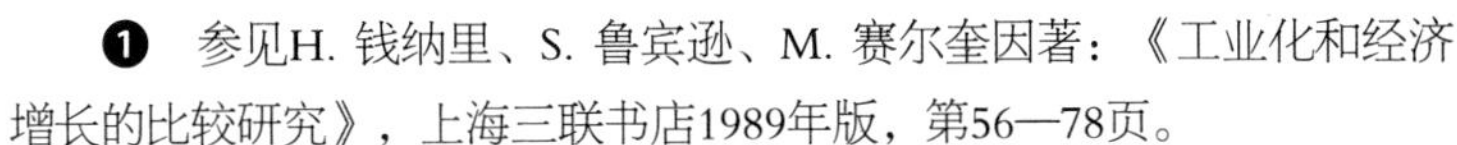

❶ 参见H. 钱纳里、S. 鲁宾逊、M. 赛尔奎因著：《工业化和经济增长的比较研究》，上海三联书店1989年版，第56—78页。

7.2 同时推动工业化和市场化是现阶段中国发展第三次产业的基本历史任务和政策基点

7.2.1 应当清醒认识中国现阶段发展第三次产业的特殊历史意义

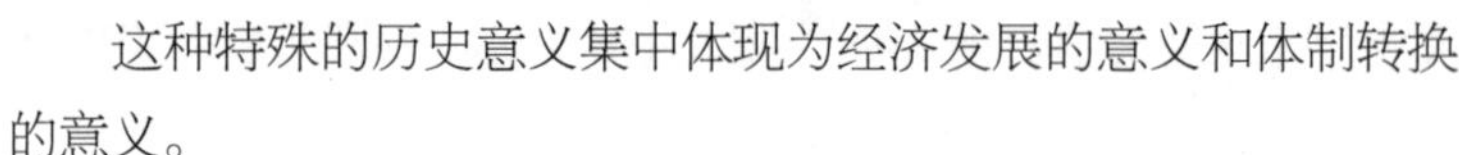

这种特殊的历史意义集中体现为经济发展的意义和体制转换的意义。

就第三次产业发展对于中国现阶段经济发展的意义而言，至少应把握以下三方面。首先，应当看到，在工业化加速阶段，整个国民经济的增长主要依赖于第二次产业的扩张，第三次产业不可能取代第二次产业的结构地位。因此，从工业化加速时期的三大产业结构演变历史逻辑来看，在这一时期无论是在第三次产业供给能力的扩张上，还是在社会对第三次产业的需求水平的提高上，均主要取决于第二次产业的发展和成熟程度。所以，现阶段第三次产业的加速发展只能以已有的工业化进展为依托，并且加速发展第三次产业的首要目的应在于促进工业化的加速实现，不可能脱离工业化进程去追求后工业化社会的产业结构特征。即使考虑到双重转轨中体制转换对第三次产业的要求，这一发展的逻辑基本点也应是成立的。其次，应当看到，中国现阶段第三次产业发展程度落后于中国工业化进展程度，或者说与已达到的经济成长阶段不相适应。这种不适应性不仅直观地表现为第三产业在规模总量和结构上远不适应经济发展的要求，成为发展的“瓶颈”产业，而且表现为与当代世界大多数国家相比，较之与中国大体处于同一发展阶段的国家，中国第三次产业发展也严重不足。中国 20 世纪 90 年代初第三次产业占国民生产总值的比重在 27 % 左右（1990 年 27.2%，1991 年 26.8 %），而到 1989 年，世界上 40 个低收入国家第三次产业占国民生产总值的比重平均已

达 39%，高出中国 12 个百分点左右；58 个中等收入国家第三次产业占国民生产总值的比重已达 50%，更高出中国 23 个百分点左右。[1] 如果按照世界银行的划分标准，以人均 GNP 280 美元作为低收入标志值，以人均 GNP 750 美元为下中等收入标志值，那么，应当说中国目前至少已超过了低收入国家经济发展水平（实际上考虑到人民币的实际购买力与汇率折算的偏差，中国人均 GNP 水平很可能已接近下中等收入国的水平），而第三次产业的比重却远低于低收入国家。即使到 20 世纪末实现人均国民生产总值 1000 美元左右时，实现第三次产业发展的规划目标，也只达到产值比重占国民生产总值的 1/3，仍低于 1989 年低收入国家的平均水平，更低于 1989 年中等收入国家水平。因而，至少到 2000 年之前，中国第三次产业比重与发展的不适应性，主要不在于其超越经济成长的阶段，而在于落后于经济成长阶段。最后，发展第三次产业对于中国这样一个人口大国具有特殊的意义。因为就业总量的吸纳和结构性转换，无疑是中国经济发展中的重要命题，伴随着工业化的加速，农业游离出来的劳动力规模逐渐扩大，城镇人口增长与工业资金短缺的矛盾日渐加深，因而发展第三次产业与解决就业矛盾关系极为密切。从第三次产业本身在工业化加速阶段的发展特点来看，它也能够把较多地吸纳劳动力与部门发展和部门效益统一起来。根据钱纳里等人运用世界银行统计资料分析的结果，在人均国民收入 560~1120 美元阶段，若保持 6.3% 的年经济增长率，那么其中 21% 来自劳动增长；若按劳动增长对三大产业部门增长的贡献排序，那么第三次产业排在首位，而按资本增长和全要素生产率增长对三大产业部门增长的贡献排序，则第二次产业居首位。也就是说，在工业化加速阶段，第二次产业的发展，按要素分解，主要依赖于资本投入和全要素

[1] 参见世界银行编：《1991年世界发展报告》，中国财政经济出版社1991年版，第208—209页。

生产率的提高，而第三次产业的发展，首要依靠的是劳动增长。[1]

就中国现阶段第三次产业发展对于市场经济体制发育的意义而言，至少包含两方面的内容。首先，第三次产业作为新兴产业，其产权基础从一开始便更可能采取不同于传统的形式，或者说更可能适应社会主义市场经济体制对财产制度的要求。因为，一方面作为新兴产业，作为在体制转换过程中发展起来的产业，其内部传统产权关系不吸显著，因而第三次产业的扩大中传统生产方式的再生产痕迹不明显；另一方面，从第三次产业的产业组织特点上看，规模自小到大，技术从低到高，其间层次多样，客观上要求产权关系多元化，要求建立以公有制为主体多种经济成分并存的所有制结构。事实上中国历史上第三次产业的衰退，比如20世纪60年代第三次产业产值比重还低于20世纪50年代的水平，与所有制结构上片面追求一大二公、纯而又纯就有着重要联系；而近些年来第三次产业的较快发展，重要的原因便是在产权基础上采取了多样化的方式。其次，第三次产业中的许多部门、企业从一开始就是应市场机制需要而生，随市场机制完善而发展的，第三次产业发展重要的动因就是为其他产业，为整个社会提供市场服务，因而在中国社会主义市场经济体制发育和工业化、现代化进展的历史统一中，第三次产业发展对于市场构造，对于体制改革目标的实现有着直接的作用。

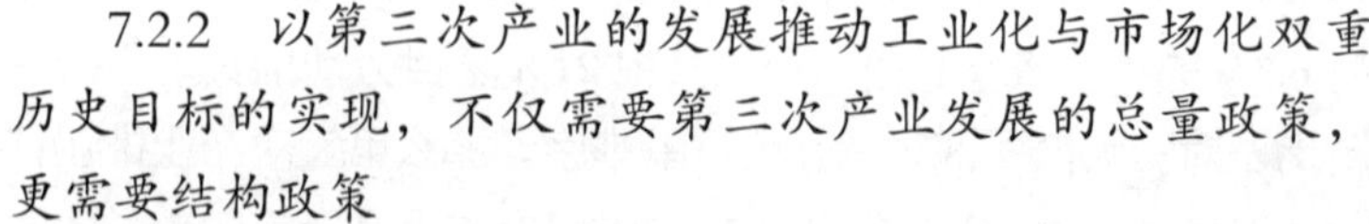

7.2.2 以第三次产业的发展推动工业化与市场化双重历史目标的实现，不仅需要第三次产业发展的总量政策，更需要结构政策

就第三次产业发展的总量政策而言，中国现阶段重要的是把握两方面的界限。一方面是把握工业化加速阶段产业结构演进的

[1] 参见H. 钱纳里、S. 鲁宾逊、M. 赛尔奎因著：《工业化和经济增长的比较研究》，上海三联书店1989年版，第52页。

内在逻辑，切实使第三次产业发展建立在第一、第二次产业发展提供的可能性基础上，使第三次产业的供给能力切实与工业化加速时期对第三次产业的需求相适应；另一方面是把握中国现阶段第三次产业的发展与现阶段中国经济发展阶段质态高度的差距，至少应当达到当代与中国经济发展水平大体一致的国家第三次产业的发展比重。

就中国第三次产业发展的结构政策而言，必须尽快克服中国第三次产业内部结构缺陷，根据发展要求和体制要求调整第三次产业内部结构，通过总量扩张与结构调整，使第三次产业的发展切实起到统一工业化与市场化进程的历史作用。

自 1985 年以来，中国国家统计局开始按三次产业分类标准划分产业部门，第三次产业内部被划分为两大部门、四个层次。两大部门是：流通部门、服务部门。四个层次是：第一层次，为流通类，包括交通运输业、邮电通信业、商业饮食业、物资供销和仓储业；第二层次，为生产和生活服务类，包括金融、保险业，房地产业、地质普查业、公用事业、居民服务业、旅游业、咨询信息服务业、技术服务业等；第三层次，为提高科学文化水平和居民素质的服务类，包括教育、文化、广播电视事业，科研事业，卫生、体育和社会福利事业等；第四层次，为社会公共需要服务类，包括国家机关、政党机关、社会团体以及军队和警察等。

在上述四个层次的结构上，第一、第二、第三个层次的第三次产业部门发展不足，第四个层次部门则相对过于庞大。下面我们从第三次产业的四个层次中分别选择有代表性的部门进行结构分析（见表 7-1）。

从表 7-1 中可以看出，这里从第三次产业的四个层次中选取了七大部门，这七大部门之间的关系具有以下两方面的特点。

表 7–1　中国第三次产业有代表性部门发展对比

部门	年份	1978	1980	1985	1990	1991
全国各行业职工（年底数）	绝对数（万）	9499	10444	12358	14059	14508
	增长指数	100	110.0	130.0	148.0	152.7
交通运输、邮电通信业	绝对数（万）	654	696	786	797	814
	增长指数	100	106.4	117.1	127.9	124.5
	结构比重	6.9	6.7	6.2	5.7	5.6
商业、饮食业、物资供销和仓储业	绝对数（万）	1094	1257	1575	1812	1888
	增长指数	100	114 .9	144.0	165.6	172.6
	结构比重	11.5	12.0	12.7	12.9	13.0
房地产、公用事业、居民服务和咨询服务业	绝对数（万）	197	255	307	387	417
	增长指数	100	129.4	155.8	196.4	211.7
	结构比重	2.1	2.4	2.5	2.7	2.9
教育、文化艺术和广播电视业	绝对数（万）	736	817	962	1144	1181
	增长指数	100	111.0	130.7	155.4	160.5
	结构比重	7.7	7.8	7.8	8.1	8.1
科学研究和综合技术服务业	绝对数（万）	92	105	131	152	156
	增长指数	100	114.1	142.4	165.2	169.6
	结构比重	0.9	1.0	1.1	1.1	1.1
金融、保险业	绝对数（万）	65	89	126	196	208
	增长指数	100	136.9	193.8	301.5	320.0
	结构比重	0.7	0.8	1.0	1.4	1.4
国家机关、党政机关和社会团体	绝对数（万）	430	490	718	929	975
	增长指数	100	114.0	167.0	216.0	226.7
	结构比重	4.5	4.5	5.8	6.6	6.7

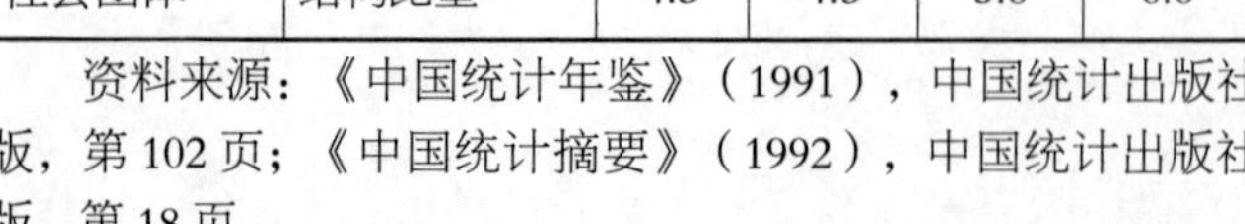

资料来源：《中国统计年鉴》（1991），中国统计出版社 1992 年版，第 102 页；《中国统计摘要》（1992），中国统计出版社 1992 年版，第 18 页。

（1）从这七大部门之间的结构上看，1991 年，在就业比重上，占第一位的是商业、饮食业、物资供销和仓储业（13%）；占第二位的是教育、文艺和广播电视事业（8.1%）；占第三位的是党政机关和社会团体（6.7%）；占第四位的是交通运输、邮电通信业（5.6%）；占第五位的是国家机关、房地产业、公用事业、居民服务和咨询服务业（2.9%）；占第六位的是金融、保险业（1.4%）；占第七位的是科研和综合技术服务业（1.1%）。由此可见，在中国第三次产业内部，代表现代产业结构高度化进程方向和市场机制发育要求的科研、综合技术服务，咨询服务，金融、保险业等部门发展程度很低，所占比重极小，而在第三次产业中占比重高的主要是常规性的传统商业流通类部门。

（2）在 1978—1991 年的第三次产业内部七大部门就业比重的增加速度上，结构比重增加最多的是国家机关、党政机关和社会团体，1978—1991 年共增加 2.2 个百分点，占所选取的七大部门就业比重增加总额 5.8% 的 37.93%；与之相对应，在整个经济运行及产业结构升级演变中起关键作用的交通运输、邮电通信业，却在 1978 年至 1991 年降低了 1.3 个百分点。从国际经验的比较来看，在发展中国家的工业化过程中，交通运输、邮电通信业是属于超前发展的社会先行资本产业，也是发展中国家实现体制市场化的基本物质条件，其发展的超前系数在 0.1~0.8 之间。而中国则恰相反，1978—1991 年，中国国民生产总值按可比价格计算，增长指数为 297.2；同期中国铁路、公路、民用航空航线等运输线路长度增长指数只有 200.83，邮电通信的邮路长度增长指数仅为 102.29；[1] 中国国民生产总值增长指数与运输线路长度增长指数之比为 1 ： 0.68，与邮路长度增长指数之比为 1 ： 0.34，其发展的滞后性显而易见。

[1] 参见《中国统计摘要》（1992），中国统计出版社1992年版，第6、84、88页。

第三次产业内部结构的上述两个特点，恰构成中国第三次产业两大结构性缺陷。这种结构性缺陷与第三次产业总量不足的矛盾交织在一起，既构成对中国现阶段工业化进程的严重“瓶颈”，又构成对中国市场化进程的严重威胁。因此，中国现阶段第三次产业的发展，只能根据工业化和市场化双重历史使命的规定，从总量扩张和结构调整的统一上，切实肩负起推动双重转轨的历史使命。

第8章　主导产业演进：经济史的比较和选择

本章选取具有典型意义的5个发达国家和发展中国家的经济发展长过程作为分析样本，比较研究其不同经济发展阶段上主导产业的更替和作用机理，揭示某些具有一般性意义的变化趋向与政策逻辑。在此基础上分析中国经济发展的结构状态与变化趋向，提出中国主导产业选择的基本方略。

本章的主要结论是：从样本国家既有的历史过程看，确实存在着不同经济发展阶段上的主导产业及其更替；在不同典型意义的国家之间，主导产业的存在及其作用严格地依赖于特定的资源约束、制度约束及其历史文化约束，据此我们将揭示某些完全出乎既有思维定式之外的主导产业种类及其作用机理；对主导产业存在和发生作用的不同背景及其政策机理的把握要远比概括主导产业的选择基准、方法重要得多，也有价值得多。

我们首先需要给出主导产业的定义：在特定的时期内，主导产业有快于其他产业的增长势头并正在或已经在产业结构中占据优势比重；主导产业通过其前后向关联与旁侧关联能够对整个经济增长和产业结构高度化发挥明显的“主导性”作用，即能够确实地将其活跃的增长势头，优势的技术创新、制度创新效果广泛而深刻地扩散到整个经济体系中去。据此，我们认为罗斯托关于主导产业部门的下述定义是准确的：“一个新部门可以视为主导部门的这段时间，是两个相关因素的复合物：第一，这个部门在这段时间里，不仅增长势头很大，而且还要达到显著的规模；第二，这段时间也是该部门的回顾和旁侧效应渗透到整个经济的时候。”[1]除此之外，我们在研究中概括出主导产业的一条补充性特征，即能够诱发产生相继的新一代主导产业。

8.1　主导产业更替和作用机理的比较

考虑到产业结构高度化总是针对以市场经济为特征的现代经济发展过程而言，因此我们将从传统经济向现代经济变化发展的起始阶段直到20世纪80年代末期的全过程作为分析的历史区间。为了借鉴分析中国的情况，我们尤其注重考察工业化早期阶段主导产业的作用机理。基于这种考虑和可以获取到较为完整的历史资料，我们选取了美国、英国、日本、韩国、巴西5个不同类型的国家作为我们的分析样本。这里首先分析每一个国家主导产业更替和作用机理的最主要特征，然后综合概括这5个国家的一般性趋势。

8.1.1　美国的主导产业更替及作用机理

在美国经济发展过程中的主导产业变化，我们观察到一个出乎人们思维定式之外的历史特征，即在经济发展的相当长时期之内（大约从1840—1910年，显著时期为1850—1890年），美国农业确实发挥着主导产业的支配作用。无论是从现代经济发展的“古典式范例”英国还是从当今所有发展中国家来看，农业都无一例外地作为传统经济部门的代名词而构成现代经济发展的主要改造对象。因此，美国农业的特例具有重要的历史价值。我们在这一节将从结构比重及增长势头、技术创新优势、结构性变化的主导功能、制度性基础及资源约束条件等诸方面实证分析美国农业如何在长达半个世纪里发挥着主导产业的作用。

[1] W. W. 罗斯托著：《从起飞进入持续增长的经济学》，四川人民出版社1988年版，第9页。

表 8-1 的数据系统地反映了美国农业在 1840—1900 年的 60 年中所占比重及增长率的变化情况。至少在 1840—1880 年的 40 年中，美国农业在整个国民经济中占据着优势比重并始终保持着快于整个国民经济平均增长速度的势头。

表 8-2 则反映出 1840—1900 年美国农业技术进步和生产效率提高的明显优势。

表 8-1　美国农业与国民经济对比

1839—1899 年美国各产业部门劳动力和国民收入所占比重（%）			
	1893—1859 年	1869—1879 年	1889—1899 年
劳动力			
农业	56.9	51.9	41.5
制造业和采矿业	14.1	20.7	21.8
其他	29.0	27.4	36.7
国民收入			
农业	25.8	21.6	15.2
制造业和采矿业	14.0	17.5	24.7
其他*	60.0	60.9	60.1

1840—1900 年美国农业产值与国民收入增长倍数对比（%）				
	1840—1860 年	1860—1880 年	1890—1900 年	1840—1900 年
国民收入增长倍数	1.71	0.06	0.44	8.42
农业产值增长倍数	2.15	0.50	0.26	7.30

资料来源：本表根据 H. N. 沙伊贝、H. G. 瓦特、H. U. 福克纳：《近百年美国经济史》，中国社会科学出版社 1983 年版，第 34、14、16 页；储玉坤、孙宪钧：《美国经济》，人民出版社 1990 年版，第 8 页；樊亢、宋则行等：《主要资本主义国家经济简史》，人民出版社 1973 年版，根据第 357—358 页的资料编制。

*“其他”项目内包括了与农业紧密相关的运输、销售、技术服务、农业科研与推广等部门。

表 8-2　1840—1900 年美国农业的技术进步优势

美国农业中主要农作物单位产量的工时数变化比较

	1800 年	1840 年	1880 年	1900 年	1920 年
小麦					
每英亩的工时数	56	35	20	15	12
每一百蒲式耳的工时数	373	233	152	108	87
玉米					
每英亩的工时数	86	69	46	38	32
每一百蒲式耳的工时数	344	276	180	147	113
棉花					
每英亩的工时数	185	135	119	112	90
每一包的工时数	601	439	318	280	269

世界农业生产效率前三名国家的水平变化*

国家	1840 年	1860 年	1880 年	1900 年
美国	215	225	290	310
英国	175	200	235	225
法国	115	145	145**	220**

资料来源：本表根据宫崎犀一、奥村茂次等：《近代国际经济要览》，中国财经出版社 1990 年版，第 108—109 页；H. N. 沙伊贝、H. G. 瓦特、H. V. 福克纳：《近百年美国经济史》，中国社会科学出版社 1983 年版，第 68 页的资料编制。

* 农业生产效率水平：指男农业劳动力的人均年纯产量，以人均生产植物热量 1000 万卡路里为指数 100。

** 为德国农业生产效率水平。

表 8-2 的数据说明，美国农业的生产效率在 1840—1900 年始终高居于世界第一的水平，并且与占第二位的英国农业生产效率的绝对水平拉大了差距。在 1840—1900 年，美国农业生产效率共提高了 44.19%，而英国则提高了 28.57%。从美国农业具体的主要农作物生产效率看，每 100 蒲式耳的工时数变化是：1840—1900 年，小麦生产效率提高了 133.3%，玉米生产效率提高了 87.76%，棉花生产效率提高了 56.79%。而在 1856—1914 年，

包括工业在内的整个美国经济的生产率（每小时劳动的产量）总共只增长了大约 20%。[1]美国农业生产效率的进步速度明显高于当时整个美国经济的平均水平，也明显高于世界上任何一个国家（包括已经实现了工业化的英国）的农业生产效率水平。如果近似地用资本形成率来反映当时的技术进步速度，那么，整个美国经济中的总资本形成数量从 1869 年到 1886 年增长了 1.14 倍，从 1886 年到 1916 年增长了 1.91 倍；而在美国农业中，仅农业机械和设备的价值总额就在 1860—1890 年增加到 2 倍以上，然后又从 1890 年到 1914 年增长了 2.44 倍。综合计算，从 1869—1916 年，美国经济中总资本形成数量增长了 5.24 倍，而美国农业中仅农业机械和设备的总值在 1860—1914 年就增长了 6.72 倍。[2]即使到了 1948 年，美国农业的每百万元最终产出的资本需要量在全部 190 个部门中也高居第 2 位（仅低于电话和电报业），比美国所有制造业部门的资本系数都要高得多。[3]如果从技术进步史看，在 19 世纪 50 年代，美国的农业机器是世界上最先进的。在 1855 年巴黎国际博览会的比赛中，美国的收割机获得第 1 名，它割 1 英亩燕麦只用 22 分钟，而英国的机器要多花两倍的时间。从技术效率看，当时美国的 1 台打谷机就能替代 120 个劳动力的工作能力。[4]美国农业的机械化过程要比世界上所有国家（包括英国）差不多超前半个世纪以上。1860 年以后的半个世纪内，美国即完成了农业机械化过程。包括从 1850 年起，用机器剥壳代替了谷物的手工去壳劳动；1858 年取得专利权的“马煦收割机”；1878

[1] H. N. 沙伊贝、H. G. 瓦特、H. U. 福克纳著：《近百年美国经济史》，中国社会科学出版社1983年版，第41页。

[2] 同上书，第39、67页。

[3] 沃西里·里昂惕夫著：《投入产出经济学》，商务印书馆1988年版，第72—85页。

[4] 樊亢、宋则行等编：《主要资本主义国家经济简史》，人民出版社1973年版，第124页。

年发明的“双人打包机”；1875 年以后广泛使用的可以同时完成开沟、播种、盖土、施肥的单座双轮犁、耙；1880 年起广泛采用的同时进行犁地和播种的双铧犁，以及这一时期发明、改进的联合收割机（先用 20 多匹马做牵引后来改用拖拉机牵引），可以不需要人直接动手干就能够完成收割、脱粒、风干、装袋和过磅谷物。1865 年以后的一段时期中，美国的技术发明有相当部分就集中在农业机械方面，其中尤以装倒刺的铁丝网、自动双线收割扎束机、联合收割机、利用硝酸盐作肥料、挤奶器和汽油拖拉机等最为著名。❶

美国农业生产增长和技术进步方面的优势效应这一时期也广泛而深刻地渗透到整个经济体系中，支配着美国这个时期的经济增长和结构变化，并形成了美国 1900—1950 年的经济增长和结构变化格局的基础。这种扩散效应主要从以下两个方面明显地表现出来。

其一，在整个 19 世纪中后期，美国农业作为主导产业引发和带动了一系列制造业部门的产生与发展，并在这一时期的美国制造业结构中，形成了围绕农业而生存、增长的制造业部门占据绝对优势比重的长期变化格局。虽然如表 8-1 所示，美国农业在国民收入结构中所占比重由 1839—1859 年的 25.8% 下降到 1869—1879 年的 21.6% 和 1889—1899 年的 15.2%，制造业和矿业所占比重相应地由 14.0% 上升到 17.5% 和 24.7%；但是，即使在 1880 年的美国制造业总产出中，由农业发展（前向关联效应）所产生的制造业部门所占比重却高达 56.6%（其中食品工业占 26%，纺织及皮革、制鞋工业占 30.6%），如果加上林产品加工业（19.3%），则高达 75.1%。在农业前向关联效应渗透下的制造业部门产出所占比重在此后的三四十年里，始终占据着美

❶ H. N. 沙伊贝、H. G. 瓦特、H. U. 福克纳著：《近百年美国经济史》，中国社会科学出版社1983年版，第64—100页。

国制造业结构的优势比重，1914 年，仍高达 46.7%（食品工业占 24.1%，纺织、皮革、制鞋工业占 22.6%）；1948 年这同一类型的制造业结构比重仍高达 32.3%，远远高于汽车类工业（包括橡胶产品、机动车辆、石油炼制等产业在内）的 19.4%。❶

其二，美国农业作为主导产业的后向关联效应直接刺激和孕育了后来新一代主导产业（人们称为支柱产业）即汽车工业、钢铁工业的产生与发展。汽车发明虽源于欧洲，但在制造工序机械化、零部件通用化、产品标准化基础上进行大规模工业性的汽车生产却发端于美国。自从 1892 年由查尔斯 · 杜里埃设计出美国第一辆汽车，1900 年美国汽车产量即达到 4000 辆，占当时世界汽车产量（1 万辆）的 40%。1905 年起，美国汽车产量就高居世界汽车生产国家中的第一位。1910 年美国汽车产量占世界汽车产量的 73.33%，1915 年上升到 95.57%，1920 年变为 93.45%，及至 1940 年仍保持 91.32%的比重，1950 年才降为 75.69%，1960 年降为 48.32%。❷汽车工业作为新一代主导产业与钢铁工业一齐担当了支配美国经济在 20 世纪 60 年代以前增长与变化的主要角色。美国的汽车工业之所以如此迅速而持久地成长壮大起来，固然有若干制度、技术及文化等方面的原因，但从结构顺序演替的联结关系看，美国农业可以当之无愧地称为汽车工业的孕育、生长之母。汽车最初作为高价商品只为上层阶级所购买和消费，所以在 1905 年时，汽车工业市场就已经饱和。自此以后，汽车工业的农村市场接替了城市的市场。1908 年亨利 · 福特敏锐地抓住这种契机，设计生产出富有传奇性的 T 型汽车，从而掀起了一

❶ 西蒙 · 库兹涅茨著：《各国的经济增长》，商务印书馆1985年版，第337—338页。

❷ 国家统计局国际统计信息中心编：《世界工业统计汇编》，中国统计出版社1989年版，中国对外翻译出版公司1986年版，第69—70页。

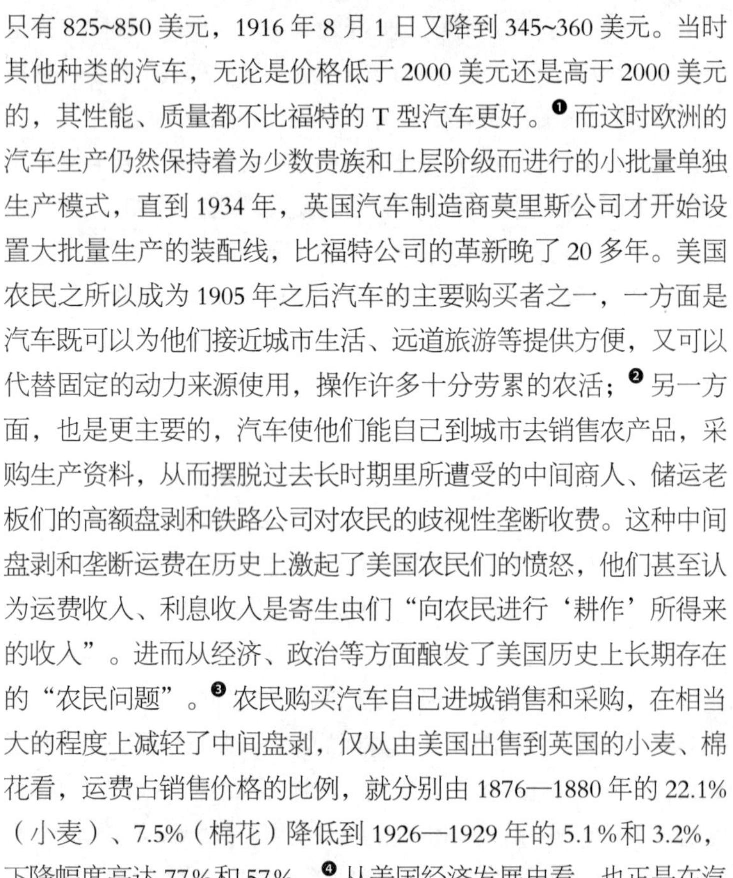

场汽车工业中为大众化而生产的技术革命。当时的 T 型汽车售价只有 825~850 美元，1916 年 8 月 1 日又降到 345~360 美元。当时其他种类的汽车，无论是价格低于 2000 美元还是高于 2000 美元的，其性能、质量都不比福特的 T 型汽车更好。[1]而这时欧洲的汽车生产仍然保持着为少数贵族和上层阶级而进行的小批量单独生产模式，直到 1934 年，英国汽车制造商莫里斯公司才开始设置大批量生产的装配线，比福特公司的革新晚了 20 多年。美国农民之所以成为 1905 年之后汽车的主要购买者之一，一方面是汽车既可以为他们接近城市生活、远道旅游等提供方便，又可以代替固定的动力来源使用，操作许多十分劳累的农活；[2]另一方面，也是更主要的，汽车使他们能自己到城市去销售农产品，采购生产资料，从而摆脱过去长时期里所遭受的中间商人、储运老板们的高额盘剥和铁路公司对农民的歧视性垄断收费。这种中间盘剥和垄断运费在历史上激起了美国农民们的愤怒，他们甚至认为运费收入、利息收入是寄生虫们“向农民进行‘耕作’所得来的收入”。进而从经济、政治等方面酿发了美国历史上长期存在的“农民问题”。[3]农民购买汽车自己进城销售和采购，在相当大的程度上减轻了中间盘剥，仅从由美国出售到英国的小麦、棉花看，运费占销售价格的比例，就分别由 1876—1880 年的 22.1%（小麦）、7.5%（棉花）降低到 1926—1929 年的 5.1%和 3.2%，下降幅度高达 77%和 57%。[4]从美国经济发展史看，也正是在汽

---

[1] 詹姆斯. J. 弗林克：《美国经济史百科全书》词条：《汽车工业·制造业》，中国对外翻译出版公司1986年版，第7—15页。

[2] 詹姆斯. J. 弗林克：《美国经济史百科全书》词条：《汽车工业·制造业》，中国对外翻译出版公司1986年版，第4、14—15页。

[3] H. N. 沙伊贝、H. G. 瓦特、H. U. 福克纳著：《近百年美国经济史》，中国社会科学出版社1983年版，第75—84、54页。

[4] 宫崎犀一、奥村茂次等编：《近代国际经济要览》，中国财政经济出版社1990年版，第47页。

车工业发展的同时，铁路运输业萎缩衰退了。

美国农业对钢铁工业的后向关联带动也是明显的，除了大规模农用机械对钢铁的需求之外，仅仅用作篱笆围栏的农用铁丝网的年销售量，在1880年以前就占美国钢铁年产量的3%以上。[1]

美国农业之所以在19世纪后半期成为经济发展的主导产业，是严格地依赖于美国的资源条件及制度基础约束的。首先是美国的土地资源优势为这一时期农业的迅速发展提供了前提。从1860—1910年，美国农业生产中新增加的土地面积就几乎与整个西欧的总面积相等。其次是从欧洲大量进入美国的移民构成美国经济发展的主要的人力资本增量。仅从1865—1914年，从欧洲进入美国的移民人数就高达3000万人。而在1860年，美国总人口只有近3100万，其中只有610万人生活在农村和农村小城镇，而到1910年时，美国人口增长到9200万，农业人口就超过5000万。1860—1900年，美国农用土地增加了106%，农业劳动力增加了72%，每个农业工人的农业产值提高了58%。[2]

但是，必须强调的是，土地资源优势只是美国农业发展的一个前提条件。如果按人均土地面积计算，无论从全世界范围还是仅从南北美洲看，美国的土地资源优势都不是绝无仅有的。但其他国家的农业无论是在19世纪还是在20世纪的90年里，都不曾担当过该国经济现代化发展的主导产业，更不曾有过美国农业如此辉煌的发展历史。究其根源，固可以从多方面探索，但主要的区别恐怕就在于美国农业发展所特具的制度基础。

从微观经济基础看，美国农业至少从1840年起，就建立在大规模商品经济的农场式生产基础上。与同时代的其他土地资源丰富的国家相比，美国农业确立了明显的制度优势。正因为商品

[1] H. N. 沙伊贝、H. G. 瓦特、H. U. 福克纳著：《近百年美国经济史》，中国社会科学出版社1983年版，第107页。

[2] 同上书，第42、62—64页。

经济的农场体制将生产效率提高的内在追求转化成自由竞争的外在强制，才有了美国农业如此明显的技术进步优势和增长优势。从总体的社会经济体制看，资本主义生产方式比当时的封建专制体制提供了广阔得多的自由空间容纳生产力的迅速发展，阿瑟·埃克里甚至认为："一部美国史可以看作是在政治自由和经济自由的充分保护下，潜力大大解放的历史。"❶

正是在这样的制度基础上，美国农业在取得明显的经济增长和技术进步优势的同时，也取得了举世瞩目的制度创新优势：包括企业组织方面的由家庭农场向大型"农业综合企业"发展的多种形式、耕作制度方面的土地轮作制、专业化分工协作方面的农业区域专业化地带的形成和发展，等等，都在世界农业发展史上开了先河。

这一时期，美国政府对农业主要从三个方面进行扶持：第一，教育和科学研究；第二，通过立法改革来保护农业集团的利益；第三，灌溉和垦荒援助。在 1900 年以前，真正发生实际作用的主要是第一个方面的扶持政策。从 1862 年的莫里尔法令批准赠予各州土地用于农业院校和农业机械技术研究开始，各个州都相继成立或扩充了他们的农业院校。1887 年的哈契尔法令又给农业试验站和农业科学研究提供了新的联邦基金。正是在政府的扶持下，农业院校和科研机构为美国农业培养了大量的技术人才，提供了各种各样丰富的科技成果。这是美国农业 19 世纪后半期取得明显技术进步优势的人力资本基础。1906 年，当中国和世界绝大部分国家还被笼罩在封建专制统治下的愚昧状态时，仅仅由美国农业部所指挥的技术力量就足以承担起检验几千种植物品种的复杂工作了。❷

---

❶ H. N. 沙伊贝、H. G. 瓦特、H. U. 福克纳著：《近百年美国经济史》，中国社会科学出版社1983年版，第23—24页。

❷ H. N. 沙伊贝、H. G. 瓦特、H. U. 福克纳著：《近百年美国经济史》，中国社会科学出版社1983年版，第85—89页。

最后需要指出的是，美国农业作为主导产业在这个时期的发展过程，始终是在波动中伴随着农产品价格的长期下降。根据美国商务部、人口普查局的历史统计资料，美国的几种主要农产品价格变化如表 8–3 所示。1859—1900 年，棉花价格下降了 20%，玉米价格下降了 24%，小麦价格下降了 11%。某种产业能否具有主导产业在技术进步、制度创新和经济增长等方面优于其他产业的比较优势，重要的外在衡量尺度之一可能正在于其产品价格是否发生了较长时期的下降趋势。《美国经济史百科全书》的《制造业》条目作者明确地指出："无论是与世界经济或是与欧洲经济进行比较，在整个 19 世纪中，美国主要在农产品和原料的生产上占有着优势。"❶ 甚至到 1913 年和 1924 年，仅仅是农产品中的原棉就在美国外贸出口结构中仍然占据着机械（包括汽车）、石油、钢铁等产品无可匹敌的第一位的优势比重。❷

表 8–3 美国主要农产品价格变化

年份	棉花（美分／磅）	玉米（美分／蒲式耳）	小麦（美元／蒲式耳）
1859	11.5	46	1.02
1866	—	66	2.06
1873	14.1	48	1.16
1880	9.8	63	0.95
1890	8.6	49	0.62
1900	9.2	35	0.91

资料来源：H. N. 沙伊贝、H. G. 瓦特、H. U. 福克纳著：《近百年美国经济史》，中国社会科学出版社 1983 年版，第 74 页。

❶ 詹姆斯. J. 弗林克：《美国经济史百科全书》词条：《汽车工业·制造业》，中国对外翻译出版公司1986年版，第111页。

❷ 宫崎犀一、奥村茂次等编：《近代国际经济要览》，中国财政经济出版社1990年版，第193页。

进入 20 世纪之后，美国的主导产业又经历了由三大支柱产业（汽车、钢铁、建筑）向高技术产业的变化，这已经是众所周知的历史和现实了。

8.1.2　英国的主导产业更替及作用机理

英国是世界上第一个经过“工业革命”而进入现代经济发展过程的国家。与美国的情况相同，引起我们作为主要特征加以分析的是英国 20 世纪以前主导产业的更替及其作用机理。

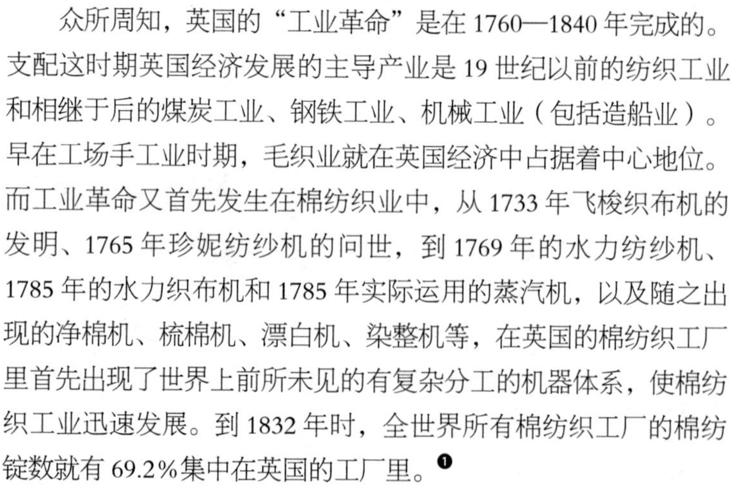

众所周知，英国的“工业革命”是在 1760—1840 年完成的。支配这时期英国经济发展的主导产业是 19 世纪以前的纺织工业和相继于后的煤炭工业、钢铁工业、机械工业（包括造船业）。早在工场手工业时期，毛织业就在英国经济中占据着中心地位。而工业革命又首先发生在棉纺织业中，从 1733 年飞梭织布机的发明、1765 年珍妮纺纱机的问世，到 1769 年的水力纺纱机、1785 年的水力织布机和 1785 年实际运用的蒸汽机，以及随之出现的净棉机、梳棉机、漂白机、染整机等，在英国的棉纺织工厂里首先出现了世界上前所未见的有复杂分工的机器体系，使棉纺织工业迅速发展。到 1832 年时，全世界所有棉纺织工厂的棉纺锭数就有 69.2%集中在英国的工厂里。[1]

棉纺织工业的巨大技术创新和制度创新优势，迅速地传导到整个英国经济体系中，引起了毛、麻、丝织业的技术创新和制度创新（现代工厂制度取代工场手工业体系）模仿，并直接引发和带动了英国的机器制造业、钢铁工业、煤炭工业和运输业（尤其是航运和铁路）的大规模技术创新和飞速发展。在这些产业领域，英国留下了多项世界第一的辉煌纪录，包括首先用机器生产机器（1813 年发明刨床，1818 年发明铣床），首先用机器采煤、

[1] 宫崎犀一、奥村茂次等编：《近代国际经济要览》，中国财政经济出版社1990年版，第110页。

炼钢，首先发明机车和建成铁路等。工业革命极大地提高了英国经济的生产效率，1770—1840年，英国工人每工作日的生产率就平均提高了20倍。[1]英国主要工业部门的巨大技术创新，强有力地推动了英国经济迅速增长，使英国成了著名的"世界工厂"。1820年，英国工业生产占世界工业总量的50%；英国煤产量占世界煤炭产量的84.34%；英国的生铁产量占世界生铁产量的68.52%；英国的商船吨位也占世界第一位，并超过荷兰、法国、美国、德国、俄国等各国商船吨位的总和；英国的铁路通车里程占世界第一位，其长度几乎占世界铁路总长度的一半；英国棉纺织工业消耗的棉花也占世界棉花总产量的一半；英国的出口贸易占世界贸易总量的1/3。[2]

钢铁、机械、煤炭等产业部门的进步和发展，又反过来促进了英国纺织工业的进一步上升和主导部门地位的长期延续。从英国出口商品结构看，1820年，英国出口的纺织产品（包括棉、毛、麻、丝织品）占其出口总额的87.05%，其中棉织品占英国出口商品总额的59.35%。这种格局经过100年左右的时间，仍然变化不大。1913年和1924年，英国的棉织品出口值仍然高居英国出口贸易结构的第一位，分别占24.2%和24. 9%（如果加上羊毛织品则为1913年的30.3%和1924年的33%），高出占第二位比重的铁、钢产品（1913年10.5%）和煤炭（1924年9.3%）1~2倍以上。[3]

需要着重分析的是，在英国工业革命时期，英国政府是否干预过经济发展？这种干预的层次与角度如何把握？对后进的发展

❶ 樊亢、宋则行等编：《主要资本主义国家经济简史》，人民出版社1973年版，第59页。

❷ 同上书，第63、346—351页；宫崎犀一、奥村茂次等编：《近代国际经济要览》，中国财政经济出版社1990年版，第40—43页。

❸ 宫崎犀一、奥村茂次等编《近代国际经济要览》，中国财政经济出版社1990年版，第113、194页。

中国家有何历史的启示？

在已经形成的认识框架中，人们总是用一个“守夜人”的形象来描述自由竞争时期资本主义国家（主要指英国）的政府职能，即只是为资本主义商品经济的充分自由发展而创造和维持一个稳定的国内外政治、经济环境。通过研究我们发现，这种认识忽视了英国政府在这个时期对经济发展所发挥过的关键作用，这些作用方式事实上可以看作是政府对产业发展与变化进行调节、引导的现代方式的历史胚芽。

首先，正如著名的历史学家和经济史学家保尔·芒图的研究发现，英国（以及法国、意大利等）的早期大型工场手工业，都完全依靠“国王所赐的特权”“国库的直接津贴”和免除各种主要税赋，才不至于在当时不能享受上述任何优等条件的家庭小手工业的冲击下萎缩瓦解。以至于热曼·马坦在1898年时就得出结论：“大工业只有通过国家的干预才能存在。”[1]马克思也持同样的看法。[2]

其次，我们要着重分析的是，英国政府怎样从国家的制度规范上，将社会经济不同发展阶段上的内在要求变成每一个经济活动当事人生死攸关的外在强制，从而引导和迫使每一个企业按照社会经济的本性和发展趋势去行动。这方面最典型的例证便是历史上英国政府对工作日界限和标准进行立法的两种对立倾向，即机器大工业以前的强制延长工作日的劳工法和机器大工业时期的强制缩短工作日的工厂法。在机器大工业以前，英国的工场手工业主要是以手工劳动为基础，因而同当时一切旧的生产方式还没有根本的技术基础的区别。但以往的生产方式下的剩余劳动程度

❶ 保尔·芒图著：《18世纪产业革命》，商务印书馆1983年版，第14—17页。

❷ 参见《马克思恩格斯选集》第1卷，人民出版社1972年版，第64—65页。

是满足不了资本关系的生长发育的。为了突破以往的限度，资本就不得不要求依靠国家政权的帮助才能确保自己榨取足够的剩余劳动的权利。[1]正是顺应这种要求，所以便有了英国政府这一时期的强制延长工作日的劳工法，使工作日延长到 14 个小时左右，从而突破了“日出而作，日落而息”的传统生产方式的工作日长度。随着 18 世纪末 19 世纪初英国工业进入大机器工业时期，英国政府从 1833 年起，又不断推出了强制缩短工作日，并向所有工厂企业规定统一工作日长度的工厂法，使工作日长度缩短到 12 小时、10 小时、8 小时。因为在这个时期，资本主义生产方式已经有了自己的技术基础，获取利润不再单纯依赖绝对延长工作日长度，而是主要依靠采用新的机器和新的技术来追逐超额利润和平均利润。也就是说，资本主义生产方式找到了适合自己本性的生存和发展的历史基础。这样，英国政府的工厂法就从国家制度上使得所有的资本家都不能依靠绝对延长工作日获取高额利润甚至平均利润，而必须竭尽全力去加快发展机器体系才能使资本增值，从而也就使得不断采用新技术、新机器成了每一个资本家“生死攸关”的强制约束。于是，英国政府这种强制缩短工作日的对经济生活的干预方式，一方面有力地推动了包含有科学技术的生产力的发展和生产条件的节约，另一方面，又由于采用机器生产扩大资本支出而造成和加快了“小师傅的破产和资本的积聚”。[2]

显而易见，自由竞争时期英国政府对社会经济生活的管理和干预方式，其目标导向是十分明确的，这就是强制地保证和推动每一个经济活动当事人按照社会经济不同阶段上的发展趋势和本

[1] 参见《马克思恩格斯全集》第23卷，人民出版社1972年版，第300页。

[2] 《马克思恩格斯全集》第23卷，人民出版社1972年版，第449、523页。

性要求去行动，从而推动了这个时期工业革命的完成和资本主义大工业的迅速发展。对后进的发展中国家来说，深受启迪的是英国政府干预经济生活的角度与层次。即，不是去干预经济活动的复杂细节和具体表象，而是去高屋建瓴地把握不同时期社会经济发展的内在趋势与共同要求；不是由政府官员主观地、随意地去支配、干涉具体的经济运行过程，而是从国家立法上将看不见的经济发展趋势的内在要求，变成为明确的、更具有直接强制性的制度约束和国家导向，迫使每一个经济活动当事人都不得不顺应社会经济发展的共同要求去行动。因此，仅仅用一个“守夜人”的形象来刻画自由竞争时期英国政府对社会经济活动的作用，是极不恰当的。

当然，或许是当时英国的工业革命不仅震惊了全世界，也过度地震惊了后几代的英国人，使他们沉醉在前人的业绩和沉缅于对这种业绩的守成之中，从而错过了第二次科技革命所引致的产业结构大变化的机会。自 20 世纪 20 年代起，英国经济就患上了老态龙钟的“英国病”而欲振乏力。

8.1.3　日本的主导产业更替和作用机理

众所周知，日本的主导产业更替顺序是：纺织工业→钢铁、机械、化学工业→汽车、家电工业→电子工业等高技术产业。在这一节，我们要着重分析的是纺织工业对于日本工业化的特殊意义和主导产业作用的特殊政策机理。

1868 年明治维新之后，日本开始进入工业化过程。区别于西方几个国家的是，日本的第一批近代大工业企业是由政府出资在学习、模仿欧美发达国家的科技、制度基础之上建立的。不仅军事工业以及与此相关的重工业、交通运输业是这样，在棉、丝纺织工业中也是如此。首先由政府建立了一批采用西方工厂制度和先进技术装备的“模范工厂”，以诱导私人建厂模仿。从这一时期开始，棉纺织业成为私人投资的中心产业，1887—1890 年，日本棉纺织业的投资差不多占全国各部门企业投资总额的40%；到1900年，日本纺织工业的企业数占了全国工厂数的73%，机器设备（以马力数计算）的46%，职工总数的67%；1914年，日本的纺织工业占其工业总产值的43. 7%，而金属，机器制造，电力和煤气，化学4个部门加在一起只占24.2%。❶1930年日本的纺织工业在其整个制造业中所占比重为：职工人数51%，产值构成36%，出口额64%。❷从此以后，日本经济结构转入以军火为中心的畸形变化时期，甚至将大批非军事企业的机器设备毁成废铁，以添补军火生产的钢铁供应。到第二次世界大战结束时，日本纺织工业设备的2/3已被毁掉。❸但在“二战”后的1950年，纺织工业仍然占日本全部制造业产值的24.0%，1955年占全部工业销售额的32.28%，而钢铁工业只占17.76%，机械工业只占16.92%。❹

显而易见，纺织工业在日本工业化过程开始到20世纪50年代中期以前（除去战争时期），一直发挥着主导产业的作用。之所以如此，乃在于工业化的初期阶段，纺织工业具有特殊的比较优势：不仅市场广阔，资本密度小于重化工业，并且更重要的在于纺织工业的发展与传统经济下的资源条件（包括自然资源和人力资源）相关程度最大。所以，G. C. 艾伦正确地指出：“纺织

---

❶ 樊亢、宋则行等编：《主要资本主义国家经济简史》，人民出版社1973年版，第297、301、341页。

❷ 罗肇鸿、王金存、史清琪编：《国外技术进步与产业结构的变化》，中国计划出版社1988年版，第59—60页；宫崎犀一、奥村茂次等编：《近代国际经济要览》，中国财政经济出版社1990年版，第54页。

❸ 樊亢、宋则行等编：《主要资本主义国家经济简史》，人民出版社1973年版，第297、301、341页。

❹ 引自鹤田俊正：《战后日本产业结构的变化和产业政策》，载《技术经济研究》，1988年第20期，第4页；并根据杨治《产业经济学导论》第66页资料计算。

业代表了日本经济两个主要部门——传统的农业经济和新的资本主义经济——融合起来的一种活动方式。”[1]纺织工业在工业化早期阶段作为主导产业的特殊作用，无疑对包括中国在内的后进发展中国家具有着重要的参考价值。

除此之外，日本主导产业成长和发展的政策机理也具有独特的分析价值与借鉴价值。这种政策机理就是日本国政府对于西方国家而言“看得更真切、实行得更彻底”[2]的产业政策体系。在这个体系中，日本产业政策的明确的目标政策与系统的参数政策有机地结合在一起，依赖于“官民协调体制”或“政府与产业协调体制”，产生了举世瞩目的成效。

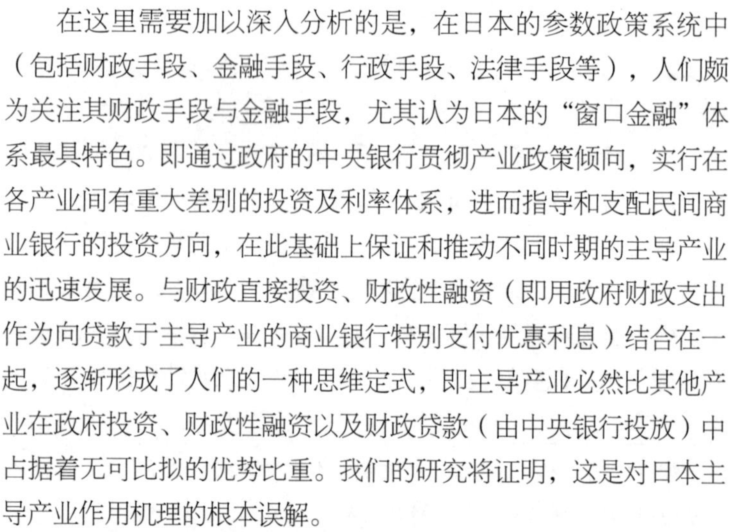

在这里需要加以深入分析的是，在日本的参数政策系统中（包括财政手段、金融手段、行政手段、法律手段等），人们颇为关注其财政手段与金融手段，尤其认为日本的“窗口金融”体系最具特色。即通过政府的中央银行贯彻产业政策倾向，实行在各产业间有重大差别的投资及利率体系，进而指导和支配民间商业银行的投资方向，在此基础上保证和推动不同时期的主导产业的迅速发展。与财政直接投资、财政性融资（即用政府财政支出作为向贷款于主导产业的商业银行特别支付优惠利息）结合在一起，逐渐形成了人们的一种思维定式，即主导产业必然比其他产业在政府投资、财政性融资以及财政贷款（由中央银行投放）中占据着无可比拟的优势比重。我们的研究将证明，这是对日本主导产业作用机理的根本误解。

根据日本《财政金融统计月报》编制的表 8-4 说明，无论是从日本产业政策推行效果最为显著的 20 世纪 60 年代中期以前

[1] G. C. 艾伦著：《近代日本经济简史（1867—1937）》，商务印书馆1959年版，第78页。

[2] 周叔莲、杨沐编：《国外产业政策研究》，经济管理出版社1988年版，第28页。

表 8-4　日本财政投资、财政贷款、财政融资的作用结构变化表

财政投资，财政贷款的产业分类（单位：亿日元，%）

年度	1954—1957	1958—1961	1962—1965
合计	25291（100.0）	50727（100.0）	107176（100.0）
农林、渔业	4292（17.0）	8855（17.5）	15788（14.7）
能源	3915（15.5）	5105（10.1）	5808（5.4）
商工业	2506（9.9）	7131（14.1）	15176（14.2）
运输设施	5749（22.7）	12792（25.2）	33788（31.5）
通信	2471（9.8）	5188（10.2）	11374（10.6）
福利、劳保	2253（8.9）	4807（9.5）	10999（10.3）
改善环境	134（0.5）	831（1.6）	2569（2.4）
其他	492（1.9）	1125（2.2）	1951（1.8）
地方自治体	3479（13.8）	4893（9.6）	9723（9.1）

财政投资通融资金使用途径构成比例（%）

年度	1953—1955	1956—1960	1961—1965	1966—1970	1971—1975	1976—1981
加强骨干产业*	23.6	16.5	9.9	6.3	3.7	2.9
贸易、经济合作	2.8	4.3	7.9	10.4	8.8	6.4
地区开发	5.7	9.0	7.5	4.6	3.7	2.4
完善产业基础设施	26.4	21.6	26.1	24.3	23.2	18.1
低生产部门现代化	18.6	20.9	19.0	20.1	19.6	22.6
（其中中小企业）		（13.7）	（12.9）	（15.6）	（15.2）	（17.7）
改善生活	22.9	27.6	29.6	34.3	41.0	47.4
财政投融资额期中计（亿日元）	9218	23360	61958	137716	340736	9225471

资料来源：引自鹤田俊正：《战后日本产业结构的变化和产业政策》，载《技术经济研究》1988年第20期，第11页。

*在20世纪70年代以前，骨干产业主要包括钢铁、有色金属、石油、化学，煤炭、机床、机械、轴承、重电机等产业。

分析，还是从整个“二战”后日本经济发展过程观察，日本政府的财政直接投资、财政性贷款、财政融资的主要部分都始终投向农业、社会基础设施产业及对低生产部门（老化产业）的现代化改造和改善福利、劳保，地区城市公共建设等生活环境方面。与此相对应，整个工业制造业加上商业所占比重却很低，即使到1962—1965年，整个工业、商业在日本政府财政投资、财政贷款的使用结构中所占的比重仍然低于农业。如果与交通运输设施和通信网络生产所占财政投资、财政贷款的比重相比较，整个工业、商业所占比重就更小了，1954—1957年仅为交通运输设施和通信的30.49%，1962—1965年也仅上升为交通运输设施和通信产业投资的33.60%。也就是说，日本政府投向基础设施部门的财政投资、财政贷款始终大于整个工业制造业及商业的两倍以上。从财政融资的使用结构看，具体的骨干产业（即近似相等于主导产业）所占比重也低于产业基础设施部门，并且这个差距在不断扩大，即由1953—1955年的1∶1.12（骨干产业所占比重为1）扩大到1961—1965年的1∶2.64和1971—1975年的1∶6.27，1976—1981年的1∶6.24。

根据日本银行《经济统计年报》编制的表8-5则进一步说明，在日本扶持重化工业作为主导产业的1965年以前，政府提供的设备资金（主要是财政融资）在各具体产业部门中所占的比重，仍然是主导产业明显低于其他产业，尤其是低于农业、水产和交通运输以及煤气、电力等基础设施部门。从各产业依赖政府资金的程度看，钢铁、机械、化学三个主导产业低于日本所有产业的平均程度（只有1952年化学产业高于全产业平均程度1%），1965年时，钢铁、机械、化学三个产业甚至远远低于整个制造业部门依赖政府资金程度的平均数。由此可见，认为主导产业的成长、发展是在政府投资的集中扶持下进行的看法是不符合日本产业政策实际的。

表 8-5　政府资金在日本各产业中所占比重变化表

1. 政府按新规定向产业提供产业用设备资金　　单位：亿日元

年度	1952—1955	1956—1958	1959—1961	1962—1965
合　　计	5195.7（100.0）	6039.6（100.0）	9160.3（100.0）	2170.9（100.0）
农 水 产	977.2（18.8）	857.0（14.2）	1342.4（14.7）	3010.3（13.9）
矿　　业	193.9（3.7）	254.7（4.2）	387.0（4.2）	1083.0（5.0）
制 造 业	…（…）	1345.0（22.1）	2806.5（30.6）	5519.4（25.4）
机械	126.0（2.4）	168.0（2.8）	299.2（3.3）	870.1（4.0）
窑业	37.5（0.7）	83.0（1.4）	180.2（2.0）	445.1（2.1）
化学	123.0（2.4）	188.7（3.1）	349.6（3.8）	1105.4（5.1）
钢铁	133.1（2.6）	123.2（2.0）	207.1（2.3）	308.0（1.4）
电气机械	146.7（2.8）	243.4（4.0）	651.3（7.1）	1384.1（6.4）
其他	…（…）	525.8（8.7）	1119.1（12.2）	1406.6（6.5）
电　　力	2091.1（40.2）	2059.1（34.1）	2108.7（23.0）	2467.4（11.1）
煤　　气	21.4（0.4）	27.4（0.5）	51.7（0.6）	65.9（0.3）
水　　运	745.0（14.3）	609.8（10.0）	701.8（7.7）	2467.9（11.4）
陆　　运	82.1（1.6）	107.2（1.8）	525.0（5.7）	2144.8（9.9）

2. 各产业依赖政府资金的程度（设备资金中政府资金所占的比重%）

年度	60%以上	40%～60%	30%～40%	15%～30%	不足15%
1952	农业（70）	煤气（59） 电力（50） 纤维（46） 水产（40）	全产业（34） 化　学（35） 机　械（33） 钢　铁（32） 煤　　（33） 水　运（33）	金属矿业（21） 陆　　运（19）	无

第8章　主导产业演进：经济史的比较和选择

续表

2. 各产业依赖政府资金的程度（设备资金中政府资金所占的比重%）					
年度	60%以上	40%～60%	30%～40%	15%～30%	不足15%
1959	农业(79)	水运（41）	煤（37） 金属矿业(34) 电力(31)	全产业(22) 制造业(15) 食品(29) 纤维(18) 窑业(16) 其他制造业(21) 陆运(16) 水产(25)	
1965	煤（67） 水产(64) 农业(69)	无	金属矿业(31) 电力(32) 陆运(29)	全产业(19) 食品(20) 纤维(17) 窑业(16) 其他制造业(19) 水产(21)	制造业(12) 化学(8) 机械(11) 钢铁(3) 煤气(14)

资料来源：引自鹤田俊正：《战后日本产业结构的变化和产业政策》，载《技术经济研究》1988年第20期，第12—13页。

在日本产业政策的财政手段政策中，为扶持产业国产化而采取的财税特别措施也颇引人注目。但是需要指出的是，依据这种财税措施所减免的税收总额远远小于相同时期日本政府的优惠投资（包括财政投资、财政贷款、财政融资）。仅用财政投资、财政贷款总额做比较，1954—1957年即为1950—1955年减免税总额的12.03倍；1958—1961年为1956—1960年减免税总额的10.59倍；1962—1965年为1961—1965年减免税总额的11.40倍。

也就是说，仅在1954—1965年的12年中的财政投资，财政贷款即为1950—1965年的16年减免税总额的11.25倍。[1]在减免税总额中，相当大的比重又是用于鼓励企业折旧和扩大出口上。仅在1961—1965年的减免税总额中，用于"科技振兴特别折旧""合理化机械等的特别折旧""矿业用坑道的特别折旧""对中小企业设备补贴折旧""在低开发地域的工业机械类的特别折旧"等方面的减免税就占29.50%。其余主要方面则为海外收入减免税，海外市场开拓准备金以及价格变动准备金，呆账准备金，退职专用款、违约损失补偿准备金等鼓励出口和稳定企业外部环境的减免税。[2]也就是说，即使从减免税内部构成看，主要方面也是在于鼓励企业折旧，提高技术进步速度，开拓与扩展国际市场，而不是用于鼓励企业上新项目、铺新摊子。

从日本政府直接向各产业发放的补助金比例看，1955—1982年，日本政府财政向农林水产业发放的补助金额一直占80%以上；在非农产业发放的补助金中，发给纺织和酿酒等传统部门及中小企业的补助金又一直占了一半左右。发给各个时期的主导产业或骨干产业的补助金所占比例一直很低，比如，向开发先进技术项目提供的资助经费，即使在数量最多的1974年也不到政府补助金总额的4%，到20世纪80年代初则下降为1%强。[3]

因此，日本主导产业发挥作用的政策机理绝不能简单归结为政府给予了其他产业所不能比拟的优惠性投资、财政补助及减免税款，而是在于整个产业政策体系的协调配套作用。我们无意于证明政府的优惠性投资扶持及其他财经手段对日本主导产业的

---

[1] 根据鹤田俊正《战后日本产业结构变化和产业政策》，载《技术经济研究》1988年第20期，第11、18页资料计算。

[2] 鹤田俊正：《战后日本产业结构变化和产业政策》，载《技术经济研究》1988年第20期，第18页。

[3] 小宫隆太郎等编：《日本的产业政策》，国际文化出版公司1988年版，第10页。

成长、发展不起任何作用，但是我们认为，与之相比较，更为重要的是日本在“官民协调体制”基础上共同合作确定主导产业，或者产业结构高度化的目标，制定明确的产业发展目标政策，和一系列互补配套的参数政策，并在政府与产业界的共识合作基础上来促使其实现。此外，重要的还在于日本企业强盛的市场机制和丰富的人力资本存量，从根本上推动着不同时期日本主导产业的形成、发展并对整个经济增长与结构变化发挥“主导性”带动作用。

在日本推行产业政策过程中，其失误的教训也具有重要的借鉴价值，即政府确定了某一时期的主导产业或骨干产业，并用多种经济手段促使其发展，但结果由于选择失误而并没有发展起来；或者是即使选准了主导产业，但政府为其设计的发展过程与形式却是失误的，并被产业界所纠正。前者以飞机工业发展的失败为其典型例证，后者则以汽车工业发展过程中日本政府的“国民车设想”“集团化设想”的失败为其代表。这些失误表明，没有强盛的市场机制和企业生命力，日本的产业政策也会由于设计失误而酿成全局性的长期灾难。

8.1.4 韩国、巴西的主导产业更替与作用机理

韩国与巴西在经济结构上有着诸多相似之处（见表 8-6）。除了出口商品结构有着较大差别以外，韩国与巴西的国民生产总值结构，劳动力就业结构以及人均国民生产总值水平都比较接近。在这种总体结构和经济发展阶段相似的背景下，韩国与巴西的主导产业更替以及作用机理也是十分相近的，即都经过了一个在国家直接干预和贸易保护制度下首先发展非耐用消费品工业为主导的工业体系，尔后在放弃贸易保护、弱化国家干预的制度变动背景下，逐渐转向重化工业为主导，再转向汽车、家电产业为主导的变化过程。

表 8–6 韩国与巴西经济结构比较

比较内容		韩国		巴西	
		1965 年	1987 年	1965 年	1987 年
人均国民生产总值（美元）			2690		2020
GDP 结构（%）	农业	38	11	19	11
	工业	25	43	33	38
	制造业	18	30	26	28
	服务业等	37	46	48	51
劳动力就业结构*（%）	农业	55	36	49	31
	工业	15	27	20	27
	服务业等	30	37	31	42
出口**商品结构（%）	燃料矿产与金属	15	2	9	22
	其他初级产品	25	5	83	33
	机械与运输设备	3	33	2	17
	其他制成品	56	59	7	28
	纺织品和服装	27	25	1	3

资料来源：本表根据《1989 年世界银行发展报告》第 164—225 页和 1988 年卷第 282—283 页资料编制。

* 劳动力就业结构中各部门所占比重的 1987 年数据为 1980 年的数据。

** 出口商品结构中纺织品和服装对韩国有特殊分析价值，故从其他制成品项目里单独列出。

首先，韩国与巴西在工业化起点上非常相似。韩国从 20 世纪初开始即为日本所占领（当时整个朝鲜半岛均为日本所占领），并被日本殖民统治当局用以集中发展农业，以向日本提供食品。1920 年前，几乎没有什么工业发展。1940 年时，朝鲜半岛南部有一些轻工业和机械工业，而大部分重工业和 90% 以上的发电能力集中在当时的朝鲜半岛北部。1945 年后，整个朝鲜半岛分割为南、北两部分。直到 1955 年，韩国的国民生产总值结构中，工业制造业只占 7.9%，商品和非要素性劳务出口只占 1.4%，

并且几乎没有工业制造业产品的出口。❶

巴西虽然早在1822年就脱离葡萄牙的殖民统治而宣告独立，但从那时起，“实际上就成为英国的非正式的自由贸易帝国的一个组成部分，这种状态一直维持到第一次世界大战”❷。在长达100多年的时期里，英国的工业品占领了巴西国内市场，巴西只是为英国工业提供原料和初级加工产品，诸如咖啡、橡胶、砂糖、可可等。仅咖啡就在巴西的出口商品总额中长期占据一半以上的比重，比如1843年占57%，1880年占62%，1913年占63.4%，甚至到1953年仍占70.7%，直到1967年才降为44.3%，1975年降为10.3%。❸

共同的工业化初始背景，引致了韩国和巴西在第二次世界大战后的以进口替代为特征的工业化进程。对于传统经济占绝大比重的发展中国家或地区来说，首先容易进行进口替代工业化的部门，总是那些生产基本生活资料（吃、穿）的非耐用消费品工业，尤其是纺织工业和食品工业。因此，韩国和巴西在20世纪60年代以前的主导产业都以纺织工业和食品工业为其主要代表。

1953—1957年，韩国工业结构中（以工业附加价值计算）纺织工业所占比重由19.3%上升为25.1%，食品工业所占比重由23.9%上升为26.3%。直到1966年，以纺织、食品为主的轻工业仍占韩国工业结构的71.8%。❹尤其是纺织工业（包括棉、丝、毛、化纤及服装），40多年来，始终保持高速增长势头（1962—

❶ ［世界银行］贝拉·巴拉萨等著：《半工业化经济的发展战略》，中国财经出版社1988年版，第237—238页。

❷ 汤姆·肯普著：《现代工业化模式》，中国展望出版社1985年版，第163页。

❸ 参见宫崎犀一、奥村茂次等编：《近代国际经济要览》，中国财政经济出版社1990年版，第55页。

❹ 张世和主编：《战后南朝鲜经济》，中国社会科学出版社1983年版，第34、117页。

1966年，年均增长10.6%；1967—1971年，年均增长22.8%；20世纪70年代竟高达40%），并在韩国出口商品总额中一直占据1/3以上的比重。1979年韩国还把纺织工业指定为主导产业，争取成为“世界第一位纤维类产品的出口地区”。❶

在巴西制造业结构中（以附加价值计算），1950年纺织工业占23.9%，食品工业（不含饮料）占20.5%。1960年、1970年纺织工业比重分别降为15.6%和12.6%，食品工业比重分别降为16.4%和13.5%。但是，在这一时期，仍然高于任何其他制造业部门所占的比重。直到1974年，冶金工业和化学（含石油化工）工业比重才分别上升为第1位（14.4%）和第2位（11.2%）。❷

20世纪60年代后半期开始，韩国和巴西都进入了以重化工业为主导的工业化进程，集中发展钢铁工业、化学工业及石油化工、机械工业（尤其是造船工业）。并在20世纪70年代后半期开始，又都同时推进汽车工业、电子工业（尤其是家用电器工业）的加速发展。现在，巴西的钢产量已跃居世界第7位、汽车产量居世界第9位、电视机产量居世界第8位、家用电冰箱产量居世界第7位、造船工业居世界第5位。韩国的家用电视机产量居世界第4位，洗衣机产量居世界第9位，家用电冰箱产量居世界第6位，录音机、电子计算器、电话均居世界第2位，船舶产量1978年曾居世界第8位、船舶出口额居世界第3位，钢铁产品1981年曾居世界第11位，整个20世纪70年代，韩国的钢铁出口年均增长率高达36%。❸

---

❶ 张世和主编：《战后南朝鲜经济》，中国社会科学出版社1983年版，第177—178、184页。

❷ 转引自苏振兴等：《巴西经济》，人民出版社1983年版，第71页。

❸ 国家统计局国际统计信息中心编：《世界工业统计汇编》，第55—119页；张世和主编：《战后南朝鲜经济》，中国社会科学出版社1983年版，第134—135、144页；苏振兴等：《巴西经济》，人民出版社1983年版，第70—72页。

总而言之，韩国和巴西的主导产业更替都大致经历了一个由非耐用消费品工业到原材料工业再到耐用消费品工业的变化过程。不同的主要差别在于韩国的纺织工业发挥主导作用的时间更长，正如表 8-6 所示，1987 年时，纺织工业仍然是韩国主要的出口创汇产业之一。纺织工业的继续发展，影响到韩国经济的许多方面，连作为世界玩具主要出口地区的韩国出口玩具，也有一半以上是缝制玩具，而同中国香港和新加坡主要出口的塑料玩具相区别。

在主导产业成长和发展的政策机理上，韩国与巴西也都有着非常相近的过程和特点。

首先是二者都经历了一个由国家直接干预，并实行贸易保护制度向经济自由化的转换过程。在韩国，1965 年以前实行高估汇率基础上的复汇率制度和严格的进口管制。高估汇率可以从前后阶段的汇率变化得到说明：以官方汇率作指标，1960 年以前，每 1 美元对韩元的比价是 50，而后为 1961 年的 127.5，1965 年的 265.4，1975 年的 485.0。有效汇率的成分占官方汇率的百分比变化是：1959 年为 169.4，1961 年为 17.3，1965 年为 0，标志着官方汇率与实际汇率一致，高估汇率的外贸管制结束。尤其是 1960 年 4 月使李承晚专制军政府垮台的“学生运动爆发后的三年里”，出现了“几次政策改革和经济自由化的尝试”。其中最引人注目的是 1961 年的贬低过去高估的通货，用统一的固定汇率取代复汇率制、放松进口管制，以及 1964 年的扩大出口的优惠待遇政策和 1965 年之后的自由汇率政策等。1967 年开始，又进一步对出口实行优惠政策，包括免除关税和间接税，减少直接税和基础设施使用费，以及对出口厂商引进外资和扩大投资进行利息补贴。[1] 这标志着韩国由进口替代型工业化向出口导向型工业

[1] ［世界银行］贝拉·巴拉萨著：《半工业化经济的发展战略》，第240—245页。

化的转向，从而引致了韩国经济的高速增长和结构优化。

在巴西，1965 年以前一直是以进口替代工业化的典范而被拉丁美洲各国模仿。从 1965 年开始，巴西就逐渐放弃了进口替代的工业化模式，执行了一套鼓励出口的改革方案。它包括“采取比较现实可行的真实汇率并取消出口税”“为出口活动引入补贴信贷和税收刺激”“调低实际工资”，等等。这种转换也在 20 世纪 60 年代中后期至 70 年代末期引致了巴西经济的高速增长与结构优化，并被世界上称为“巴西奇迹”。[1]

此外，韩国和巴西都直接通过政府部门的规划和干预来推进不同时期主导产业的发展。在韩国，从 1962 年起，就一直制订和实施“五年经济发展计划”，贯彻“不平衡增长战略”，在不同时期通过不同的“五年计划”确定主导产业（或称为“战略产业”）。然后从投资、技术与外资引进、财政、金融、法律等诸方面扶持主导产业的发展。在巴西，则按照政府选择确定的不同时期的工业部门优先次序，成立针对这些部门的执行小组，由这些“执行小组制定相应的协调政策来实现”。政府的干预包括由中央银行“国家经济开发银行”直接按优先次序向选定的部门的工业企业提供优惠信贷；控制了“50% 以上的商业银行业务（按贷款价值计算）”以配合政府银行的贷款扶持方向；政府在重点部门或主导产业直接投资建立国营企业，以控制这些部门的主要生产；由政府的工业发展委员会审定批准主要工业部门的新上项目等。[2] 进入 20 世纪 80 年代之后，韩国与巴西的政府直接干预正在淡化，经济进一步进入自由化发展。

在政府用投资扶持主导产业发展方面，引人注意的是，韩国

❶ 耶鲁大学经济增长中心第25届发展经济学年会论文精选：《发展经济学的新格局》，经济科学出版社1987年版，第159、171页。

❷ 联合国工业发展组织：《发展中国家工业的优先次序》，联合国，纽约，1985年版，第13—15页。

和巴西都将政府的主要投资投在基础设施产业上，从外部经济保障主导产业的发展，而不是主要地直接投资于主导产业本身。在韩国，仅1962—1971年，政府投资总额的60%就投向了社会基础设施产业。[1]长期以来，韩国始终坚持电力、交通运输、通信、仓储、供水等社会基础设施超前发展的原则。曾是韩国产业政策主要负责官员的朴圣相总结说："当国民生产总值增长10%时，电力等工业至少要增长18%。"[2]在巴西也是如此，仅"在国家经济开发银行建立的初期，即1952—1964年，该银行资金的59%用于能源和交通，37%用于制造业"。1966—1969年，巴西政府通过国家经济开发银行所进行的政府投资中，"电力、交通和通信又一次提到重要地位，投资增到1/3以上"[3]。

8.1.5 比较分析国外主导产业更替与作用机理的基本结论

（1）在一个国家的工业化早期发展阶段，哪种产业能够作为主导产业发挥支配作用，资源约束条件和制度性基础要比其他因素更为重要。即使如农业，在美国特定的资源约束和制度基础上，也在长达半个多世纪里发挥过广泛而深刻的主导产业支配作用。所谓工业化的历史内涵，是指一种经济体系的现代商品型的产业化改造，而不是仅仅指具体形态上的工厂同农村的区别。

（2）上述5个国家的主导产业更替，为我们展示出一种明确的过程性变化趋势，即由纺织工业、食品工业（包括特定条件下的美国农业）向重化工业再向汽车工业、家用电器工业逐渐转

---

[1] 周叔莲、杨沐主编：《国外产业政策研究》，经济管理出版社1988年版，第278页。

[2] 朴圣相：《南朝鲜的经济发展与产业、金融政策》，载《经济社会体制比较》1989年第2期。

[3] 联合国工业发展组织：《发展中国家工业的优先次序》，联合国，纽约，1985年版，第13—15页。

化。发达国家现在则进一步向高技术产业转变。这种变化的内在逻辑可以概括为非耐用消费品产业向原材料产业再向耐用消费品产业的发展，它对应于经济发展过程中需求结构的变化逻辑：维持基本生存的最终需求占主要比重向中间需求[1]再向享受性、发展性（包括投资性）最终需求占优势比重转化；它也对应于技术革命引致的生产要素投入结构的变化逻辑：资源依赖型和劳动密集型向资本密集型再向技术（知识）密集型转变。

（3）概括地观察，主导产业具有明显优于其他产业的增长优势（包括需求扩大优势）、技术进步优势、制度创新优势（这一点对正处于工业化早期阶段的后进国家尤其重要）和结构关联优势。表现在现实经济运行过程中，主导产业的产品具有价格长期下降趋势，即使如不断上涨的各发展中国家的农产品价格，在美国农业作为主导产业的半个多世纪里，也在波动中趋于下降；主导产业的技术进步和制度创新引起其他部门的广泛模仿。

（4）在主导产业的作用机理中，政府的政策机理无疑占有重要的地位。但是，如果人们将这种政策机理仅仅理解为政府向选中的主导产业本身提供财政和金融方面的直接优惠扶持，则是根本性的误解。日本、韩国和巴西的实证分析表明，政府在财政和金融方面的优惠扶持，主要是针对社会基础设施产业，而不主要是主导产业本身；美国对20世纪以前的农业真正有效的政府扶持是在教育和科技研究开发方面；英国则是在立法制度方面。可以断定，如果一种“主导产业”要靠其他产业所不能比拟的政府财政、金融方面的长期优惠扶持才能成长和发展，那么它就绝对不是主导产业，甚至不是一般的有生命力的产业，而只是整个

[1] 在一个国民经济结构中，中间需求在需求结构中的扩大和深化，标志着该经济进入工业化加速进展的中期阶段。具体分析过程请参见刘伟、杨云龙著：《比较经济学：发展·体制·政策》，中国财政经济出版社1990年版，第111—124页。

产业体系中的“老弱病残”典型。

（5）毫无疑义，为保证主导产业确实而迅速地成长，并将其增长优势、技术进步优势、制度创新优势扩散到整个产业体系中去，一个国家的政府应该从经济制度、法律制度上创造并维持与之相适应的环境和条件，并为其提供一个适宜的外部经济部门体系而进行财政、金融方面的政策扶持，以及在某个限定的期间里为主导产业（尤其处于“温室产业”状态时）提供直接的财政、金融扶持和外贸方面的保护制度。但是，这无疑从根本上决定于政策制定和实施主体方面的素质状况。

8.2 中国主导产业选择的若干思考

（1）几乎对于所有的发展中国家来说，在不同时期究竟选择什么样的主导产业，总是通过政府的规划和政策方案来进行的。政府的选择是否按照经济分析的角度与方法去考虑问题，也经常处于一种存疑的“黑箱”状态。因此，正如联合国工业发展组织的研究报告指出的那样，对于经济学家来说最关键的问题是必须清醒地意识到：他“所能做的全部事情只是提出他的估计，而不要提出任何无条件的建议——除非他愿意摆出他有权选择他自己的目标的样子”。[1]遵循这一点，将构成我们思考中国主导产业选择问题的基调。

（2）我们曾提出过中国主导产业选择的基准及具体的主导产业选择的系统思路。[2]近年来的实践变化以及我们自己研究工

---

❶ 联合国工业发展组织：《发展中国家工业的优先次序》，联合国，纽约，1985年版，第19页。

❷ 参见周林、杨云龙、刘伟：《用产业政策推进发展与改革》，载《经济研究》1987年第3期；杨云龙：《论我国经济的结构发展模型》，载《经济研究》1988年第3期；以及刘伟、杨云龙著：《中国产业经济分析》，中国国际广播出版社1987年版，第3、8章。

作的深入，使我们感到有必要重新认识与整理在这个问题上的思想积累，同时也算答复同行们在一些论著中曾经提出过的商榷意见。[1] 在过去对于中国主导产业选择的研究中，我们始终坚守这样一种基点，即在客观把握中国经济发展阶段的基础上，借鉴世界各国工业化进程中具有普遍性的主导产业选择标准来分析问题，并结合中国现存产业结构已经达到的高度进一步演进的趋势，以及顺应这种趋势的多种结构性变化要求去具体选择中国的主导产业。

（3）我们至今仍然认为，世界各国工业化进程中具有普遍性的主导产业选择标准，诸如技术进步率或生产率上升基准、收入弹性基准等，并没有如某些论著所认为的那样已经在政策实践中失效。因为所谓失效的唯一论据是日本政府并没有将财政、金融优惠扶持的重点投向主导产业。本章关于美国、英国、日本等5国主导产业作用机理的分析已经证明，主导产业之所以成为主导产业，乃在于它自身所具有的各方面优势，而并不在于它得到了其他产业所不能取得的政府直接的优惠扶持。如果不是这样，“主导产业”就只能是全靠政府资助才得以存在的“老弱病残”产业，它甚至不具有社会一般产业的平均生命力。因此，在这个问题上，并不是主导产业选择标准的失效，而是传统思维定式所特有的观察失误。

（4）我们过去的研究也带有某种程度上的传统思维定式的痕迹，最突出的表现是将电力、交通通信等基础设施产业列为主导产业，以保证其超前增长的投资供给。毫无疑问，电力、交通、通信等部门应该超前增长，政府也应该将财政、金融的优惠扶持重点放在这些产业。但是它们不是主导产业，而只是为保障

[1] 比较明确而有代表性的商榷意见请参见杨沐著：《产业政策研究》，上海三联书店1989年版，第320—322页；周振华：《产业结构政策的选择基准：一个假说》，载《经济研究》1989年第3期。

主导产业作用的发挥而提供外部经济的基础产业。因为它们既没有主导产业所必须具有的各方面优势，又不属于（也不应该属于）赢利性产业。整个经济增长与结构变化赋予并要求这些产业的结构性功能是按照商品经济方式提供社会效益。

（5）我们反对用短缺标准来选择中国的主导产业。无论从理论还是从实践来看，短缺标准不能证伪，即在市场价格体制尚未基本确立的前提下，不存在客观的同一尺度说明何种产业的供给比另一种产业的供给更为短缺；更不能以资源配置价格体系作为参照，证明最为短缺的产业提高供给程度就具有结构合理性，就能提高资源配置的总体效益。“水多了加面，面多了加水”是必须尽早放弃的低层次思维方式和政策实践方式。从形成短缺的根源看，既有结构性因素，更有体制性因素，因而中国经济中的“短缺”绝非是一个可以简单归结的现象，而是包容着体制性短缺、政策性短缺、总量性短缺、结构性短缺的混沌总体。

（6）随着研究的深入、我们也感到必须在资源约束对于中国主导产业选择的相关问题上提高其重要性的认识。具体地讲，市场资源、自然资源、人力资源、结构资源等方面的特殊性对于我们选择中国主导产业的约束关系，是至为重要的。从市场资源看，在中国经济各部门之间，事实上存在着商品化、市场化程度的巨大差别，也存在着企业的资产关系产权明确化、投入机制市场化、约束机制硬化等方面取得进一步发展的现实可能性空间与时滞的巨大差别。从自然资源看，在现阶段以及可以预期的将来一段时期，中国经济的总体增长类型和产业结构水平依然是以（自然）资源依赖型为主，资本依赖型、技术依赖型尚不足以占据真正的支配地位。因此，对不同自然资源种类依赖程度不同的产业，我们必须有比较清醒的结构分析与变化趋向的把握。比如，占工业总产值一半左右的轻工业产值构成中，以农产品为原料的工业产值即高达70%以上。[1]从人力资源看，中国存在着数以亿计的农业剩余劳动力，这些人力资源数量巨大而质量低下，如何向非农产业现实转移，都不能不构成对选择中国主导产业体系的巨大约束。即使在非农产业中，劳动力的文化素质低下，高、中级（高中以上文化程度）文化水平的劳动力比重之低，亦是世界首屈一指。从结构资源看，中国经济中存在着传统部门与现代部门、自然经济半自然经济与商品经济等方面的显著差别。怎样使这种复杂的二元结构在互相协调、融合中变化为均质经济，更成为选择中国主导产业的首要约束。

（7）就具体的主导产业种类选择看，在本章分析的5个样本国家的主导产业更替范围可作为我们分析的重点，或者说，我们可以对满足基本生活需求的非耐用消费品工业（纺织工业、食品工业），满足生产扩大与结构深化的中间需求的重化工业（钢铁、机械、化工及石油化工），满足享受性、发展性最终需求的耐用消费品工业（汽车、家用电器）三大产业体系进行深入的结构分析与判断，从中选择确定中国经济下一阶段适宜的主导产业。如果更广泛地看，罗斯托概括第二次世界大战之后世界上所存在的5种主导产业群体系亦可作为我们选择主导产业的借鉴。罗斯托概括的这5种主导产业群体系是：①作为起飞前提的主导产业体系，主要是食品、饮料、烟草、水泥、砖瓦等部门；②替代进口的消费品制造业综合体系，主要是非耐用消费品的生产，如纺织品等；③重型工业和制造业综合体系，如钢铁、煤炭、电力、通用机械、肥料等工业部门；④汽车工业综合体系；⑤生活质量部门综合体系，主要是服务业、城市和城郊建筑事业等部门。罗斯托认为这5种综合体系基本上反映了经济成长阶段由低级到高级的主导产业演替的序列。他认为在发展中国家里，发

[1] 国家统计局编：《奋进的40年》，中国统计出版社1989年版，第366页。

展程度较低的若干非洲国家是第一种，发展程度中等的属第二种，发展程度较高的若干拉美国家属第三种，第二次世界大战后的西欧和日本的主导产业为第四种，美国的主导产业则为第五种。[1]

（8）综合考虑人均国民生产总值水平、国家规模、资源约束以及在国际分工体系既定前提下后进国家在发达国家消费方式、技术、文化等示范作用下事实上面临交叉选择等各种因素，中国的主导产业选择似可综合借鉴罗斯托主导产业体系的第二种至第四种。亦即同我们分析的样本国家工业化进程中曾经出现过的三种主导产业种类（发达国家在 20 世纪 70 年代之后向高技术产业的转换除外）基本类似。

（9）在非耐用消费品工业、重化工业、汽车与家电等耐用消费品工业这三大产业体系之间进行具体分析，重化工业与非耐用消费品工业构成的产业群比较适合于选择为下一阶段中国工业化进程中的主导产业。从自然资源、人力资源、结构资源的支撑与约束分析，就企业的市场深化与制度创新的现实可能性空间及时滞判断，不仅重化工业有条件成为主导产业，而且劳动密集型的纺织工业成为主导产业之一的可能性并未消失。纺织工业体系的加速发展不仅可以易于吸收农村剩余劳动力，带动自然经济、半自然经济的农业向商品经济的非农产业转化，从而协调并融合工业化进程中的二元结构矛盾；而且，纺织工业体系的发展（尤其是产业素质的提高），更能够真正发挥中国作为后进国家参与国际贸易的比较利益的现实优势，为引进国外先进技术、设备换取更多的外汇。事实上，中国现在出口商品结构中，纺织品和服装仍然占据近 1/4 的比重，在出口金额为 5 亿美元以上的大宗商

[1] 参见罗斯托：《战后25年的经济史和国际组织的任务》，载《经济史杂志》1970年3月号。

品中，除了石油和煤炭之外，几乎全是纺织工业的产品。[1]根据我们参加国务院发展研究中心企业经济研究部在深圳特区的实地调查发现，纺织工业出口产品赢利率远远高于家电产品。就单位产品比较，家用电器如彩电（20寸）每出口一台最多可获利润2美元；而加工生产一件丝绸衬衫则平均可获利润5美元左右（时装获利更高），因而将其列入现阶段中国主导产业群尚有发展根据。

（10）汽车工业无疑需要有一个大的发展，但是否可以作为下一阶段中国的主导产业则尚待推敲。最关键的问题在于，汽车尤其是小轿车的国内需求目前基本上是依赖于各级政府官员的消费；在可以预期的未来发展阶段，国内市场对小轿车的私人购买需求很难估计会有较大数量的增长。如果寄希望于在贸易保护制度下，使汽车工业发展成为中国下一阶段主要的出口替代工业，其现实性颇可怀疑。在资源约束和制度约束方面，汽车工业更不具有显著优势。

[1] 国家统计局编：《奋进的40年》，中国统计出版社1989年版，第58页。

主要参考文献

中文部分

[1] 中共中央马克思恩格斯列宁斯大林著作编译局 . 马克思恩格斯全集：第 23-24，25 卷 [M]. 北京：人民出版社，1972，1974.

[2] 查尔斯 · P. ，金德尔伯格，布鲁斯 · 赫里克 . 经济发展 [M]. 上海：上海译文出版社，1986.

[3] W. W. 罗斯托 . 从起飞进入持续增长的经济学 [M]. 成都：四川人民出版社，1988.

[4] 杰拉尔德 · 迈耶，达德利 · 西尔斯 . 发展经济学的先驱 [M]. 北京：经济科学出版社，1988.

[5] H. 钱纳里，等 . 工业化和经济增长的比较研究 [M]. 上海：上海三联书店，1889.

[6] 西蒙 · 库兹涅茨 . 各国的经济增长 [M]. 北京：商务印书馆，1985.

[7] 希克斯 . 凯恩斯经济学的危机 [M]. 北京：商务印书馆，1979.

[8] G. 拉尼斯，等 . 发展经济学的新格局——进步与展望 [M]. 北京：经济科学出版社，1987.

[9] 费景汉，G. 拉尼斯 . 劳动剩余经济的发展——理论与政策 [M]. 北京：经济科学出版社，1992.

[10] 罗纳德・L. 麦金农 . 经济发展中的货币与资本 [M]. 上海：上海三联书店，1988.

[11] 萨米尔・阿明 . 不平等的发展 [M]. 北京：商务印书馆，1990.

[12] 霍利斯・钱纳里，莫伊思・赛尔昆 . 发展的模型 1950—1970 [M]. 北京：经济科学出版社 1990.

[13] 约翰・科迪，等 . 发展中国家的工业发展政策 [M]. 北京：经济科学出版社，1990.

[14] 迈克尔・P. 托达罗 . 经济发展与第三世界 [M]. 北京：中国经济出版社，1992.

[15] 宋承先，范家骧 . 增长经济学 [M]. 北京：人民出版社，1986.

[16] 刘伟，杨云龙 . 中国产业经济分析 [M]. 北京：中国国际广播出版社，1987.

[17] 马洪，孙尚清 . 中国经济结构问题研究 [M]. 北京：人民出版社，1983.

[18] 中国经济体制改革研究所 . 工业增长中的结构性矛盾 [M]. 成都：四川人民出版社，1988.

[19] 杨治 . 产业经济学导论 [M]. 北京：中国人民大学出版社，1985.

[20] 李庆云 . 国际货币制度与发展中国家 [M]. 北京：北京大学出版社，1988.

[21] 杨沐 . 产业政策研究 [M]. 上海：上海三联书店，1989.

[22] 刘伟，杨云龙 . 比较经济学：发展、体制、政策 [M]. 北京：中国财政经济出版社，1990.

[23] 刘伟 . 经济发展与结构转换 [M]. 北京：北京大学出版社，1992.

英文部分

[1] TODARO M P. Economic Development in the Third World[M]. New York: Longman，1981.

[2] NOVE A. The Economics of Feasible Socialism [M]. London: Allen and Vnwin，1983.

[3] HERRICK B，KINDL ERBERGER C P. Economic Development [M]. New york: McGraw Hill Book Compang，1983.

[4] BEGG D. The Rational expectations Revolution in Macroeconomics: Theories and Evidence [M]. Oxford: Philip Allan Ltd.，1982.

[5] DAMODARN GUJARATI. Basic Econometrics [M]. New York: McGraw-Hill Book Company，1978.

[6] HICKS JOHN. Method of Dynamic Economics [M]. Oxford: Clarendon Press，1985.

[7] CHOW G. C. AVID Analysis and control of dynamic econom-ic systems [M]. New York: Wiley，1975.

[8] DAVID，PAUL. Technical choice，innovation and economic growth [M]. Cambridge: Cambridge University press，1975.

[9] DEAN，PHYLLIS. The First Industrial Revolution [M]. Cambridge: Cambridge University Press，1965.

[10] HARTWELL R M. The Industrial Revolution and Economic Growth [M]. London: Methuen，1971.

[11] NORTH D C，THOMAS R P. The First Economic Revolution [J]. Economic History Review，1977（5）.

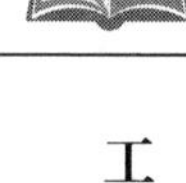

[12] HICKS J R. A Theory of Economic History [M]. Oxford University Press, 1969.

[13] JETTLIE J E, STOLL H W. Managing the Design-Manufacturing Process [M]. New York: McGraw-Hill, Inc., 1990.

[14] ENGLERT, ROBERT D. Winning at Technological Innovation [M]. New York: McGraw-Hill, Inc., 1990.

[15] SCHERER F M. Industrial market structure & economic performance [M]. 2nd ed. Boston: Houghton Mifflin Company, 1980.